WILHELM DIETL
Spy Ladies

Inhalt

Vorwort
Jane Bond: Kundschafterin an der unsichtbaren Front   7

1. Dominique Prieur: Operation Satanique   27
2. Christel Guillaume: Die Frau des Kanzlerspions   61
3. Stella Rimington: Housewife Superspy   87
4. Melissa Boyle Mahle: Ein Hauch von
 Friedenspolitik   111
5. Marita Lorenz: Ein Leben am Abgrund   129
6. Violetta Seina: Die Honigfalle des KGB   159
7. Aliza Magen: Ein Leben im Mossad   179
8. Erika Maria Chambers: Rache für Israels Athleten   197
9. Gabriele Gast: Die mit dem Wolf tanzte   223
10. Das Romeo-und-Julia-Prinzip   247
11. Margret Höke: Agentin aus Liebe   257
12. Ulla Kirmße: Die Kundschafterin   275
13. Martha Hille: Die Kaderleiterin   295
14. Claudia Schmid: Anruf genügt   315

Literatur   329

Vorwort

Jane Bond: Kundschafterin an der unsichtbaren Front

Frauen, die für einen Geheimdienst arbeiten, sind vom Schleier des Geheimnisvollen umgeben. Und in der Regel ist ein Interesse der Öffentlichkeit an ihnen das größte Unglück für sie. Agenten leben gefährlich, und ihre Geschichten sind unerhört spannend. Wenn es sich um Frauen handelt, dann muss ihre Tätigkeit – so die übliche Logik – unweigerlich mit Sex zu tun haben, mit Nachrichtenbeschaffung in fremden Betten. Die Szene wird angereichert mit viel Romantik und mit dem Geruch des Verbotenen.

Sollte der geneigte Leser keine Spionin der neueren Zeit kennen, auch nicht dem Namen nach, dann wird er sich ganz bestimmt an zwei Damen erinnern, die ihn schon früher wohlig erschauern ließen: Mata Hari und Christine Keeler. Das sind sie, die Hauptverdächtigen, die Prototypen der verruchten Frau aus dem streng geheimen Agentenmilieu. Wurde wegen der einen nicht ein Weltkrieg verloren, und hat die andere die Militärgeheimnisse Englands gar an die Russen verraten? Weder das eine noch das andere ist wahr. Da wurde aufgebauscht und übertrieben. Hari und Keeler mussten in das übliche Raster aus Sex, Romantik und Verruchtheit passen. Also stand der freien Fantasie nichts im Wege.

Was steckt hinter dem Mythos der beiden leichtlebigen Damen, und warum sind die wenig bekannten Beispiele von Frauen im Geheimdienst eindeutig besser und häufig sogar treffender als die prominenten Fälle?

Mata Hari war Holländerin und hieß eigentlich Margaretha Geertruida Zelle. Die 1877 geborene Tochter des bankrotten Hutmachers Adam Zelle und seiner Frau Antje brachte sich wegen ihrer bemerkenswerten Schönheit unschwer als Hochstaplerin durch. Eigentlich sollte sie Kindergärtnerin werden. Diesem vergleichsweise tristen Schicksal entging sie jedoch, als sie 1895 auf die Heiratsanzeige eines Junggesellen antwortete.

Der Glückliche, ein holländischer Offizier schottischer Abstammung, lebte schon lange im tropischen Java. Als alle Formalitäten erledigt waren, begleitete ihn seine frisch Angetraute dorthin. Bald merkte sie, dass MacLeod ein notorischer Trinker war. Mit großer Brutalität fiel er regelmäßig über die zwei Jahrzehnte jüngere Margaretha her. Sie verließ ihn und wandte sich dem hocherotischen Tempeltanz zu.

1903 zog es sie nach Paris, damals die Modellstadt für sündhaftes Leben. Während der ersten Wochen arbeitete sie als Aktmodell. Die charmante, aber mittellose Friesin lernte rasch einen reichen Unternehmer kennen, der gerade dabei war, ein Privatmuseum mit orientalischer Revue einzurichten. Das traf sich gut. Der Gönner hatte auch gleich einen Künstlernamen parat: Mata Hari, das »Auge des Morgens«.

Nun trat sie mit einer Art Bauchtanz, bei spärlichem Licht und Räucherkerzen, vor ein verwöhntes Publikum. Margaretha Zelle alias Mata Hari trug nur das Notwendigste am Leib, am Ende der betörenden Show nichts als einen dünnen Seidenschleier. Das musste jeder gesehen haben, und deshalb standen die Pariser Schlange. Mata Hari war die Sensation der Saison. Wilde Gerüchte, die sie selbst förderte, besagten darüber hinaus, sie sei eine echte Prinzessin aus Java.

Die erste internationale Stripperin nutzte ihre Erfolgssträhne sogleich, um eine Parallel-Karriere zu beginnen. Sie entwickelte sich zur bestbezahlten Kurtisane der Stadt. Mit ihren langen, schwarzen Haaren, der üppigen Figur und ihrem glühenden Blick verdrehte sie den Männern der Belle Epoque reihenweise den Kopf. In kürzester Zeit hatte sie ein Vermögen angehäuft. Sie hortete teuren Schmuck, bewohnte ein Schloss sowie eine hochherrschaftliche Villa, bewegte ihr Reitpferd im Bois de Boulogne.

Die mehrsprachige Mata Hari tanzte an vielen Orten Europas und hielt überall Hof. 1911 und 1912 trat sie in der Mailänder Scala auf. Zu ihren Verehrern zählten der Komponist Giacomo Puccini und Baron Rothschild. Als ihre Einzigartigkeit verblasste, und die Mode sich wandelte, begann Mata Haris Abstieg. Nun war sie eher in Bordellen anzutreffen.

Den Ausbruch des Ersten Weltkriegs erlebte die illustre Dame in Berlin. Ihre Liebhaber waren naturgemäß in allen kriegführenden Ländern unterwegs. Um nach Paris zurückzukehren, musste sie über Holland, England und Spanien reisen. Beim Zwischenstopp in Madrid vergnügte sie sich mit dem deutschen Militärattaché Hans von Kalle. Das wurde von den alliierten Geheimdiensten mit Misstrauen beobachtet.

Zurück in Frankreich, flirtete sie auch mit den schicken Offizieren vom französischen Dienst. Sie träumte von immer neuen Männern, dicken Geldbündeln und spannenden Abenteuern. Die Franzosen, hysterisch vor Spionageangst, überlegten krampfhaft, wie sie von ihren gewaltigen Niederlagen öffentlichkeitswirksam ablenken konnten.

Also nahmen sie am 13. Februar 1917 kurzerhand die für damalige Verhältnisse viel zu emanzipierte Mata Hari in Haft und versuchten, ihr in endlosen Verhören das Geständnis abzupressen, sie sei eine deutsche »Spionin aus Leidenschaft«. Als einzige Beweise lagen eine Art Lohnliste und ein abgefangenes Schreiben vor, das anonyme Hinweise auf ihren Einsatz als deutsche Agentin bot. Beides stammte von Kalle aus Madrid. Er schien ihr schaden zu wollen, weil sie kassiert und nicht ordentlich spioniert haben soll und – in seinen Augen – ohnehin auf Seiten der Franzosen stand.

Die vermutliche Rechnung des deutschen Diplomaten (und Agenten) ging auf. Am 22. Mai 1917 brach Mata Hari zusammen und gestand, für die Feinde Frankreichs spioniert zu haben. Die Deutschen hätten sie in Amsterdam angeworben und als Agentin H 21 registriert. Mehr wollte oder konnte sie nicht erzählen. Nun hatten auch die Franzosen ihr Ziel erreicht.

Am 25. Juli 1917 verkündete das Kriegsgericht, nach nur zwei Verhandlungstagen, ein bestelltes Todesurteil. Im Graben des

Forts von Vincennes wurde es drei Monate später vollstreckt. Die Femme fatale aus Friesland trat mit einem überdimensionalen Hut und einem dicken Pelz vor das zwölfköpfige Erschießungskommando. Dem Kommandeur des makabren Justizmords schenkte sie ihre mit Parfüm benetzten Lederhandschuhe. Eine Augenbinde lehnte sie ab. Sie wollte, wie immer, alles genau sehen.

Der renommierte britische Spionage-Kenner Philip Knightley: »Das Fazit muss lauten, dass Mata Hari nicht etwa erschossen wurde, weil sie eine gefährliche Spionin war, sondern weil es militärisch und politisch zweckdienlich war, sie zu erschießen.«

75 Jahre später wurden die Akten der Affäre freigegeben. Sie bestätigten Knightleys These, dass die aufreizende Tänzerin ein spektakulärer Sündenbock von Politik und Militär war.

Die Hinrichtung von Mata Hari war keine Ausnahme zu jener Zeit und bei allen damaligen Kriegsparteien in vergleichbarer Weise üblich. Das zeigt der Fall von Edith Cavell. Auch sie war keine Spionin, wurde aber von der deutschen Abwehr als solche behandelt und exekutiert.

Die 50-jährige, couragierte Cavell kam aus England und leitete eine Krankenschwesternschule in Brüssel. Ihr »Verbrechen« war, mehr als 200 verletzte alliierte Soldaten und junge belgische Männer im wehrfähigen Alter aus dem deutschen Besatzungsgebiet geschmuggelt zu haben. Die Deutschen leiteten daraus ab, dass Cavell mit diesen Aktionen die feindlichen Truppen stärken wollte. Ihr gewaltsamer Tod löste weltweite Proteste aus. Noch heute wird sie in England als humanitäre Gallionsfigur verehrt.

Ähnlich Positives lässt sich von dem 19-jährigen Luxus-Callgirl Christine Keeler, das den Männern ein halbes Jahrhundert später im immer noch stockkonservativen England den Kopf verdrehte, nicht behaupten. Aber auch sie musste für das büßen, was andere mit ihr angestellt hatten. Die bildhübsche, rothaarige Christine war ein Kind armer Leute, aufgewachsen in einem alten Eisenbahnwagen. Sie stammte aus dem kleinen Nest Hayes in Middlesex. Mit großen Augen und noch größerer Neugier kam sie 1959 zusammen mit ihrer Freundin Pat in das langsam von den harten Nachkriegsjahren erwachende »Swinging London«. Die beiden Mädchen suchten simple Bürojobs, um sich erst einmal eine Existenz aufzubauen.

In Murray's Cabaret Bar, einem traditionellen Nachtclub im West End, wo die Schönen und Reichen ihren Nachschub an »Frischfleisch« bezogen, passierte es. Die kleine Christine lernte den Mann kennen, der ihr alles geben und am Ende alles nehmen sollte: Stephen Ward. Der Osteopath war ein Dreh- und Angelpunkt der Londoner High Society. Die einen zeichnete und die anderen behandelte er. Zu seinen Patienten zählten Sir Winston Churchill, Douglas Fairbanks, Elizabeth Taylor.

Stephen Ward lud die unbedarfte Christine Keeler nach Cliveden ein, dem eindrucksvollen Sitz der steinreichen Astors an der Themse, unweit vom mondänen Ascot. Versteckt im weitläufigen Park befand sich das so genannte »Spring Cottage«, ein romantisches Häuschen mit Swimming Pool. An jenem Wochenende im Juli 1961 lief es wie immer ab. Stephen Ward kam mit einem jungen, bezaubernden Mädchen aufs Land und nebenan, im Herrenhaus, tummelte sich die feine Gesellschaft.

Ganz oben auf der Gästeliste standen Pakistans Präsident Ayub Khan und der frühere Vizekönig von Indien, Earl Mountbatten – aber auch John »Jack« Profumo, der Kriegsminister des Vereinigten Königreichs. Spät am Abend begab sich die Clique in den Garten und – wie es der Zufall wollte – trafen Profumo und die nackt badende Christine Keeler aufeinander.

So begann der größte Sexskandal der britischen Nachkriegsgeschichte. Der dritte Hauptdarsteller in diesem Stück hieß Jewgenij Iwanow und war beruflich als stellvertretender Marineattaché an der sowjetischen Botschaft in London tätig. In Wirklichkeit arbeitete er für den Militärgeheimdienst seines Landes, und das befand sich tief im Kalten Krieg. Stephen Ward soll ihm gelegentlich zugearbeitet haben, sagten die Gerüchte jener Zeit.

Christine Keeler war noch mit keinem der Männer bekannt, wusste also auch nichts über die politischen Untiefen, in die sie sich begab. Sie arbeitete die neuen Bekanntschaften aber unverzüglich ab. Noch am selben Abend bekam der Sowjetdiplomat seine erste Gelegenheit, Miss Keeler richtig gut kennen zu lernen, ein paar Tage später der Verteidigungsminister. Das funktionierte etwa zwei Jahre lang, und dann brach die kleine Idylle in sich zusammen. Christine Keeler hatte Ärger mit einem abgelegten Liebhaber, der ihr Haustür und Fenster zerschoss, und darauf natürlich auch mit Stephen Ward.

Die damals schon unbeschreiblich gierige britische Regenbogenpresse stürzte sich auf den Fall von Christine Keeler und ihrer Liebhaber. In der Folge belog Minister Profumo das Unterhaus. Mit Miss Keeler, sagte er, sei es zu keinen »Unschicklichkeiten« gekommen. Drei Monate später gab er das dann doch zu und verabschiedete sich von den Streitkräften Ihrer Majestät. Der Spion entkam rechtzeitig nach Moskau, wo er den Leninorden in Empfang nahm. Der elegante Stephen Ward wurde zu Hause der Zuhälterei angeklagt und machte angesichts der Schande seinem Leben ein Ende. Der Dominoeffekt endete erst, als die gesamte Regierung MacMillan dem Kriegsminister in den Ruhestand gefolgt war.

Die Medien schrieben den Lolita-Thriller zur Spionageaffäre hoch. Seither ist das Sechzigerjahre-Wahrzeichen Keeler (»Ich mochte die Männer und die Männer mochten mich.«), deren fotogener Akt rittlings auf dem Designerstuhl ihr bis heute Kultstatus sichert, auch unter den Agentinnen abgelegt. In einem Interview von 2001 versicherte sie offenherzig:»Ich sollte von Profumo rauskriegen, wo die Amerikaner in Deutschland ihre Atomwaffen stationiert hatten.« Anscheinend brachte sie es aber nicht heraus, weil die beiden immer nur turtelten und für solche anstrengenden Themen gar keine Zeit hatten.

Das sind die beiden Standardgeschichten der weiblichen Spionagemythologie. Die eine ist so wenig überzeugend wie die andere. Durch ihre starke Medienpräsenz lenken sie seit langer Zeit von den wirklich wichtigen Agentinnen ab. Meistens handelt es sich in der Realität um Frauen, die Klavierlehrerinnen oder Buchhalterinnen ähneln, unscheinbaren Sekretärinnen und resoluten Fitnesstrainerinnen, Mauerblümchen und Moppel-Ichs. Sie weisen keinerlei Ähnlichkeit mit irgendwelchen dekorativen Bond-Girls auf und werden in allen Spionage-Reißern falsch besetzt.

Frauen im Geheimdienst sind, von ganz wenigen Ausnahmen abgesehen, von anderem Kaliber. Sie schlagen sich jeden Tag mit den mehrfach einzureichenden Formularen zur Bestellung von Büromaterial herum, und – wie beim deutschen BND üblich – von Bleistiftverlängerern. Sie steigen nicht, atemberaubend schön, wie Aphrodite aus dem Meer, den Dolch am Bikini-Unterteil befestigt. Und sie springen nicht von hochhaushohen Felsklippen, um das rettende Motorboot zu erreichen. Solche Risiken würden Berufsgenossenschaft und Krankenkasse nie abdecken.

Ob die folgenden prominenten Vertreterinnen der Weltkrieg-II-Generation zu den wenigen Ausnahmen zählen, weiß keiner so genau. Jedenfalls bemühten sich in den vergangenen Jahren mehrere Autoren, Zarah Leander, Olga Tschechowa und Marika Rökk in das Heer von Stalins Späherinnen einzuordnen. Das Trio weist wesentliche Gemeinsamkeiten auf. Alle drei waren Film- und Musikgrößen des Dritten Reiches. Sie bewegten sich in der Umgebung Hitlers und bekamen frühzeitig mit, was sich an der Spitze des NS-Staates abspielte.

Der russische Autor Arkadij Waxberg berichtete in der schwedischen Zeitung *Svenska Dagbladet,* dass Zarah Leander als Doppelagentin für Sowjets und Deutsche tätig gewesen und zudem Mitglied der Kommunistischen Partei in Schweden gewesen sein soll. Er zitierte dabei aus einem vom längst verstorbenen Moskauer Geheimdienstoffizier Pavel Sudoplatow besprochenen Tonband. Sein Landsmann habe erklärt, »die Leander hat uns geholfen, ein Bild über die Situation in Nordeuropa sowie der britisch-amerikanischen und deutschen Interessen in dieser Region zu bekommen«.

Die bestbezahlte Schauspielerin des Nazi-Reiches habe aus ideologischen Motiven spioniert. Hinweise dazu sollen sich auch in schwedischen und amerikanischen Akten finden. Ein Stockholmer Journalist will erfahren haben, dass der tiefe Koloraturbass mit dem Decknamen »Rose-Marie« bis weit in die Fünfzigerjahre im Dienste Moskaus stand. Die Deutschen behielten sie für das Durchhalte-Lied »Ich weiß, es wird einmal ein Wunder geschehn« oder für »Davon geht die Welt nicht unter« in positiver Erinnerung. Zu ihrem möglichen Doppelleben kann man die Diva ein Vierteljahrhundert nach ihrem Tod nicht mehr befragen.

Der in Paris lebende Waxberg nahm auch Olga Tschechowa ins Visier. Die bildhübsche Deutsch-Russin, Nichte von Anton Tschechow, sei Moskauer Spitzenspionin gewesen und zugleich eine gute Freundin von Eva Braun. Waxberg mutmaßt, vielleicht habe sie »dem Kreml eine Warnung über den 1943 bevorstehenden massiven deutschen Angriff auf den Kursker Bogen gegeben, nachdem ihr die Nachricht direkt vom Führer serviert worden war«. Kursk war der Schauplatz der größten Panzerschlacht aller Zeiten, eine schicksalhafte Kulisse für die Wehrmacht.

Der britische Militärhistoriker Antony Beevor veröffentlichte 2004 ein Buch mit dem Titel *Die Akte Olga Tschechowa*. Darin behauptet der Autor, die Staatsschauspielerin sei im Dezember 1940 von den Sowjets angeworben worden. Sie habe die Aufgabe gehabt, Hitlers Umfeld auszukundschaften und einflussreiche Lobbyisten zu finden, die einen Angriff auf die Sowjetunion ablehnten. Während eines Hitlerbesuchs in Moskau hätte sie sich an einem Mordanschlag gegen den deutschen Diktator beteiligen sollen. Die »Frau mit Geheimnissen« nahm ihr Wissen über all diese Dinge 1980 mit ins Grab.

Waxbergs dritte Zielperson war Marika Rökk, eine in Kairo geborene Ungarin. Seit 1934 zählte auch sie zu den bedeutendsten Ufa-Schauspielerinnen und Revue-Tänzerinnen ihrer Zeit. Ihr Gönner war Chefpropagandist Joseph Goebbels. Trotzdem soll sie dem Osten viel stärker verbunden gewesen sein und Stalins Kundschaftern Informationen geliefert haben. Waxberg bleibt überzeugende Beweise schuldig, und Marika Rökk, die bis ins hohe Alter auf der Bühne stand (»Das gab's nur einmal, das kommt nie wieder ...«), starb im Mai 2004 mit 90 Jahren in Baden bei Wien.

Angesichts dieser beispielhaften Damen müsste man annehmen, dass Geheimagentinnen immer aus einem Heer von Schauspielerinnen und leichten Mädchen rekrutiert werden.

Weit gefehlt. Nachrichtendienst spielt sich, zumindest in Friedenszeiten, anders ab. Agenten treffen sich in schummrigen Etablissements nur deshalb, weil sie dort relativ unbeobachtet ihre Geschäfte anbahnen können. Einer der ersten Kundschafter überhaupt war Prometheus. Er stahl den Göttern das Feuer. Auf weiblicher Seite taucht im Talmud wie auch im Alten Testament eine gewisse Rahab auf. Sie wurde zur Komplizin zweier Spione, die von Moses gekommen waren, um das Gelobte Land zu erkunden. Als die Israeliten schließlich Jericho einnahmen und zerstörten, verschonten sie nur Rahab und ihre Familie. Eine frühe Form des Agentenlohns.

Der älteste bekannte Agentenbericht fand sich auf einer Tontafel aus dem Zweistromland. Um 2000 Jahre v. Chr. warnte eine Wüstenpatrouille die Garnison Mari am Euphrat. Die Wachen auf den Türmen sollten besser verstärkt werden, weil den feindlichen Benjamiten nicht zu trauen sei.

Spione gab es immer, denn sie wurden zu allen Zeiten gebraucht. Mit der Gründung des britischen MI5 im Jahre 1909 entstand so etwas wie eine durchstrukturierte, geheime Behörde. Andere wichtige Staaten zogen nach und richteten ebenfalls Nachrichtendienste ein. Eine der bedeutendsten Wachstumsbranchen des 20. Jahrhunderts war geboren. Der Schriftsteller und ehemalige KGB-Mann Michail Ljubimov – er war auch Stationschef in London – brachte das Besondere an der Agententätigkeit sehr anschaulich zu Papier:

»Im Geheimdienst nimmt man unwillkürlich teil an fremden Leben, man liest Abhörprotokolle, Berichte von Detektiven und Agenten, und der Homo sapiens, das Objekt des Interesses, steht plötzlich als ein ganz anderer vor einem: Der treue Ehemann erweist sich als gemeiner Wüstling, der Parlamentsabgeordnete lebt mit einer schwarzen dänischen Dogge, und der Stolz der Nation handelt in seiner Freizeit mit geschmuggelter Ware. Selbst im Verlauf einer kurzen Tätigkeit beim Geheimdienst kann man einzigartiges Material sammeln, denn gerade dort begreift man ganz deutlich, dass der Mensch ein schwarz-weißes Wesen ist, ein gedoppeltes und widersprüchliches Wesen, das zu Heldentaten ebenso wie zu Gemeinheiten fähig ist.«

Zu den ersten bekannten Agentinnen der jüngeren Vergangenheit zählt die Witwe Rose Greenhow. Sie unterstützte während des amerikanischen Bürgerkriegs die Südstaaten und schleuste Agenten in die US-Hauptstadt ein. Für die Konföderierten beschaffte sie einen geheimen Befehl, der die Potomac-Armee nach Virginia in Marsch setzte. Durch den Informationsvorsprung wurden die Unionstruppen bei Bull Run vernichtend geschlagen.

Die möglicherweise wichtigste Spionin des 20. Jahrhunderts trug den Decknamen Sonja, und der fand sich 1977 auch im Titel ihrer Autobiografie. Die Berliner Jüdin mit dem Künstlernamen Ruth Werner, geboren als Ursula Kuczynski, gehörte zwei Jahrzehnte lang erfolgreich Stalins Militärgeheimdienst GRU an.

Sie entwickelte sich in den Fünfzigerjahren zur gefeierten Autorin Ruth Werner. Die DDR-Prominente blieb ihr Leben lang eine überzeugte Kommunistin und ließ sich auch durch die schlimmsten Greueltaten des Stalinismus nicht aus der Bahn werfen. 93-jährig, und immer noch zu anstrengenden Fernsehinterviews in der Lage, starb sie im Juli 2000 in Berlin.

Eberhard Panitz, ein langjähriger Freund der Familie, veröffentlichte 2003 die gültige Ruth-Werner-Biografie. Anlässlich des Erscheinens notierte die *Süddeutsche Zeitung*:

»Sie war eine selbstbestimmte, selbstbewusste Frau – und gleichzeitig eine aus der Moskauer Zentrale ferngesteuerte Marionette.«

Wer das heute noch mit Staunen zur Kenntnis nimmt, versteht die Natur des Gewerbes nicht. Außerdem: War die Sowjetarmee die Auftraggeberin gewesen, dann gab es keine andere Möglichkeit, wollte die Kundschafterin nicht in den verderblichen Geruch des Abweichlertums kommen.

Unter diesem Druck muss zur gleichen Zeit Margarita Konenkowa gestanden haben. Sie war 1923 mit ihrem Mann Sergej von Moskau nach New York gereist, um an einer Ausstellung mit sowjetischer Kunst teilzunehmen – und dann geblieben. Sergej war ein bekannter Maler, Margarita eine Femme fatale, die sich stets bemühte, ihr ganz eigenes Leben zu führen und in jedem

Fall gegen den Strom zu schwimmen. Schon in Moskau hatten die Konenkows extravagante Partys ausgerichtet. In Amerika gehörten sie selbstverständlich rasch zur mondänen Gesellschaft. Sie waren so schön exotisch, und so etwas liebte das feine New York.

Ihre Bedeutung steigerte sich noch, als Hitlers Truppen die Sowjetunion überfielen. Namhafte Emigranten setzten sich zusammen und gründeten die »American Society of Russian Relief«, eine Wohltätigkeitsorganisation. Das Ehepaar übernahm sofort wichtige Vorstandsposten. Nun standen ihnen alle Türen offen, einschließlich des Weißen Hauses.

Eines Tages bat die Universität Princeton den Bildhauer Konenkow Albert Einstein zu porträtieren. Für einen Augenblick traf dieser auf die Dame des Hauses. Der weltberühmte Physiker war 56, die Luxusemigrantin 39 Jahre alt. Zwischen beiden knisterte es ganz gewaltig. Ab sofort sollten sie sich regelmäßig an verschwiegenen Orten treffen. Margarita interessierte sich zielstrebig für das amerikanische Atombombenprojekt, das Einstein begrüßte. Das bestätigte später auch der KGB-Offizier Pavel Sudoplatow. Er nannte Margarita, die Honigfalle, »eine bewährte Agentin«.

Einsteins neue Geliebte lernte in Princeton auch Robert Oppenheimer kennen. Rasch befand sie sich im Mittelpunkt des Geschehens. Der in die Jahre gekommene Erfinder der Relativitätstheorie genoss es. Als die Bombe explodierte, war auch die Idylle zwischen Margarita und den Atomforschern zu Ende. Moskau brauchte die technische Mixtur nicht mehr, sondern benötigte strategische Informationen über die Anwendung des so genannten »Manhattan Project«. Der Wettlauf zum Bau der eigenen Superbombe hatte längst begonnen.

Das Künstler-Ehepaar Konenkow wurde nach mehr als 20 Jahren Aufenthalt in den USA in die Heimat zurückberufen. Als letzte operative Maßnahme brachte Margarita ihren Freund Einstein und den sowjetischen Generalkonsul in New York, Pavel Petrowitsch Michailow, zusammen. Der inoffizielle Resident des Moskauer Militärgeheimdienstes GRU sollte den Kontakt weiterführen.

Bildhauer Konenkow durfte sich im stalinistischen Milieu künstlerisch entfalten, während seine Frau ausgedient hatte. Sie kam über den Kulturschock, den das rückständige, repressive Moskau in ihr auslöste, nicht mehr hinweg. 1980 starb sie als unbekannte Mitbürgerin, isoliert und vergessen.

Bei Melita Norwood war es genau umgekehrt. Die Engländerin blieb zeitlebens unbekannt. Erst kurz bevor sie am 1. Juni 2005 mit 93 Jahren starb, wurde ihr heftige Berühmtheit zuteil. Auch sie hatte sich auf sowjetischer Seite, und mit Erfolg, am nuklearen Wettlauf beteiligt. Ihr ehrenamtlicher Beitrag war am Ende nicht unerheblich.

Die Tochter eines Letten und einer Engländerin, Mädchenname Sirnis, zählte zu jenen Idealisten, die den Kommunismus als Synonym für eine strahlende, gerechte, klassenlose Zukunft betrachteten. Deshalb trat sie von der Independent Labour Party zur britischen KP über. Es geschah 1936, im Jahr der Olympiade von Berlin. Die Weltwirtschaft lahmte und den Menschen ging es täglich schlechter.

Die zielstrebige Melita arbeitete seit 1932 bei der »Britischen Gesellschaft für Forschung an nichteisenhaltigen Metallen«. Auch dieses Unternehmen diente den westlichen Hitler-Gegnern als kleiner Baustein im Ringen um damals noch weitgehend unbekannte nukleare Rüstung. Einige Jahre später war Melita Norwood verheiratet und von ihrem Ehemann Hilary mit dem NKWD, später KGB, bekannt gemacht worden.

Es sollte ausschließlich zum Wohl der Sowjetunion und der Arbeiterklasse sein, als sie stapelweise Geheimakten kopierte und ihren Verbindungsleuten bei konspirativen Treffen übergab. Natürlich musste auch die Chefsekretärin immer wieder Sicherheitsprüfungen über sich ergehen lassen, und natürlich wurden ihre radikalen politischen Ansichten von den Kollegen stirnrunzelnd zur Kenntnis genommen. Im Prinzip war ihr aber nichts vorzuwerfen.

Auf Melita Norwood war Verlass – 40 Jahre lang. Sie nahm nie Geld, nur den Dank eines fremden Vaterlandes. Ein halbes Jahrhundert lang wohnte die unauffällige Lady in einem kleinen, einfachen Häuschen mit Garten, das in Bexleyheath im

Südosten Londons stand. Auf ihrer Teetasse prangte das globale Che-Guevara-Logo und jeden Tag steckte der *Morning Star*, Englands kommunistische Tageszeitung, im Briefkasten. Niemals kamen Melita Norwood Zweifel, ob es sich auch wirklich lohnte, auf die Weltrevolution zu warten.

Ihr Leben und die dazugehörigen Rituale wären von niemandem gestört worden, hätte nicht der KGB-Archivar Wassilij Mitrochin beschlossen, die Seite zu wechseln. Der Russe kam 1992 mit großen Mengen an Papier, die er im Laufe der Jahre abgezweigt hatte. Seine Morgengabe interessierte die Spionageabwehr zahlreicher westlicher Staaten. Über Nacht wurde er zu einem begehrten Gesprächspartner.

Mitrochin zauberte auch eine Karteikarte mit dem Decknamen »Hola« aus seinem Köfferchen. Ihr Inhalt blieb aber noch einige Jahre geheim. 1999 sickerte er durch. »Hola« wurde als eine kleine englische Landlady enttarnt. Ohne Vorwarnung standen die lästigen Fernsehteams plötzlich im kleinen Garten und zertrampelten die Pflänzchen. Die inzwischen 87-jährige ehemalige Topspionin, die nun schon Urgroßmutter war, blieb jedoch von der Justiz unbehelligt, weil sie den Strapazen eines großen Prozesses nicht mehr gewachsen gewesen wäre. Sie hatte einfach Glück.

Es gibt kein Regelwerk, wie eine Agentin auszusehen hat. Die einen sind so unscheinbar wie Melita Norwood, die am Ende ihrer Tage den Journalisten ihr Rezept für Apfelmarmelade verriet, oder so auffällig wie Josephine Baker, die, schokoladenbraun und mit Banane, frivol auf Europas Bühnen tanzte. Die amerikanische Künstlerin reiste auch in Kriegszeiten. Vom latenten Rassismus aus den USA vertrieben, fühlte sie sich der neuen Heimat Frankreich mit Dank verbunden, und wollte deshalb den Nachrichtensammlern des Geheimdienstes der Exilregierung immer wieder etwas Neues bieten.

In ihrer Unterwäsche transportierte sie Fotos von deutschen Militäreinrichtungen. Auf ihren Notenblättern waren die neuesten Bewegungen der Achsenmächte in unsichtbarer Geheimschrift vermerkt. »Wer würde es wagen, Josephine Baker zu durchsuchen?«, fragte sie gereizt, und letztlich hatte sie Recht.

Aufgrund ihrer guten Beziehungen konnte sie auf dem Höhepunkt des Krieges immer noch Passierscheine, Pässe und Visa für verfolgte osteuropäische Juden besorgen, die damit ins sichere Lateinamerika gelangten. Nach dem Krieg wurde die Baker von »ihrem« Präsidenten Charles de Gaulle mit den höchsten Orden dekoriert. Als sie 1975 starb, Paris hatte sie nicht vergessen, bekam die berühmte Spionin ein Staatsbegräbnis mit 21 Böllerschüssen.

Es ist noch ungewiss, ob Victorine Ninio, Deckname Marcelle, dasselbe widerfahren wird, ob sie es überhaupt möchte. Zu stark belastet ist das Verhältnis zwischen ihr und dem Staat Israel, für den sie ihre Jugend und ihre Gesundheit geopfert hat.

Ninios Familie war einst aus Spanien nach Ägypten ausgewandert. Sie zählte zur Gemeinschaft der 50 000 Juden, die unter König Faruk unbehelligt am Nil lebte. Victorine wuchs im Kairo der Weltkriegsjahre auf, sprach fließend Arabisch, Französisch, Englisch und Spanisch. 1949 schloss sie sich, 18-jährig, einer geheimen, zionistischen Jugendorganisation an. Die lose Aktivistentruppe wurde im Sinne Israels organisiert, als zwei Jahre später der Geheimdienstoffizier Abraham Dar, Tarnname John Darling, für eine Weile nach Kairo kam. Er suchte junge Freiwillige, die bereit waren, im Bedarfsfall etwas für das Gelobte Land zu tun.

Der Ernstfall kam schneller als gedacht. Ägyptens Militär stürzte die Monarchie. Der neue starke Mann hieß Oberst Gamal Abdel Nasser. Seine Revolutionsregierung vereinbarte den Abzug der englischen Kolonialmacht und die Übergabe des lukrativen wie strategisch wertvollen Suezkanals.

Das gefiel den israelischen Nachbarn gar nicht. Sie überlegten, wie der englische Abmarsch verhindert werden konnte. Bis heute ist öffentlich nicht bekannt, wer in Tel Aviv die Idee hatte, John Darling und seine Jugendgruppe einzusetzen. Der Hauptverdächtige war auch damals Verteidigungsminister Pinhas Lavon. Daraus entstand die so genannte Lavon-Affäre. Sie sollte Israel zehn Jahre lang erschüttern.

Agent Darling bekam den Befehl, britische und amerikanische Einrichtungen und Firmen mit Sprengladungen zu sabotieren, um ein Eingreifen der beiden Militärmächte auszulösen. Der Plan wurde in Israel ausgeheckt und nach Ägypten übermittelt, ohne dass Premier Mosche Sharett und der Oberkommandierende der Streitkräfte, General Mosche Dajan, davon erfuhren. Darling ließ Bomben bauen und schickte seine Freiwilligen los. Ein Sprengsatz detonierte im Lesesaal des »United States Information Service«. Einer der jungen Männer, Philip Nathanson, wollte seine Bombe im MGM-Kino ablegen, wurde aber gerade noch von der Polizei gestoppt.

John Darling und sein Assistent Paul Frank verließen das Land in großer Eile. Später stellte sich heraus, dass Frank die Aktion und ihre Teilnehmer an die ägyptischen Behörden verkauft hatte. Dafür kam er Jahre später vor ein israelisches Militärgericht. Victorine Ninio wurde bei Freunden in Alexandria festgenommen, fast zeitgleich auch alle anderen Mitglieder des Agentenrings. Nasser ließ sie in einem großen Schauprozess verurteilen. »Marcelle« Nino bekam 15 Jahre Haft, Philip Nathanson 25 Jahre. Zwei ihrer Freunde wurden vier Tage nach dem Verfahren gehängt.

Schon im Polizeigewahrsam ging die junge Ägypterin durch die Hölle. Sie wurde monatelang gefoltert und erlitt schwerste Verletzungen. In einem unbewachten Moment sprang sie aus dem Fenster, um ihrem Leben ein Ende zu setzen. Ihre Verzweiflungstat missglückte und endete mit zahlreichen Knochenbrüchen. Auch im Frauengefängnis von Kaneter wurde sie permanent gequält.

»Marcelle« Ninio musste die Strafe absitzen, weil Israel, das Land ihrer Träume, zu sehr mit der Lavon-Affäre beschäftigt war, und sich nicht um die gefangenen Agenten in Ägypten kümmerte. Lavon, ein gebürtiger Ukrainer, musste zurücktreten, Staatsgründer David Ben-Gurion übernahm das Verteidigungsressort. Jahre später wurde auch er wegen des Politskandals abgelöst. Die Affäre beschäftigte Israel bis Mitte der Sechzigerjahre und hinterließ großen politischen Schaden.

Erst nach dem Sechs-Tage-Krieg, im Frühjahr 1968, öffneten sich Ägyptens Gefängnistore – im Austausch gegen 4481 ägyptische Gefangene in Israel. »Marcelle« Ninio kam jedoch mit dem neuen Leben im Land ihrer Träume nur schwer zurecht. Einen zu hohen Preis hatte sie dafür zahlen müssen. Schließlich lernte sie den pensionierten Oberst Eli Boger kennen, der inzwischen eine Lebensmittelfabrik führte. Er holte sie wieder in einen normalen Alltag zurück. Im Dezember 1971 heirateten die beiden. Als Trauzeugin kam Israels »Eiserne Lady«, Golda Meir. Sie lieferte eine Kostprobe ihres typischen Humors: »Sie wurden zu lebenslänglich verurteilt. Ich hoffe sehr, dass Sie diesmal Ihre Strafe absitzen.«

»Marcelle« Ninio sitzt diese »Strafe« bis heute ab. Nach ihrer schweren Herzoperation haben die besorgten Ärzte untersagt, den ägyptischen Teil ihres Lebens zu erzählen. Sie befürchten, dass sich die Patientin, heute 75, lebensbedrohend aufregen könnte. So endete eine ziemlich kurze und politisch überaus spektakuläre Agentenlaufbahn.

Die Rolle und der Wert von Frauen in Geheimdiensten werden gerade von denen nur selten diskutiert, die darüber zu entscheiden haben. Klare Worte fand der Leiter des österreichischen Geheimdienstes vor dem Ersten Weltkrieg, Max Ronge: »Bei uns war die Nichtverwendung von Frauen wenigstens im Frieden – vielleicht schon aus dem Grunde der Geldknappheit – traditionell, weil man Frauenaffären, die bei minderen Frauenzimmern kaum zu vermeiden waren, fürchtete. Höherstehende Frauen kamen mangels militärischer Kenntnisse, welche keine mit den Kosten einer solchen Akquisition im Verhältnis stehende Ergebnisse erwarten ließen, eher für den politischen Nachrichtendienst in Frage.«

Vieles spricht dafür, wenig dagegen. Sie sind fleißiger und anpassungsfähiger, belastbarer und konsequenter, können durch ihren natürlichen Charme viel leichter in geschlossene Zirkel eindringen und sich im Bedarfsfall auch mit der Geheimwaffe Sex durchsetzen. Frauen sind ideologisch gefestigt und nehmen für die Umsetzung ihrer politischen Überzeugung Gefahren und Entbehrungen auf sich. Sie gelten, trotz uralter Vorurteile, als diskret und zurückhaltend. In kritischen Situationen reagieren Männer weniger aggressiv auf sie. Dann wirken sie deeskalierend.

Auch Stella Rimington, erste Chefin des britischen Inlands-

Geheimdienstes MI5, stimmte im Gespräch ein Loblied auf ihre Kolleginnen an: »Frauen lehnen sich eher zurück und denken nach. Sie sind reflektiv und analytisch.« Im Gegensatz dazu der ansonsten als besonnen und objektiv geschilderte sowjetische Meisterspion Richard Sorge. Er sah die Frauenfrage während des letzten Weltkrieges völlig anders: »Frauen sind zur Spionage absolut ungeeignet. Intime Beziehungen münden meist in Eifersucht, und das schadet immer der Sache.« Möglicherweise hatte er im Einzelfall schlechte Erfahrungen gesammelt und noch nicht verarbeitet.

Zum Vergleich, das große Loblied auf die Geheimagentin aus der Feder eines Zeitgenossen von Sorges Gegenseite. Oberstleutnant Oscar Reile arbeitete zuerst für die militärische Abwehr des Hitler-Admirals Wilhelm Canaris, und später zwölf Jahre lang für den Bundesnachrichtendienst. Als intimer Kenner schrieb er danach ein Buch über *Frauen im Geheimdienst* und kam zu dem Schluss:

»Der bessere Instinkt der Frau lässt sie im übrigen für den Einsatz in der Spionageabwehr besonders geeignet erscheinen. So, wie sie manchmal die ihnen von bestimmten Menschen drohenden Gefahren ›riechen‹ können, so werden sie vermutlich in den meisten Fällen schneller als Männer empfinden, dass mit diesem oder jenem, dem man im Leben begegnet, irgendetwas nicht stimmen mag.«

Genau diese Einschätzung hat sich in den vergangenen Jahrzehnten weltweit durchgesetzt. Die führenden Geheimdienste sind nicht mehr Bollwerk der Männlichkeit. Mit Ausnahme des Bundesnachrichtendienstes, wo diese Daten als geheim eingestuft sind, weisen die Dienste weltweit auf ihren zunehmenden Frauenanteil hin. Bei einigen von ihnen beträgt er bereits bis zu 50 Prozent. Waren die weiblichen Mitarbeiter in der Vergangenheit mit niederen Aufgaben betraut, so finden sie sich heute immer stärker im operativen Bereich und auf den Führungsetagen.

Englands MI5 hat bereits zum zweiten Mal eine Chefin. Eliza Manningham-Buller rückte nach, als die legendäre Stella Rimington in Ruhestand ging. Sie stammt aus einschlägigem Umfeld. Der Vater war Generalstaatsanwalt, ihr Ehemann Offizier.

Bevor sie sich 1974 beim »Security Service« bewarb, arbeitete sie als Lehrerin an der exklusiven Londoner Queen Gate's School. Bei MI5 soll sie zuerst nur Abhörprotokolle getippt, dann bei der Abwehr und im Auslandseinsatz die Karriereleiter erklommen haben. Die ausgesprochen diskrete Eliza Manningham-Buller ermittelte als Leiterin Terrorabwehr in Sachen Lockerbie und gegen die IRA. 1993 übernahm sie die technische Abteilung, und 1997 stieg sie zur stellvertretenden Generaldirektorin auf. Nach den Anschlägen auf das Londoner Verkehrsnetz, im Juli 2005, kam auch sie unter Beschuss. MI5 habe nicht rechtzeitig gewarnt, behaupteten ihre Kritiker. Das konnte sie ganz leicht widerlegen. Gerade in der Downing Street, und nicht nur im Weißen Haus, sind die Verantwortlichen für selektive Wahrnehmung berühmt.

In Deutschland, und nicht nur da, befinden sich weibliche Behördenchefs auf dem langen Marsch durch den Sicherheitsbereich. Mathilde Koller war bundesweit die Erste. 1994 wurde sie in Dresden zur Präsidentin des Landesamtes für Verfassungsschutz berufen. Die Kaufmannstochter aus dem Saarland brachte viel Erfahrung mit. Seit ihrem zweiten juristischen Staatsexamen hatte sie beim Kölner Bundesamt für Verfassungsschutz gearbeitet. Zum Amtsantritt in Sachsen kündigte sie mit sanfter Stimme eine »feine Analysebehörde« zur »differenzierten Politikberatung« an.

Diese Vision durfte Mathilde Koller Jahre später als Berliner Innenstaatssekretärin auf den maroden Verfassungsschutz der Hauptstadt übertragen. 2001 leitete sie den personellen Umbau ein. Nahtlos übernahm Claudia Schmid, gleichfalls Juristin und jahrelang zuständig für Datenschutz. Im Januar 2005 kam in Potsdam eine neue Kollegin auf den Chefsessel. Winfriede Schreiber, bislang Polizeipräsidentin von Frankfurt/Oder, übernahm die Abteilung Verfassungsschutz im Innenministerium von Brandenburg.

Weniger glamourös und nüchtern als Claudia Schmid kann niemand das geheime Gewerbe erklären. Sie selbst, fügt sie unmissverständlich hinzu, sei die »typische deutsche Beamtin«. Sie spricht von »Rechtsgrundlagen« und »parlamentarischen Kontrollgremien«, von »Verantwortung« und dem »Schutz der Grundrechte«. So weit kann Geheimdienst von Kunstfiguren wie Mata Hari und Christine Keeler entfernt sein, so nüchtern der deutsche Alltag. Trotzdem: »Jane Bond« ist überall präsent, nur nicht immer auf den ersten Blick erkennbar.

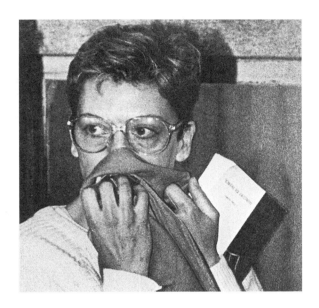

1

DOMINIQUE PRIEUR
Operation Satanique

»Wenn die Erde krank ist, und die Tiere verschwinden, dann werden sich die Krieger des Regenbogens zusammentun, um die wilden Kreaturen zu schützen und die Erde zu heilen.«　　*Greenpeace*

Wenn Dominique Prieur keinen Ausweg mehr weiß, dann fängt sie heftig zu weinen an. Bei der ersten Konfrontation mit ihren Tränen ist jeder betroffen, jeder versucht sie zu trösten. Es will nicht wirklich gelingen. Nach einer Weile, wenn die Umgebung sich an die zierliche Frau und ihre Eigenheiten gewöhnt hat, ist das eigentlich nichts Besonderes mehr. Dominique Prieur weint gerne, und sie selbst sagt, das sei eine hilfreiche Taktik, um sich in der Not einen Freiraum zu schaffen.

Wenn es ihr wirklich schlecht geht, dann sind sie auch wieder da, diese unerbittlichen Albträume. Die unsichtbare Zeitmaschine bringt sie zurück zum 27. August 1944. Ein Film läuft ab, der – zehn Tage vor der Befreiung – im kleinen Nest Valdahon spielt, auf der französischen Seite des Genfer Sees. Es ist ein warmer Sonntag.

Zehn Menschen sitzen im Garten, essen zu Mittag, plaudern. Plötzlich drängen sich Bewaffnete in die Idylle. Moderne Landsknechte einer nazi-freundlichen Miliz und mit ihnen Angehörige einer ukrainischen SS-Truppe.

Sie suchen Kämpfer der Resistance. Ein knapper Wortwechsel. Vielleicht glauben sie, ihre Gegner gefunden zu haben. Vielleicht sind sie auch nur verärgert. Jedenfalls stellen sie acht der zehn Zivilisten an die Wand. Sie töten sie mit kurzen Feuerstößen aus ihren Maschinenpistolen. Fünf Männer und drei Frauen. Das Massaker endet mit gezielten Fangschüssen. Die Toten hinterlassen 18 Waisen, unter ihnen Dominiques künftige Eltern: Renée und Louis. 1947 heiraten die beiden, und zwei Jahre später wird ihre Tochter Dominique geboren.

Für das, was damals passiert ist, beansprucht sie keine Gnade der späteren Geburt. Ihr ist, als wäre sie dabei gewesen, in jenem Garten in Valdahon, wo sich innerhalb weniger Minuten eine luftige Sommeridylle in eine Hölle verwandelte. Zu oft hat sie die Szene im Detail vor Augen gesehen, wurde sie in dunklen Nächten von ihren ganz persönlichen Dämonen gepeinigt. Dominique Prieur kann jederzeit weinen. Das Leben hat es sie gelehrt. Ob sie diese Strategie immer richtig einsetzt, das steht auf einem anderen Blatt.

Die erste Hälfte der Achtzigerjahre war eine ziemlich emotionsgeladene Zeit. Das neue, weltweite Umweltbewusstsein fing an, die Politik zu beeinflussen. Unverbesserliche Idealisten, wie der insolvente kanadische Bauunternehmer und spätere Greenpeace-Gründer David McTaggart, zogen hinaus, um wie einst Don Quichotte mit den Windmühlenflügeln zu kämpfen. Dass sie den einen oder anderen Flügel demolierten, das verschaffte ihnen Courage und immer mehr Selbstbewusstsein.

Gerade dieser knorrige McTaggart, ein Haudegen von der Westküste, ist das ideale Beispiel. 1970 warf er zu Hause alles hin und trieb sich für eine lange Weile in der Südsee rum. In Neuseeland kaufte er die »Vega«, einen Zweimaster, mit dem er bald »in einen Krieg zur Rettung der Welt ziehen« sollte.

Überall auf der Welt diskutierten in jenen Tagen bärtige Männer mit Holzfällerhemden und ihre Freundinnen gemeinsame Zukunftspläne. Sie nannten sich Greenpeace und sahen es als ihre Aufgabe, die Atomtests der Militärs zu stören und, unabhängig davon, die vom Aussterben bedrohten Wale zu schützen. Zuerst bestand Greenpeace nur aus einigen Gruppen, die sich vor allem in den USA und Kanada zusammengefunden hatten. Es war David McTaggart, der sie formierte. 1977 richtete er in Paris und London die ersten Greenpeace-Büros ein. Der Grundstein war gelegt.

1979 sollte ein Schlüsseldatum für Greenpeace werden. In London kauft die Organisation für 35 000 Pfund einen rostigen, alten Trawler. Das britische Fischereiministerium hatte ihn zuvor als Forschungsschiff eingesetzt. Es soll gegen die isländischen und norwegischen Walfänger gehen. In einem kleinen italienischen Restaurant abseits vom Leicester Square bekommt das Schiff einen Namen, der sechs Jahre später weltweit für Schlagzeilen sorgen wird: »Rainbow Warrior«.

Vorerst finden die Schlachten des »Regenbogenkriegers« im Nordatlantik statt. Die grünen Draufgänger müssen ihre Choreographie, die man später noch so häufig im Fernsehen erleben wird, nach und nach lernen. Es ist ein gefährliches Spiel, das sehr viel Mut erfordert.

Greenpeace International beschließt 1985, die »Rainbow Warrior« zur neuen französischen Atom-Testreihe nach Mururoa, einem Atoll im Pazifik östlich von Neuseeland, zu schicken. Das alte Spiel mit Mitterrands Kriegsmarine soll wieder von vorne beginnen. Doch diesmal macht nicht nur David McTaggart mobil. Es gibt neue, sehr mächtige Gegner, die hinter den Kulissen zum Gegenschlag rüsten. Die Anweisung aus dem Pariser Elysée-Palast war eindeutig. Präsident François Mitterrand, der sich gerne weltoffen und liberal gab, war in dieser Sache kompromisslos. »Setzt das Boot auf Grund«, lautete der Befehl. Knapp und ohne Schnörkel. Nicht noch einmal sollte ein Freibeuter wie David McTaggart die Grand Nation demütigen. Mitterrand wandte sich mit seinem Anliegen an den Verteidigungsminister Charles Hernu, und dieser gab die Order direkt an den ihm untergebenen Chef des 2500-köpfigen Auslandsnachrichtendienstes DGSE (»Direction Général de Sécurité Extérieur«) weiter: Vize-Admiral Pierre Lacoste.

Der erste französische Marineoffizier in dieser hohen Geheimdienstfunktion war keine starke Persönlichkeit. Ein Jahr, nachdem die Sozialisten die Regierung übernommen hatten, wurde er als Nachfolger des glücklosen Senkrechtstarters, Hernu-Freundes und Ex-Air-France-Direktors Pierre Marion installiert. Lacoste, ein Weltkrieg-II-Zögling der angesehenen Marineschule von Casablanca, hatte sich über die Jahre ganz orthodox und vorhersehbar hochgedient. Er kommandierte Einheiten im Fernen Osten, aber auch in der Bretagne.

Ab 1959 tauchte er in das Umfeld des Verteidigungsministeriums ein. In einem letzten großen Karriereschritt wurde er Militärberater des Premierministers Raymond Barre. Seine Kameraden aller Waffengattungen sahen es mit Genugtuung, als Mitterrand den verdienten Vize-Admiral in den »Swimming-Pool« schickte. Das hielten sie für eine längst fällige Anerkennung der Leistungen ihrer Elite. Dass er ein guter Seemann war, aber ein lausiger Nachrichtendienstler, das interessierte niemanden.

»Swimming-Pool« oder »Piscine« im Französischen, war der Spitzname für das Hauptquartier des DGSE am Pariser Boulevard Mortier 141, einer ehemaligen Kaserne unweit des bekannten Freibads von Tourelles und der Porte de Lilas.

Der vorläufig letzte in der Befehlskette hieß Jean-Claude Lesquer. Oberst Lesquer befehligte seit Dezember 1984 die straff militärisch organisierte Operationsabteilung des DGSE, den »Service Action«, kurz SA. Diese streng geheime Sondereinheit kümmerte sich um »nasse Jobs«, in der Sprache der Dienste ein Hinweis auf mehr oder weniger illegale und hochgefährliche Einsätze. Ihre operativen Kräfte wurden seit dem Indochina-Krieg traditionell aus der Marineinfanterie und den Fallschirmjägern des 11. Bataillon de Choc rekrutiert.

Die SA war ein höchst wirksames Disziplinierungsinstrument der französischen Regierungen und funktionierte dort am besten, wo Politik und reguläre Truppen versagten und keiner von einengenden Gesetzen behindert wurde.

Niemand kann sich heute erinnern, ob der entscheidende Befehl schriftlich erteilt wurde. Es wäre auch höchst unwahrscheinlich. »Ihr müsst sie neutralisieren«, sagt einer auf dem Weg von oben nach unten. Die alten Haudegen der SA wissen mit Bestimmtheit, dass es sich nicht um eine Idee von Admiral Lacoste handelte. »So etwas hätte er nie selbst entschieden. Das war allein Sache der Politik.« Da konnte im zentralistischen System Frankreichs nur einer entscheiden, nicht der schwache Premier Laurent Fabius, nicht sein Verteidigungsminister. Monate später, als alles in Scherben lag, ließ die Politik in perfider Weise das Militär über die Klinge springen. Der blanke Zorn der Uniformierten ist heute noch zu spüren. Politischer Verrat wiegt in der Welt der Spione und Verräter doppelt schwer.

Die DGSE startet ihre neue Dimension des Untergrund-Krieges gegen David McTaggart und seinen Greenpeace-Freaks am 19. März 1985. Gerade war der Befehl eingetroffen. Fünf-Sterne-Lacoste hatte ihn an SA weitergegeben und damit ein emsiges Planen und Organisieren ausgelöst. Im Operationsreferat von Oberst Flavien wussten sie, dass ihr größter Gegner die Zeit war. Es galt, die Planung der Atomgegner schnellstens auszuforschen, vor allem aber die Route der »Rainbow Warrior«. Die Strategen im »Piscine« wussten in diesem Stadium lediglich, dass in etwa drei bis vier Monaten neue Atomversuche im Mururoa-Atoll, 27 000 Kilometer entfernt vom Mutterland, stattfinden würden. Bis dahin musste das Flaggschiff der ungleichen Gegner »neutralisiert« sein. Spätestens.

Eine Sitzung des Operationsreferats jagte die nächste. Ganz entscheidend war die Überlegung, ein getarntes Ehepaar zur Koordination der Abläufe vor Ort einzusetzen. Die Vorsichtigen regten an, ein Paar von außerhalb des Systems zu nutzen. Würden die beiden festgenommen, dann könne man sich immer von ihnen distanzieren, ohne Verlegenheit und ohne Lügerei. Das lehnte die militärische Führung sofort ab. Ein Einsatz dieser Kategorie könne nur von eigenen Leuten durchgeführt werden. Von Outsourcing geheimdienstlicher Aufgaben war damals noch nicht die Rede, das Konzept jedoch nicht unbekannt.

Das – auch hausintern – streng geheime Operationsreferat wählte 20 Leute aus. Die Aufgabe des logistisch versierten Ehepaares sollten Major Alain Mafart, ein erfahrener Kampftaucher, Bataillonskommandeur und Extremsportler sowie Hauptmann Dominique Prieur übernehmen. Die 35-Jährige hatte nach schwierigen Einsätzen in arabischen Ländern viel Anerkennung erfahren. Beide kannten sich schon eine Weile, waren zusammen ausgebildet worden und schienen gut miteinander auszukommen.

Dass die kinderlose Dominique mit Alain auf die andere Seite der Erde verreisen und dann mit ihm einige Wochen in großer Nähe verbringen musste, das bedrückte ihren Ehemann Joel nicht. Dominique Prieur fing an, sich in die neue Aufgabe einzuarbeiten. »Von Anfang an, hatte ich ein schlechtes Gefühl. Es war eine Art Eingebung. Ich konnte es nicht erklären.« Heute beschreibt sie es so, dass sie sich »mit dem Auftrag nicht identifizieren« konnte. In den Wochen vor der Abreise horchte sie in sich hinein, fand aber keine plausiblen Gründe, das Unternehmen für sich in letzter Sekunde zu stoppen.

Dominique Prieur schaffte Ordnung in persönlichen Dingen. Sie bezahlte alle Rechnungen, räumte die Schränke auf, erledigte lange aufgeschobene Telefonate. Etwa zwei Wochen vor dem Tag X sagte sie unvermittelt zu Joel: »Uns steht ein sehr spezieller Auftrag bevor. Möglicherweise endet er so ...« Sie hob ihre Hände, als trage sie Handschellen. Joel Prieur hatte seine Frau noch nie so beunruhigt gesehen.

Am 23. April flog eine Kollegin aus dem SA, Leutnant Christine Huguette Cabon, 33 Jahre alt, nach Neuseeland. Bei ihrer Mission nannte sie sich Frédérique Bonlieu und gab sich gegenüber Greenpeace als glühende Sympathisantin aus. Die junge Französin war die zweite weibliche Agentin der »Operation Satanique«. Das Kind hatte inzwischen einen Namen bekommen, der nur zufälligerweise wie »*Satanische Verse*« klang. Aus guter Gewohnheit wählte der »Service Action« stets Begriffe, die mit seinen Initialen begannen. Genau gesehen, diente diese Methode als eine Art Visitenkarte.

Als Christine Cabon – nunmehr Frédérique Bonlieu – in Auckland eintraf, hatte die »Rainbow Warrior« gerade Honolulu erreicht. Ihr erster Weg führte Bonlieu zum Büro der Atomgegner im Nagel House. Dort stellte sie sich bei Elaine Shaw als Ökologin mit wissenschaftlicher Ausbildung und großer Nähe zur Friedensbewegung vor. Sie sei gekommen, um alle erforderlichen Daten für geplante Reiseberichte zu sammeln. Außerdem habe sie Freunden Bericht zu erstatten, die Neuseeland als Touristen besuchen wollten. Da war sie von der Wahrheit gar nicht so weit entfernt.

Im Laufe der Wochen ihres Aufenthalts, nahm Bonlieu auch die Anregung eines Greenpeace-Mitarbeiters an, der französischen Presse Artikel über Umweltthemen anzubieten. Qualifiziert schien sie dafür, hatte ihr doch auch ein Freund des berühmten Meeresforschers Jacques Cousteau eine schriftliche Empfehlung mit auf den Weg gegeben. Mit einer besseren Geschichte konnte sie nicht reisen. Ihr Handicap war ein offenbar gestörtes Verhältnis zur englischen Sprache. Außerdem konnte sie meistens nicht verbergen, dass sie Frankreichs Atomversuche im Südpazifik billigte. An dieser Stelle zeigten sich Risse in ihrer sorgsam aufgebauten Legende.

Ein interessanter Aspekt von Frédérique Bonlieus operativer Strategie war ihr Bekenntnis zur Mittellosigkeit. Schon am ersten Abend vertraute sie Elaine Shaw an, sie sei beinahe pleite. Von da an ließ sie sich beständig einladen, lebte anfangs in der Jugendherberge und in den folgenden beiden Wochen im Haus der Greenpeace-Aktivistin Carol Stewart, wo sie sich wie die Made im Speck einnistete. Frédérique Bonlieu wurde von anderen Gästen als »eiskalt« und unangenehm empfunden. Letzten Endes dominierte jedoch die Gastfreundschaft.

Das Verhalten der Agentin stand übrigens im Gegensatz zu den Vorgaben der Pariser Zentrale. Die Operation genoss höchste Priorität, und deshalb standen unbegrenzte Mittel zur Verfügung. Die Agenten waren vom peniblen Sammeln aller nur denkbaren Quittungen und Belege freigestellt. »Operation Satanique« wurde unkonventionell abgerechnet. Eine Sensation für alle, die der Bürokratie geheimdienstlicher Buchhalter im täglichen Leben untergeordnet sind.

Durch ihre permanente Anbiederung zählte die Französin rasch zum Team. Sie verbrachte die meiste Zeit im ziemlich anarchisch organisierten Greenpeace-Büro, half bei allen möglichen Arbeiten und stellte viele Fragen, nicht selten an Rien Achterberg, den Organisator der Protestflotte, die – mit der »Rainbow Warrior« an der Spitze – von Auckland aus zum Mururoa-Atoll segeln sollte. Frédérique wollte einfach alles wissen. Entsprechend umfangreich fielen ihre Berichte an die DGSE aus. Darin fanden sich auch Listen von Hotels und Leihwagenfirmen, die Kosten von Tauchausrüstungen und Booten.

Die zweite Hälfte ihres vierwöchigen Aufenthalts wohnte die DGSE-Agentin in Kingsland, bei den Greenpeace-Sympathisantinnen Jane Cooper und Karen Mangnall. Während dieser beiden Wochen mietete sie mehrfach Autos und erkundete das Umland der malerischen Hafenstadt Auckland, vor allem die landschaftlich reizvolle Halbinsel Coromandel. Frédérique fotografierte die Küste. Die Bilder, so erklärte sie, seien für ein befreundetes Paar auf Hochzeitsreise gedacht. Ganz nahe dran an der späteren Legende des Duos Dominique Prieur und Alain Mafart.

Bonlieu verabschiedete sich von Neuseeland mit einem Umtrunk, zu dem sie ihre Greenpeace-Freunde in eine Weinbar bestellte. Sie sollten ausnahmsweise mal einen guten Tropfen zu sich nehmen, versicherte die Französin mit hintergründigem Lächeln, nämlich den neuen Beaujolais. Die meisten Anwesenden lehnten gallische Weine aus Prinzip ab und setzten eine gute Miene zum bösen Spiel auf. Sie tranken, als hätten sie es mit Essig zu tun. »Es ist so schwierig, Französin zu sein«, erklärte die Gastgeberin bei andere Gelegenheit, »jeder hasst dich.«

Nach ihrer erfolgreichen Mission in Neuseeland verbrachte Leutnant Christine Cabon einige Wochen in der Pariser Zentrale, um Anfang Juli 1985 wieder in ihr altes Cover zu schlüpfen. Sie kehrte als »Archäologin« in den Nahen Osten zurück. Ihr neuer Auftrag begann an einer Ausgrabungsstätte in Israel. Christine Cabon arbeitet heute noch für die DGSE.

Zu den wichtigsten Abnehmern von Cabons Agentenberichten aus Neuseeland gehörten Dominique Prieur und Alain Mafart. In den Wochen der Vorbereitung verschlangen sie alles, was sie über das Ziel ihrer »Urlaubsreise« in Erfahrung bringen konnten. Dass sie ganz wesentliche Fakten übersahen, sollte ihnen erst später schmerzlich bewusst werden.

Die schmale Dominique studierte wochenlang Akten, die der Auslandsdienst über den Draufgänger David McTaggart und seine Leute angelegt hatte. Sie prägte sich Informationen über die Inseln und die Menschen Neuseelands ein, geriet aber bei ihrer Lektüre mehr und mehr unter Zeitdruck. Im »Swimming Pool« wusste man mittlerweile – Christine Cabon hatte gut gearbeitet –, dass die »Rainbow Warrior« am 6. Juli in Auckland eintreffen würde. Ein magisches Datum für 20 französische Agenten. Der Termin des Jahres für Greenpeace Neuseeland. Ein strategischer Tag für McTaggart und Greenpeace International.

Major Alain Mafart, damals stellvertretender Kommandeur der Kampfschwimmerbasis in Aspretto auf Korsika, kümmerte sich in diesen Wochen vorwiegend um technische Details. Während seine Partnerin Dominique einen telefonischen Dauerdienst mit geschützten Leitungen für den operativen Ernstfall einrichtete, studierte er die Zeitzünder der Sprengladung.

Mafart, von Aussehen und Neigung her ein Dandy-Typ, war von Anfang an gegen die kurzen Verzögerungszeiten, auf die beide Zünder eingestellt werden sollten. Er befürchtete, dass weder für die Besatzung des Schiffes, noch für die Kampfschwimmer ausreichend Zeit bleiben würde, sich in Sicherheit zu bringen. Außerdem mussten sie ja auch noch die ganze Ausrüstung fachgerecht entsorgen. Mafart trug seine Bedenken Oberst Flavien vor. Dieser wies alle Argumente zurück. Er betonte, dass die Hierarchie entschieden habe, und dass er nicht gewillt sei, deren Spielregeln zu diskutieren: »Die Grundlagen der Operation stehen. Basta.«

Wie lauteten die Spielregeln?

Alain Mafart empfing seinen Befehl bei umfangreichen Lagebesprechungen im Hauptquartier: »Das Boot muss versenkt werden.« Dafür wurden dann zwei Ladungen eingeplant. »Nach der ersten Bombe sollten alle Leute vom Schiff flüchten, mit der zweiten sollte es untergehen. Damit, und mit der kurzen Zeit des Timers«, so Dominique Prieur später, »gingen wir ein ungeheures Risiko ein.«

Am 22. Juni landete das Agentenpaar mit Air New Zealand in Auckland. Ein typisches bürgerliches Paar aus dem alten Europa. Er trug Sportkleidung, und sie wirkte mit ihrer Brille, kurzen Haaren, einer braven Bluse und einer biederen Strickjacke ziemlich altmodisch. Bei der Einreise legten sie Schweizer Pässe mit den Namen Sophie und Alain Turenge vor. Er war Manager von Beruf, sie Soziologiedozentin. Es handelte sich um echte eidgenössische Pässe mit falschen Daten, ausgestellt vom Partnerdienst der Franzosen in Bern. Das wird bis heute von allen Beteiligten dementiert.

Die Dokumente trugen Stempel des Schweizer Generalkonsulats in Lyon und waren gerade acht Tage alt. Mafart sprach fließend Englisch mit amerikanischem Akzent, während sich Prieur sprachlich unsicher fühlte. Diesmal kam sie ausnahmsweise in ein »friedliches Land, dem wir freundschaftlich verbunden waren«.

Aber es war nicht ihre Welt. »Ich kann das Land nicht erfühlen«, vertraute sie Alain an. Er nickte und musterte missmutig das kalte Winterwetter: »Die Bedingungen sind nicht ideal.« Nun befanden sie sich in der südlichen Hemisphäre, wo die Jahreszeiten in umgekehrter Reihenfolge auftreten. Das war ihnen bewusst, aber sie hatten es unterschätzt. Weit und breit schienen sie die einzigen Touristen zu sein, sie fielen auf wie bunte Hunde. Lustlos fuhren sie im Taxi zum Hotel Travelodge, wo sie die ersten vier Nächte verbringen wollten. Um beweglich zu sein, holten sie sich beim Autoverleih Newmans in Mt. Wellington einen Toyota Corolla. Die entscheidende Phase von »Operation Satanique« hatte begonnen.

Mittlerweile, weit draußen im rauen und unendlich weiten Pazifik: Die in Jacksonville, Florida, gründlich überholte »Rainbow Warrior« hatte seit dem 15. März bereits einen langen Weg zurückgelegt. Am 19. April war sie mit ihrer elfköpfigen, handverlesenen Crew in Hawaii angekommen. Das Kommando führte der 32-jährige Peter Willcox, ein Skipper, den die Mannschaft respektierte. Das Team bestand aus zwei Amerikanern, zwei Holländern, zwei Schweizern, einem Deutschen, einer Dänin, einer Engländerin, einer Irin und einer Neuseeländerin. Die jüngste war 20, der älteste 41. Sie repräsentierten 1,3 Millionen Greenpeace-Mitglieder in 15 Staaten. Beim letzten großen Treffen hatten ihre Delegierten beschlossen, 1985 als »Jahr des Pazifiks« zu begehen.

Nachdem der 34-jährige portugiesische Fotograf Fernando Pereira, ein neuseeländischer Journalist und drei einheimische Inselbewohner in Honolulu an Bord gekommen waren, nahm die »Warrior« Kurs auf die Marshall-Inseln. Diese Teilstrecke dauerte zwei Wochen. In Majuro, der Hauptstadt, ankerten sie vier Tage. Greenpeace nahm weitere Journalisten und Einheimische an Bord.

Das nächste Ziel war die malerische Rongelap-Lagune, Schauplatz amerikanischer Atomtests in den Fünfzigerjahren. Den Medienvertretern wurden Strahlenopfer der damaligen Versuche vorgestellt. Am Ende evakuierte die »Rainbow Warrior« bei vier Fahrten 299 Inselbewohner. Sie wurden in Mejato angesiedelt, 160 Kilometer entfernt auf dem Kwajalein-Atoll. Der Juni verging mit weiteren Stopps auf paradiesischen Inseln: Kiribati und Vanuatu. Am 6. Juli näherte sich das Flaggschiff der Umweltschützer der Küste von Neuseeland, einem der wenigen Länder, wo sich die Interessen der Organisation mit der offiziellen Regierungspolitik deckten.

Die Planung war in der Zentrale von Greenpeace International außerhalb Londons ausgearbeitet worden: Am 21. Juli sollte die »Rainbow Warrior« wieder Kurs auf Rarotonga und Mururoa nehmen, um mit anderen Booten am 8. August – dem Hiroshima-Tag – gegen die bereits laufenden, neuen französischen Atomtests zu protestieren. Nun freute sich die Crew aber erst einmal auf drei Wochen in Neuseeland. Die Anspannung der letzten Wochen fiel von ihr ab, als das Schiff durch den Rangitoto-Kanal in den Hafen von Waitemata glitt und bei der Marsden Wharf an der Auckland-Seite des Hafens ankerte. Das »Land der langen, weißen Wolke«, wie es die Ureinwohner, die Maoris, nannten, war erreicht.

Dominique Prieur und Alain Mafart befanden sich zu diesem Zeitpunkt bereits zwei Wochen im Land. Nach den ersten Tagen im Travelodge zogen sie um ins Hyatt, von dem aus die Anlegestelle der »Rainbow Warrior« gut zu erkennen war. Sie fingen an, das Gelände zu erkunden. Es galt eine Stelle am Meer zu finden, die nicht weit vom Greenpeace-Schiff entfernt war. Dort sollte der Chef der Kampfschwimmer und die Ausrüstung des Einsatzkommandos geborgen werden. Der Tamaki Drive schien ideal zu sein, eine enge Straße, vier Kilometer lang. Hier konnte man auch sitzen und beobachten, wie die dicken Pötte vom Ozean hereinkamen.

Sie tauschten den Toyota-Pkw gegen ein Wohnmobil und fuhren weiter in das Land hinein. In Paihia, einem kleinen Dorf im Norden, waren sie mit ihrem Vorgesetzten Louis Pierre Dillais verabredet, Deckname während der Operation Jean Louis Dormand. Der große, muskulöse Mann war einen Tag nach ihnen angekommen und wohnte im South Pacific Hotel, nicht weit vom Travelodge der Turenges. Während seiner Zeit in Neuseeland fiel er kaum auf, hielt sich stets im Hintergrund.

Sie arbeiteten mit den Aufzeichnungen von Christine Cabon, suchten aber selbst noch ruhige Hotels. Dabei entdeckten sie das Hinemoa in Helensville, 20 Kilometer von Auckland, und auch das Beachcomber in Paihia. Wichtig war, dass man ungestört Leute treffen und Material bewegen konnte.

Im Prinzip war das nämlich gar nicht so einfach, weil die Neuseeländer einander und alles Fremde im Auge behalten. Nachts schlendern Spähtrupps von einfachen Bürgern durch die Straßen. Mit verächtlicher Miene ließ Alain Mafart eine Fernsehshow über sich ergehen, in der ein Kind belohnt wurde, weil es der Polizei geholfen hatte. *Crimewatch* hieß die Sendung. Sie forderte alle Zuschauer auf, auch bei kleinsten Vergehen und Übertretungen Autonummern zu notieren und der Polizei behilflich zu sein. Das hatte ihnen niemand gesagt. Diese Situation empfanden die beiden Franzosen als bedrohlich.

Gleichzeitig mit ihnen war eine elf Meter lange Charteryacht namens »Ouvea« mit drei weiteren DGSE-Agenten und einem auf Tauchunfälle spezialisierten Arzt durch stürmische See aus Neukaledonien angekommen. Das Trio war früher im korsischen Aspretto stationiert gewesen, der Heimatbasis von Mafart. Mit viel Glück und wenig Ortskenntnis hatten sie die riskante Einfahrt in den Hafen von Parengarenga an der Nordspitze Neuseelands geschafft.

Zu ihrer Rolle gehörte es, aufzufallen und dabei abzulenken. Das praktizierten sie mit besonderer Energie. Sie freundeten sich mit Neuseeländern an, unternahmen zahlreiche Ausflüge, sogar zum Skifahren auf die malerische Südinsel. Mit Leichtigkeit tarnten sie den eigentlichen Zweck ihrer Segeltour zur falschen Jahreszeit: Sie beförderten die Sprengladungen der »Operation Satanique« und das Schlauchboot samt Außenbordmotor für die Kampftaucher. Stunden vor dem Anschlag sollten sie Neuseeland ganz eilig in Richtung Norfolk Island verlassen.

Inzwischen kamen vier weitere Franzosen aus Tahiti auf dem Flughafen von Auckland an. Sie reisten mit 500 Kilogramm Ausrüstung. Erst jetzt waren die eigentlichen Attentäter im Land. Sie mieteten sich in einem Hotel ein und warteten auf den Einsatz. Ihre Identität blieb bis heute unbekannt.

Dominique Prieur und Alain Mafart, die Koordinatoren der Aktion, wirkten auf Augenzeugen immer etwas bedrückt. Sie blickten ernst und schienen nicht gerade Freude an ihrer Urlaubsreise zu haben. In den verschiedenen Hotels ließen sie sich stets Zimmer mit getrennten Betten geben. So steht es in den Ermittlungsunterlagen der neuseeländischen Polizei. Gerade in den Tagen vor der Ankunft der »Rainbow Warrior« waren sie emsig unterwegs, brachten 800 Kilometer auf den Tacho.

In einem kleinen, abgelegenen Waldstück bei Kaiwaka trafen sie zwei Besatzungsmitglieder der »Ouvea«. Von ihnen bekamen sie am 8. Juli das Zubehör für die Sprengsätze und den Außenbordmotor für das Zodiac-Boot der Kampftaucher. Sie verstauten die gefährliche Fracht unter der Schlafpritsche ihres weißen Campingvans vom Typ Toyota Hiace. Daran muss Dominique Prieur heute noch denken: »In Eiseskälte haben wir eine Nacht im Wohnmobil geschlafen. Es war ein eigenartiges Gefühl, auf dem Sprengstoff zu liegen.«

Führungsoffizier Jean Louis Dormand, der in jenen Tagen sogar 2400 Kilometer durch den Norden Neuseelands fuhr, übernahm den Motor, um ihn den Froschmännern zu geben. Er war das zweite Bindeglied für alle Franzosen.

Dominique und ihr vermeintlicher Ehemann begaben sich nochmals nach Parakai, zum malerischen Hinemoa-Hotel, das durch Zufall dem neuseeländischen Premierminister David Lange gehörte. Während Alain die Einzelteile der Sprengsätze in ihr Zimmer brachte und die Kampfschwimmer holte, ging Dominique einkaufen.

Die Marinesoldaten wollten mit ihren Landsleuten nicht öffentlich gesehen werden, also nahmen sie im Hotelzimmer einen raschen Imbiss ein. Dort bauten sie auch mit wenigen, versierten Handgriffen die beiden Unterwasser-Sprengsätze zusammen. Dominique und Alain kehrten nach Auckland zurück und warteten im Waipuna Lodge Hotel in Mt. Wellington. Es war die Nacht zum 10. Juli 1985.

Der nächste Tag brachte heftige Regengüsse. Erst gegen Abend klärte es langsam auf. Auf der »Rainbow Warrior« wurde eine Party vorbereitet. Es galt, den Geburtstag von Steve Sawyer zu feiern. Der bärtige Amerikaner leitete die Pazifikkampagne der Umweltschutzorganisation. Er kam gegen 19.30 Uhr an Bord und wurde mit einem Schokoladenkuchen begrüßt, der mit einem Regenbogen aus kleinen Süßigkeiten geschmückt war. Sawyer revanchierte sich mit Wein und Eiscreme.

Im Bauch des Schiffes begann ein Meeting aller Greenpeace-Skipper der Peace-Flottille und einiger Mitarbeiter des lokalen Büros. Sie beugten sich über Seekarten und diskutierten die Strategie für ihr Rendezvous vor Mururoa. Die Besprechung dauerte bis kurz vor 23 Uhr. Nach einem Abschiedsdrink verließen die meisten Aktivisten gegen 23.20 Uhr die »Rainbow Warrior«. In der nächsten halben Stunde passierte es. Ein Teil der Mannschaft befand sich bereits in den Kojen, nur einige Unentwegte saßen immer noch in der Messe, unter ihnen der Fotograf Fernando Pereira.

Plötzlich erschütterte eine Explosion das 48 Meter lange Schiff. Sie riss ein gewaltiges Loch von zwei mal drei Metern in den Rumpf auf Höhe des Maschinenraums. Große Mengen Wasser, sechs Tonnen pro Sekunde, strömten ins Innere. Dadurch neigte sich die »Rainbow Warrior« zur Seite und begann langsam zu sinken. Die Crew drängte an Deck, um dem Unglück zu entkommen.

Nur Pereira lief in die entgegengesetzte Richtung. Er wollte seine Fotoausrüstung vor den Fluten retten. Als er seine Kabine erreicht hatte, detonierte die zweite Bombe. Sie zerfetzte das Antriebssystem. Das Schiff war manövrierunfähig. Von beiden Sprengsätzen blieben keine Spuren zurück. Sie hatten sich, absolut professionell, selbst zerstört.

Auch Pereira konnte sich nicht mehr retten. Der Umweltschützer ertrank im Kabinenbereich. Als man ihn am Morgen fand, waren seine Beine vom Gurt der Fototasche umschlungen. David McTaggarts zeigte sich tief bestürzt: »Fernando ist unser erster Gefallener in diesem Krieg zur Rettung des Planeten, und es sieht aus wie ein kaltblütiger Mord.«

Die letzte Phase der »Operation Satanique« hatte bereits Stunden vorher begonnen. Der Chef der Taucher, angeblich hieß er René, setzte seine Leute ab und steuerte sein Schlauchboot in Richtung des vereinbarten Treffpunkts. Dort warteten bereits Dominique Prieur und Alain Mafart mit ihrem Campingvan. René geriet von einer Panne in die nächste. Als er sah, dass er mit seinem Boot wegen der fortschreitenden Ebbe nicht nahe genug an die Küste kam, fuhr er weiter in Richtung Okahu Bay. Überall begegneten ihm Fischer und andere unerwünschte Zeugen. Also musste er mehrere Haken schlagen. Schließlich entledigte er sich des Außenborders und der Sauerstofftanks durch Versenken.

Beim Auckland Outboard Boating Club beobachtete eine Art Nachtwächter die Szene. Nachdem es dort wiederholt Einbrüche und Diebstähle gegeben hatte, war eine Bürgerwehr gegründet worden. Einer dieser Freiwilligen hörte also verdächtige Geräusche und suchte mit seinem Fernglas den nahen Tamaki Drive ab. Er konnte gerade noch erkennen, wie zwei Männer – Alain und René – das Schlauchboot aus dem Wasser hievten und Richtung Straße trugen. Sie lehnten das Boot umgekehrt an einen Baum. Dann holte einer der beiden ein Fahrzeug, das Toyota-Wohnmobil. Nun luden sie kleine Säcke in den Van.

Der Wachmann war davon überzeugt, dass er zwei Einbrecher beobachtete, die gerade dabei waren, ihre Beute zu verstauen. Er rief die Polizei, und ein weiterer Wächter fuhr mit seinem Auto zu der Stelle, wo die vermeintlichen Einbrecher zu vermuten waren. Er kam gerade noch rechtzeitig, um das Kennzeichen des Campingbusses notieren zu können.

Der Wagen entfernte sich nun auf dem Tamaki Drive stadtauswärts. Am Steuer saß Dominique Prieur. Das Schlauchboot lag einsam unter einem Pohutukawa-Baum. Als die Polizei 18 Minuten später eintraf, waren die Unbekannten längst verschwunden. Als einzige Spur überreichten ihnen die Männer von der Bürgerwehr ihren Notizzettel. Darauf stand: LB 8945.

Vom Boot waren sämtliche Seriennummern sorgsam entfernt worden. Dormand hätte es abholen und verschwinden lassen sollen, aber dafür war es nun zu spät.

Die französischen Agenten waren realistisch genug, um zu wissen, dass die Schlacht gewonnen, jedoch der Krieg verloren war. Ein halbes Jahr an Vorbereitungen hatte sich mit 30 Pannenminuten in Luft aufgelöst. Es schien nur noch eine Frage von Stunden, dass die ganze neuseeländische Polizei hinter ihnen her sein würde. Das angebliche Schweizer Ehepaar steuerte zwei einsame Stellen an, die es lange vorher ausgekundschaftet hatte. Dort zerkleinerten Dominique und Alain in stundenlanger, mühevoller Arbeit die Ausrüstungsteile der Kampftaucher. Mit Scheren schnitten sie die Schutzanzüge in Streifen, entfernten die Etiketten. Nichts davon wurde später gefunden.

An einer Stelle blieben sie mit ihrem Van in dem vom Regen aufgeweichten Untergrund bis zu den Stoßstangen stecken. Nachdem sie längst erschöpft waren. Die Nervenanspannung, die Entsorgung der Ausrüstung und der mangelnde Schlaf machten sich bemerkbar. Beide waren am Ende ihrer Kräfte. Sie mussten erst einmal eine Stunde schlafen. Das Geräusch eines Automotors weckte sie wieder auf. Drei betrunkene Maoris stapften plötzlich durch die Finsternis, um sich an umstehenden Bäumen zu erleichtern. Sie halfen ihnen nach einigem Palaver, das schwere Fahrzeug wieder zu befreien.

Morgens um sechs Uhr, das Paar befand sich gerade in der Stadt Hamilton, hörten sie im Autoradio die Nachricht vom Tod Pereiras. Sie waren betroffen. Sofort erinnerten sie sich an eine der langen Diskussionen in Paris. Wie wäre es, hatten sie gefragt, wenn man die Besatzung der »Rainbow Warrior« in letzter Minute warnen würde, damit sie sich retten könnte? Das war vom Dienst entschieden abgelehnt worden. Nun war der schlimmste Fall doch eingetreten.

Dominique Prieur: »Gerade diese Operation war so geplant, dass es keine Opfer gibt. Wir sind nicht gekommen, um zu töten. Der Tod eines Menschen ändert alles. Wenn uns die Polizei erwischt, dann sind wir wegen Mordes dran. Was tun wir jetzt?«

Alain Mafart: »Wir mussten unsere Führung kontaktieren. Also riefen wir in Paris an. Da erreichten wir nur einen, der uns sagte, dass keiner da sei und dass an diesem Tag auch keiner mehr käme. Die Regel war, dass die Führung des Dienstes stets in Kontakt mit dem Leiter einer Operation sein musste. Wir fühlten uns allein gelassen.«

Dominique Prieur hatte vor der Abreise nach Neuseeland zwei geschützte Telefonnummern eingerichtet. Die eine führte zu einem Telefon in Fort Noisy, dem Sitz des »Service Action«, und war mit einer Art Dauerdienst verbunden. Der zweite Anschluss befand sich in einer Pariser Wohnung, die speziell für diese Operation eingerichtet worden war. Nur im Ernstfall, also bei einer drohenden Festnahme, durfte sie diese Nummern anrufen. Dominique kannte sie auswendig, weil sie über ein gutes Zahlengedächtnis verfügt. Zur Sicherheit standen diese Daten auch in einem kleinen elektronischen Notizbuch, das der neuseeländischen Polizei später in die Hände fiel, von ihr aber nicht geknackt werden konnte.

Die zutiefst verunsicherte Agentin rief bei der ersten Nummer an: »Hallo, geht's dir gut? Hier ist Sophie. Unser Urlaub ist ziemlich unerfreulich. Ich habe ernste gesundheitliche Probleme. Wir haben auch Schwierigkeiten mit dem Fahrzeug. Ein Urlaub mit dem Campingbus ist für uns doch nicht das Richtige. Nun überlegen wir, ob wir nicht eher heimkommen sollten.«

Paris antwortete nicht.

»Wie geht es Cousin Robert? Er könnte uns helfen, früher heimzukommen. Ich werde mich heute Abend mal bei ihm melden.«

Paris antwortete immer noch nicht.

»Bitte gib diese Informationen an die Familie weiter. Ich melde mich wieder.«

In Frankreich war es bereits Abend. Bei »Cousin Robert« handelte es sich um einen Piloten. Er konnte eingesetzt werden, um Agenten in Not auszufliegen.

Noch in Hamilton besuchte das in Panik geratene Paar das Büro von Air New Zealand. Dominique Prieur erzählte der Frau am

Schalter, sie müssten schnell nach Hause, weil ihre Mutter erkrankt sei. Dann buchten sie einen Flug für den nächsten Tag nach London. Als der Computer abstürzte, wurden die Tickets von Hand ausgestellt. Später, in Auckland, verbrachten sie einen nervenaufreibenden Tag und eine unruhige Nacht im Gold Star Auckland Airport Motel in Mangere. Vergebens versuchten sie, verschmutzte Kleidung und Aufkleber von Schwimmwesten zu beseitigen. Beides wurde später gefunden.

Dominique Prieur stand um 17 Uhr in einer abgelegenen Telefonzelle und wählte wieder die Nummer des Dauerdienstes des »Service Action«. In der französischen Hauptstadt war es fünf Uhr morgens. Sie erwartete, ihren Chef zu sprechen.

»Weißt du, es geht mir wirklich nicht gut.« Sie stotterte herum, wusste nicht, was sie sagen sollte.

Die unfreundliche Antwort: »Cousin Robert habe ich wirklich nicht erreicht. Ruf später nochmals an.«

Dominique Prieur: »Das Gras unter unseren Füßen fing zu brennen an. Niemand wollte uns helfen. Was sollten wir nur tun?«

Das Agentenpaar hielt es für ein Risiko, das Wohnmobil zu verstecken. Wenn sie dabei erwischt würden, dann könnte dies eine gründliche Untersuchung auslösen. Also beschlossen sie, Neuseeland als »gute Touristen« zu verlassen. Sie säuberten den Wagen akribisch und brachten ihn am nächsten Morgen um 8.30 Uhr zur Agentur Newmans in Mt. Wellington zurück.

»Wie war Ihr Urlaub?«, flötete die Frau hinter dem Tresen. »Fantastisch«, antwortete Alain. »Furchtbar«, ließ sich Dominique vernehmen.

Die erfahrene Agentin witterte sofort eine Falle, als das Gesicht der freundlichen Dame hinter dem Schalter ernst wurde. »Bitte warten Sie einen Moment!« »Was tun? Wir konnten jetzt nicht einfach weglaufen.« Die Minuten dauerten ewig. Dann stoppten zwei Fahrzeuge mit zwei Männern und einer Frau. Sie stellten sich als Polizisten vor. Das Paar wurde nach Waffen abgetastet und dann getrennt. Dominique: »Ich fühlte, wie der Boden unter meinen Füßen wankte.«

Das »Ehepaar« wurde zur Polizeizentrale gebracht, angeblich

um seine Identität zu überprüfen. Die Strecke führte an der zerstörten »Rainbow Warrior« vorbei. »Glaubst du, dass eine Frau Kampfschwimmerin sein kann?«, fragte ein Polizist den anderen. Dominique Prieur blickte starr aus dem Fenster.

Bei den persönlichen Daten konnte sie keiner aufs Glatteis führen. Dominique Prieur lebte in ihrer Legende weiter. Zu oft hatte sie sich auf eine einstudierte Identität verlassen müssen. Sie hieß Sophie Turenge. Den Namen Turenge hatte sie sich selbst ausgesucht. So hieß eine gute Bekannte. Tag und Monat des Geburtsdatums waren von ihrer Mutter übernommen. Sie kannte die Schweiz gut, weil sie aus der Grenzregion stammte.

In Soziologie war sie sattelfest, da sie das Fach studiert hatte. Ihre erfundene Hochzeit mit Alain hatte zehn Jahre zuvor in der Kirche Saint-Sulpice stattgefunden, um die Ecke von ihrer tatsächlichen Wohnung. Dominique Prieur wusste, dass die DGSE ausgezeichnet gefälschte Papiere verwendete. Nun vertraute sie fest darauf, dass ihr Chef einen guten Verbindungsmann in der Schweiz hatte, der alles in ihrem Sinne regeln würde.

Das angebliche Schweizer Paar wurde in verschiedenen Etagen des zehnstöckigen Polizeigebäudes in Auckland Central erkennungsdienstlich behandelt und vernommen. Um Dominique Prieur kümmerte sich der 35-jährige Kriminalbeamte Neil Morris. Minuziös rekonstruierten sie den Abend des Anschlags und die darauf folgende Nacht. Es schien alles harmlos zu sein. Morris fragte nach Kenntnissen über die Organisation Greenpeace und über das dramatische Geschehen von Auckland. Er interessierte sich für das private Leben der »Turenges«. An strategisch passenden Stellen fing Sophie/Dominique zu weinen an. Nach dem Grund gefragt, antwortete sie, der schlechte gesundheitliche Zustand der Mutter sei ihr gerade wieder bewusst geworden.

Die intellektuell und häufig kühl wirkende Dominique Prieur gab sich höflich und antwortete mit einer gewissen Selbstsicherheit. Trotzdem, und vielleicht auch wegen ihrer zahlreichen Sprachlücken, wirkte sie zerbrechlich und auch erschöpft. Sie präsentierte sich bewusst als Durchschnittstyp, ungeschminkt, unauffällig für die Heimreise gekleidet.

Prieur/Mafart wurden von der Polizei im nahegelegenen Unicorn Motel untergebracht, das der neuseeländische Geheimdienst bereits verkabelt hatte. Das erfahrene Paar ahnte es, und deshalb fand die gegenseitige Absprache im Flüsterton auf dem Balkon und beim Spaziergang ums Haus statt. Die beiden versuchten einen lokalen Anwalt zu erreichen. Vergeblich. Die Kanzleien waren bereits im Wochenende. Dann wählten sie wieder die Nummer von »Onkel Emile« in Paris, den ersten der beiden Anschlüsse. Sie sprachen mit Jules, einem ihrer Chefs, erzählten ihm das »unglaubliche Abenteuer« nächtlicher Autofahrten mit dem Wohnmobil. Nun würden sie, völlig absurd, beschuldigt, an dem Attentat beteiligt gewesen zu sein.

»Onkel Emile« erzählte, der Zustand der Tante habe sich verschlimmert. Deshalb hätten sie eher zurückfliegen sollen. Dann übernahm Oberst Lesquer den Hörer. Er sprach in ernstem Tonfall. Man werde da wohl nicht mehr viel machen können. Sie müssten jetzt tapfer sein. Wegen ihrer Probleme in Neuseeland werde er ihnen einen Anwalt besorgen. Damit wollte er sagen: In eurer Situation können wir euch nicht mehr helfen. Bereits am nächsten Morgen meldete sich ein Rechtsanwalt namens Russell McVeagh. Er berief sich auf »das Haus«. Sie verabredeten sich mit ihm für 15 Uhr.

Alain Mafart begab sich zum Büro der Air New Zealand und bestätigte den Flug nach Europa für Montag, also zwei Tage später. Dann wurden sie wieder zur Polizei gebracht und das gesamte Wochenende vernommen. Die Einschläge kamen immer näher. Die Beamten präsentierten das Etikett einer französischen Schwimmweste der Marke »Plastino«, das sie aus dem Papierkorb im Zimmer des verdächtigen Ehepaares geborgen hatten. »Nie gesehen«, sagte Dominique Prieur.

Nach und nach starb die Hoffnung, aus dieser Situation noch rauszukommen. Dominique Prieur weinte immer stärker. In ihren Ruhephasen schnüffelte sie und schnäuzte sich die Nase, murmelte unverständliche Wörter auf Französisch. Sie und Alain beschlossen, nur noch in ihrer Muttersprache zu antworten, um Zeit zu gewinnen. Mit Erstaunen stellten die Neuseeländer fest, dass das »Urlauberpaar« keine Souvenirs erworben, keine Fotos geschossen, keine Karten verschickt hatte. Das hatten sie nie durchgeprobt. Logisch klingende Antworten fielen ihnen immer schwerer.

Dominique Prieur wechselte während der Befragungen in Tagträume. Sie sah ihren Ehemann Joel, wie er sich auf den Feuerwehrball vorbereitete. Frankreich feierte Nationalfeiertag. Wie durch eine Nebelwand hörte sie die Frage, warum sie mit ihrem Mann stets in getrennten Betten schlief. »Nach zehn Jahren Ehe kommt das schon vor. Das ist unsere Privatangelegenheit.« Diesmal ging es aber um Alain.

»Ich denke, Sie sind nicht verheiratet«, erwiderte der Vernehmungsbeamte. »Auch das ist unsere Privatangelegenheit.« »Sagt endlich die Wahrheit, dann dürft ihr nach Hause fahren. Ansonsten riskiert ihr 15 bis 20 Jahre Gefängnis, für Mord sogar lebenslängliche Haft.« Dominique Prieur antwortete nicht mehr, sie schluchzte nur noch. Sie hatte panische Angst, Weihnachten im Gefängnis verbringen zu müssen. Wieder und wieder weinte sie. »Ich bin unglücklich und will meine Mutter anrufen.«

Die DGSE-Agentin musste die Nacht in einer fensterlosen Zelle verbringen. Dort überkam sie Klaustrophobie, sie reagierte panisch, glaubte nicht mehr atmen zu können. Sie schlug wild gegen die Tür. Nur langsam konnte sie sich beruhigen und entspannen. Morgens wurden Bohnen, Tomaten und kalte Wurst serviert, ein Graus für echte Franzosen. Von heißem Kaffee hatte sie bereits geträumt. Dominiques Schlussfolgerung: »Das Leben wird nicht so einfach in diesem Land.« Sie ließ die Bohnen zurückgehen.

Dominique Prieur fing an zu überlegen: »Was kann uns passieren? Vielleicht kommt ein Emissär, und wir werden ausgeliefert. Oder, der Dienst lässt uns fallen. Nein, das geschieht nur in üblen Spionagefilmen.« Sie erinnerte sich an einen Offizier des Auslandsdienstes, der 1957 in der Sowjetunion verschwunden war. »Nein, in einem freien Land wie Neuseeland kann das nicht vorkommen. In Frankreich gibt es Verwandte, Freunde und Medien, die sich für uns einsetzen werden. Wir müssen durchhalten.«

Am Montagmorgen wurde das Telex von Interpol Bern verlesen. Die Schweizer Pässe seien gefälscht, ihre Daten anderen Personen zugeteilt. Die »Turenges« wurden festgenommen. Sie ärgerten sich, dass sie wegen ihrer Papiere aufgeflogen waren. Jetzt wollten sie nur noch schweigen. Alain Mafart: »Wir sind niemand mehr. Wir haben keine Namen mehr, keine Identität, keine Vergangenheit.«

Dominique Prieur bettelte darum, noch einmal »Onkel Emile« in Paris anrufen zu dürfen. Es wurde ihr überraschend erlaubt, weil sich die neuseeländische Polizei neue Ermittlungsansätze erhoffte. Diesmal spielte sie ihre allerletzte Karte aus und wählte die zweite der abgedeckten Nummern.

»Ich bin mit Alain festgenommen worden. Die Polizei behauptet, dass unsere beiden Pässe gefälscht sind. Meiner soll einer Person gehört haben, die bereits verstorben ist.«

»Onkel Emile« war außerordentlich wortkarg. Er versprach, sein Möglichstes zu tun. »Guten Mut!«

Nun kamen die juristischen Spielereien, die Dominique Prieur immer stärker belasteten. Das Paar wurde einem Richter des District Court vorgeführt. Er formulierte die Festnahme wegen eines Verstoßes gegen das Einwanderungsgesetz. Gleichzeitig genehmigte er die Freilassung im Austausch für 2000 Dollar Kaution. Die Franzosen atmeten auf. Nun warf aber der Staatsanwalt einen Knüppel in die Speichen. Ein Neuseeländer müsse für die beiden Verdächtigen bürgen und eine gleich hohe Summe hinterlegen. Eine ganz seltene Maßnahme und völlig unrealistisch. Die Moral der Agenten sank auf den Nullpunkt.

Dominique Prieur trat ihre Untersuchungshaft im Gefängnis von Mt. Eden an. Eine Art Rokokoburg. Nach der Aufnahmeprozedur traf sie auf 30 weibliche Mithäftlinge, die einen großen Schlafsaal bewohnten. »Erstmals wird der Schlüssel umgedreht. Ich habe keinen Namen mehr, keine Uhr, keine Kleidung. Die Wirklichkeit ist in Paris zurückgeblieben. Trotz des Lichts, das die ganze Nacht brennt, fühle ich mich wie im Dunkeln.«

Auch hier gab es Polizeiverhöre. Superintendent Allan Galbraith, ein 1957 nach Neuseeland eingewanderter Schotte, eröffnete ihnen, dass »Onkel Emiles« Nummer zum französischen Verteidigungsministerium gehöre, sie also für den Nachrichtendienst arbeiten würden. Nun stünde ihnen eine Anklage wegen Mordes bevor. Wie konnte er das herausgefunden haben? Galbraith lieferte gleich die Antwort: Man arbeite sehr eng mit der französischen Polizei zusammen. Ein neuer Tiefschlag.

Dominique Prieur war der Verzweiflung nahe. Wie ein farbiges Bilderbuch zogen die Dinge ihres Lebens vorbei. Die Dämonen waren dabei, zum Beispiel das Massaker von Valdahon. Im Sommer 1949 wurde sie in derselben Kirche getauft, wo Jahre zuvor die Ermordeten aufgebahrt lagen. Ihr Vater Louis war Geologe, der kurz nach ihrer Geburt nach Neukaledonien auswanderte. Bald darauf holte er Mutter und Kind nach.»Es war eine neue Welt. Die Tür hat sich geöffnet zu einem Abenteuer, dessen Virus mich nie mehr losgelassen hat.« Eine solche Reise, mit dem Schiff, dauerte damals drei Monate. Dominique Angèle Maire wuchs in Neu-Kaledonien auf.

Dort betrieb die Mutter ein Restaurant am Hafen, genannt »Rendezvous«. Der erste Indochina-Krieg ging zu Ende. Die Eltern gifteten sich nur noch an. Also kehrten Mutter und Tochter 1958 in die Heimat zurück. Eine weitere Erinnerung, die ganz tief saß.

Am Jahrestag des Massakers vom 27. August 1944 wurde der kleinen Dominique, in Vertretung ihrer Großeltern, die Medaille der Resistance angeheftet. Es folgten die Schuljahre, das Internat in Besancon. Sie war immer ein burschikoser Typ und zog die Kameraderie der Jungen dem Umgang mit den Mädchen vor. Dominique nahm die Hürde des Abiturs, Fachrichtung Wirtschaft.

Inzwischen war die Mutter bei einer militärischen Versorgungseinheit untergekommen. Das gefiel der Tochter, die jede freie Minute in der Nähe des Militärs verbrachte. Sie besuchte Standortbälle, lernte Reiten, Schwimmen, Fallschirmspringen. In Besancon begann sie zunächst ein Medizinstudium, scheiterte jedoch an der Histologie und entschied sich, ins geisteswissenschaftliche Fach zu wechseln. Nach erfolgreichem Abschluss des Studiums erhielt sie zunächst eine Anstellung als Englischlehrerin in Valdahon.

Im Jahr darauf bot man ihr einen Posten als unterstützende Lehrkraft für Geschichte und Geographie an. Das kam weder ihrer Ausbildung, noch ihrer Neigung entgegen, zudem beklagte sie das mangelnde Interesse und die Inkompetenz des Lehrkörpers, also lehnte sie ab. Das beendete ihre Karriere als Lehrerin.

Im August 1977 war es soweit. Die Tür zur Welt der Geheimdienste öffnete sich für sie, und die angehende Agentin durfte im Ausbildungslager Cercottes (Loiret) wieder ein Jahr lang die Schulbank drücken. Der Kurs bestand aus 30 Zivilisten und Militärs. Vier Frauen waren auch dabei. Sie lernten die üblichen Techniken, von der Observation über die Geheimtinte bis zu Schießen und Karate. Ihren Ausbildern blieb sie mit dem Spitznamen »Doumi« oder auch als »Mädchen Maire« in Erinnerung.

Stolz rückte sie nach erfolgter Ausbildung in die »Piscine« ein. Dominique Prieur wurde der Auswertung für Afrika und Nah-Mittelost zugeteilt. Wieder ein trockener Papierjob. Der quirligen Agentin im Hauptmannsrang fehlte das Abenteuer. Dafür, so klagte sie, sei die Ausbildung vergeudet. Bald schaffte sie es, dass ihre Vorgesetzten sie operativ einsetzten. Unter falscher Identität reiste sie nach Somalia, musste die Fact-Finding-Mission aber wegen akuter Darmprobleme wieder abbrechen. Wohlmeinende Kollegen schlugen ihr vor, sich für eine Verwendung im Aktionsdienst SA zu bewerben. Das war die geheimnisvolle Abteilung für gefährlichste Aufträge, ein Dienst im Dienst und striktes Niemandsland für Frauen.

Dominique Prieur schaffte auch dies. 1980 wurde sie als erste Frau beim SA integriert. Ihr neues Arbeitsgebiet waren der Nahe Osten und der Maghreb, zu jener Zeit ein hochexplosives Pulverfass. Sie meisterte riskante Operationen im feindlichen Lager, kam mit besseren Resultaten als viele ihrer männlichen Kollegen zurück. Dabei arbeitete Dominique Prieur stets alleine. Mit wechselnden Legenden klärte sie Ziele im Libanon, in Syrien und Libyen auf.

Zu ihren Tarnkappen zählte die Führungsaufgabe in einer humanitären Organisation. Die Personalakte bescheinigte ihr Organisationstalent, die Fähigkeit, sich auf diplomatischem Parkett zu bewegen, gute Zusammenarbeit mit höheren Dienstgraden und technische Begabung.

Als sie im Januar 1985 im Libanon mit einem Hilfskonvoi unter Artilleriebeschuss geriet, bewies sie viel Improvisationstalent. Dafür wurde ihr im April 1985, Wochen vor dem »Rainbow-Warrior«-Einsatz, das »Croix de Guerre« verliehen. Sie war die erste Frau, die mit diesem französischen Äquivalent des Eisernen Kreuzes seit dem Algerienkrieg dekoriert wurde. Die Urkunde hatte Verteidigungsminister Charles Hernu unterschrieben. Ihr oberster Chef könnte also durchaus gewusst haben, wer für ihn exakt drei Monate später in einem neuseeländischen Gefängnis saß.

Inzwischen war aus dem Krieg im Dunkeln eine offene Feldschlacht der Politik geworden. Aus der leichtsinnigen Aktion des französischen Auslandsdienstes hatte sich eine globale Affäre entwickelt. Es begann mit der Erklärung der französischen Botschaft in Neuseeland. Bereits am 11. Juli versicherten die Diplomaten: »Frankreich war in keiner Weise beteiligt. So geht die französische Regierung nicht mit ihren Gegnern um.«

Die höchste Form der Heuchelei lieferte Frankreichs Präsident François Mitterrand. Er ordnete eine »strenge und genaue Untersuchung« über eine mögliche Verwicklung der Dienste seines Landes in den Anschlag von Auckland an. Gegebenenfalls seien die Schuldigen »ganz gleich, in welcher Stellung sie stehen, unnachgiebig« zu bestrafen. Als die Zeitschrift *VSD* behauptete, Mitarbeiter des Präsidialamtes hätten die Tat eingefädelt, schoss der Elysée-Palast aus allen Rohren. Der Artikel sei »ein Fantasieprodukt und voller Lügen«. Man werde die Autoren verklagen.

Es sollte bis zum 20. Jahrestag des Anschlags dauern, bis 2005 ein Bericht von Admiral Pierre Lacoste, Chef der DGSE Mitte der Achtzigerjahre, in der Tageszeitung *Le Monde* veröffentlicht wurde. Das Memorandum stammte aus dem Jahr 1986. Lacoste hielt darin fest, dass der klare Befehl, die »Rainbow Warrior« zu »neutralisieren« von Verteidigungsminister Charles Hernu gekommen sei. Dieser habe den Auftrag direkt von Mitterrand erhalten. Ein Staatsgeheimnis war endlich an die Oberfläche gekommen.

Fazit: Der sozialistische Staatspräsident hatte sich stets ahnungslos gegeben, von einer »idiotischen Affäre« gesprochen, von einer »kriminellen und dummen Handlung«. Dabei lag ihm bereits ganz früh ein allein für ihn geschriebener, mehr als 50 Seiten umfassender, streng geheimer Bericht des »Service Action« vor, in dem alle Hintergründe der »Operation Satanique« ausgeleuchtet wurden. Dass er der Anstifter war, wurde auch hier verschwiegen.

Ein wichtiger Punkt im hausinternen Untersuchungsbericht stellte fest, dass Dominique Prieur von der höchst riskanten Aufgabe überfordert gewesen sei. Sie habe nie zuvor eine solche Ausnahmesituation bewältigen müssen und deshalb die nervliche Belastung nicht ertragen. Niemand habe sie für diese Situation geschult. Die erforderliche Improvisation sei ihr misslungen. Die Agentin sei an diese Aufgabe zu militärisch herangegangen und damit nicht flexibel genug. Sie habe Fehler gemacht, aber sie gehöre zu uns. Wir müssen sie rausholen.

Generalssohn Alain Mafart wurde intern vorgeworfen, dass er sich nicht alleine abgesetzt habe. In der Tat blieb er, um Dominique zu beschützen. Zuviel Ritterlichkeit in den Augen der DGSE.

Ende August legte ein unabhängiger Sonderermittler, der Gaullist Bernard Tricot, seinen Untersuchungsbericht vor. Weder die DGSE noch vorgesetzte Dienststellen, insbesondere Verteidigungsminister Charles Hernu, seien für das Attentat verantwortlich. Sogar Frankreichs Zeitungen bezeichneten den 25-seitigen Tricot-Bericht als »Gewebe dürftiger Nichtigkeiten«. Es sollte noch einmal vier Wochen dauern, bis sich der politische Skandal zum Erdrutsch entwickelte.

Ende September sorgte Mitterrand für die notwendige Anzahl an Bauernopfern. Die Schuld wurde von oben nach unten weitergereicht. Der Verteidigungsminister musste gehen, der Chef des Geheimdienstes und mehrere seiner Untergebenen. Premierminister Laurent Fabius räumte die Schuld der DGSE an der Zerstörung der »Rainbow Warrior« ein.

Der neue Verteidigungsminister Paul Quilés erklärte bei einer

Pressekonferenz: »Die Wahrheit ist, dass Angehörige der DGSE das Schiff versenkt haben. Sie haben auf Befehl gehandelt.« Ende der französischen Wahrheitsoffensive. Die politische Spitze verweigerte jedes Wort des Bedauerns. Nur sechs Monate später wurde Hernu Mitglied der Ehrenlegion und als möglicher Nachfolger von Mitterrand gehandelt.

Für das ungleiche »Ehepaar Turenge« kam es einer Katastrophe gleich, als die neuseeländische Polizei plötzlich ihre wirklichen Namen erfuhr. Angeblich hätte die Veröffentlichung von aktuellen Fotos Hinweise aus Paris auf die wahren Identitäten erbracht. In Wirklichkeit scheint es die Folge von Medienkontakten, politischen Revierkämpfen und den Intrigen mehrerer DGSE-Offiziere gewesen zu sein. In Frankreich wurden offensichtlich alte Rechnungen beglichen – und es wurde hemmungslos ausgepackt.

Die französischen Medien überschlugen sich mit bizarrsten Mutmaßungen und Enthüllungen. Die DGSE habe den Auftrag bewusst scheitern lassen, um der Sozialistischen Partei zu schaden. Dominique habe alles verraten, um ihre dreijährige Tochter wiederzusehen. Dabei war sie noch immer kinderlos. *Paris-Match* veröffentlichte das Hochzeitsfoto von Dominique und Joel, *Liberation* den Brief von Joel an seinen Schwiegervater, wo er ihm die Umstände der Verhaftung seiner Tochter erläuterte.

Dominique Prieur wusste, dass auch sie dem politischen Ersatzkrieg zum Opfer fallen würde: »John le Carré schreibt, dass man einen Agenten psychologisch zerstört, wenn man seinen Namen offenbart. Das ist übertrieben, enthält jedoch viel Wahrheit. Ich habe es wie eine Vergewaltigung empfunden, dass meine Identität und die meiner Familie preisgegeben wurde. In diesem Beruf ist die Privatsphäre heilig.«

So vergingen Sommer und Herbst des Jahres 1985. Prieur und Mafart erhielten gelegentlich Besuch von einem französischen Anwalt, den das Verteidigungsministerium bezahlte. Er schlug ihnen weltfremde Aktionen vor, zum Beispiel den Austausch fingierter Liebesbriefe, um die Legende vom Ehepaar weiterzuführen. Dominique Prieur führte das auf eine »tiefe Verwirrung unserer Vorgesetzten« zurück und forderte, dass sich die französische Regierung offiziell zu ihr bekannte: »Es gibt Grenzen der Illegalität. Ich bin außer mir.« Die lapidare Antwort des Maitre: »Sie denken doch nur an Ihre Pension.« Dominique Prieur: »Es war unmöglich, mit ihm zu reden. Wir sprachen nicht die gleiche Sprache.« Auch »Onkel Emile« rief gelegentlich an, fragte nach der Gesundheit seiner Agenten und leistete moralische Erste Hilfe.

Die Wochen verrannen langsam und ohne große Ereignisse dahin. Auch in Alain Mafart setzte sich der Gedanke fest, dass ihn seine Regierung »im Regen stehen lässt«, und dass der Dienst als Sündenbock missbraucht würde. Er beklagte sich über die unangenehme Gefängnissituation, tröstete sich aber gleichzeitig mit dem Gedanken, Geiselhaft im Libanon sei ungleich härter. Dann ließ er sich einen Dudelsack bringen und blies stundenlang monoton vor sich hin. Mit seiner Partnerin spielte er Fern-Schach – durch schriftlichen Austausch der Züge. Die Polizei setzte einen Experten daran, der die Bewegungen auf dem Schachbrett als unlogisch empfand und hinter allem eine Geheimsprache vermutete.

Dominique Prieur verlangte nach Wolle und begann zu stricken. Die Wärterinnen hatten ihr das nicht zugetraut und fragten erstaunt, wo sie diese Fertigkeit gelernt hätte. Das, erwiderte die Agentin spitz, sei Teil des Zulassungstests für den französischen Nachrichtendienst. Sie war in einer Isolierzelle untergebracht, durfte aber pro Tag zehn Stunden raus. Die Französin joggte, spielte Netzball mit anderen Gefangenen. An Wochenenden durfte sie nachmittags Radio hören und fernsehen. Sie bat um Bücher, bevorzugt von Marcel Aymé und Albert Camus. Auch Werke über Psychoanalyse fesselten sie.

Mit der Gefängniskost kam sie nie zurecht: »Bohnen am Morgen und Suppe am Abend. Unmöglich.« Der französische Gaumen rebellierte. In der Regel musste sie Roast Beef oder Huhn ertragen, Bratkartoffeln, Kürbis, grüne Erbsen, Pudding und Fruchtdesserts.

Gelegentlich reagierte sie hysterisch (»Die Neuseeländer hindern mich am Schlafen, weil sie denken, dass ich als Frau eher zerbreche.«), vor allem als ihr einer der Ermittler erzählte, der

Flughafen von Auckland sei am Tag ihrer geplanten Abreise nicht im Alarmzustand gewesen. Hätten sie den Campervan nicht zurückgebracht, hätte ihrer Heimreise nichts im Weg gestanden. Wenn ihre Moral auf dem Tiefpunkt war, dachte sie nur noch an ihren Ehemann Joel: »Ich vertraue niemandem mehr außer ihm. Alle anderen haben uns fallen gelassen.«

Dazu passten auch Gerüchte, die bei Neuseelands Sicherheit kursierten. Rechtsgerichtete Kreise im französisch verwalteten Neukaledonien hätten Söldner angeworben. Diese sollten für ein Handgeld von 25 000 Dollar Prieur und Mafart befreien oder liquidieren, damit sie im bevorstehenden Prozess nicht mehr aussagen könnten. Angeblich würde aber der Preis noch nicht stimmen. Die Söldner hielten die angebotene Summe für lächerlich gering. Zudem erfuhr der neuseeländische Geheimdienst von Partnerdiensten, dass DGSE-Offiziere ebenfalls eine Befreiungsaktion planten.

Die Behörden in Auckland wussten, wie unzureichend geschützt das Mt.-Eden-Gefängnis war. Gefährliche Terroristen und feindselige Geheimdienste hatte es in dem Naturparadies am Ende der Welt eben noch nie gegeben. Bis Anfang September konnten die beiden Beschuldigten jedoch nicht verlegt werden, weil sie jede Woche im Gericht erscheinen mussten. Als diese Zeit vorüber war, wurden sie getrennt; Dominique Prieur kam in das 600 Kilometer südlicher gelegene Frauengefängnis von Christchurch, und Alain Mafart in die einzige Hochsicherheitshaftanstalt des Landes, Paremoremo, 30 Kilometer nördlich von Auckland.

Christchurch empfand sie als noch größeren Schrecken, weil dort vor allem Täterinnen mit Gewaltdelikten untergebracht waren, viele von ihnen aus ziemlich primitiven Verhältnissen. Wegen Prieurs Beschwerden und des ohnehin bevorstehenden Prozesses bereitete die neuseeländische Armee das Militärgefängnis von Ardmore in Auckland für Dominique Prieur vor. Stacheldraht und Panzersperren sicherten das Gelände, die Zufahrten wurden speziell überwacht.

Die ersten Anhörungen für das größte Verfahren der neuseeländischen Justizgeschichte sollten im November beginnen, der eigentliche Prozess im März 1986 im alten Auckland Supreme Court Building stattfinden. 1800 Beweisstücke wurden vorbereitet, hundert ausländische Zeugen geladen. Dann ging alles ganz schnell. Die beiden Angeklagten bekannten sich – auf Anraten ihres Anwalts Daniel Soulez-Lariviére, er war vom Verteidigungsministerium direkt ausgewählt worden – bei der Vorverhandlung für schuldig, als die Anklage von Mord auf Totschlag reduziert wurde. Dadurch entfiel der eigentliche Strafprozess, der auch das politische Frankreich auf die Anklagebank gebracht hätte.

In Anwesenheit von Joel Prieur wurden seine Frau und ihr Kollege Alain am 22. November 1985 wegen Totschlags und vorsätzlicher Sachbeschädigung zu je zehn Jahren Haft verurteilt. Der Richter bezeichnete Dominique Prieur als »Terroristin«, was sie besonders erboste. Sie sei Hauptmann der französischen Armee, sagte sie, und habe nur Befehle ausgeführt.

Dann wurde sie wieder nach Christchurch gebracht, wo man inzwischen ihretwegen Personal und Mauern verstärkt hatte. Ein langer und harter Winter mit Minustemperaturen von bis zu 15 Grad stand ihr bevor.

Das stolze Frankreich merkte, wie hilflos es gegenüber einem Kleinstaat am anderen Ende des Globus war, den es eigentlich gar nicht ernst nehmen wollte. Paris reagierte beleidigt, als ob »l'Affaire Greenpeace« eine neuseeländische Idee gewesen wäre. Schmerzhafte Handelssanktionen gegen Lammhirn und Butter wurden beschlossen. Der Auslandsdienst steuerte noch bessere Ideen bei, zum Beispiel ein Drogenpäckchen im Auto des neuseeländischen Botschafters in Frankreich. Das Vorhaben wurde vor seiner Realisierung wieder fallen gelassen.

Auch andere Genussmittel blieben auf der Strecke. Mehrere französische Top-Politiker sandten Prieur und Mafart zu Weihnachten kistenweise Wein und Cognac. Sie durften ihnen jedoch aufgrund der strengen neuseeländischen Gesetze nicht ausgehändigt werden. Außenminister Roland Dumas, der den Agenten die Produkte seines eigenen Weingutes bei Bordeaux zukommen lassen wollte, beschwerte sich auf diplomatischen Kanälen bei den Neuseeländern.

Denselben Service nahmen beide Regierungen in Anspruch, als sie 1986 über die Freilassung von Mafart und Prieur verhandelten. Nach nur acht Monaten, in der Nacht vom 22. auf den 23. Juli, war es soweit. Das Häftlingspaar wurde unter großer Geheimhaltung zum Flughafen von Auckland gebracht und dann mit einer neuseeländischen Militärmaschine ausgeflogen.

Der von UN-Generalsekretär Perez de Cuellar ausgehandelte Deal mit Frankreich sah vor, dass sie weitere drei Jahre Hausarrest auf der französischen Militärbasis Hao in Polynesien, 1000 Meilen von Tahiti, verbringen mussten. Im Gegenzug entschuldigte sich Frankreich offiziell bei Neuseeland und bezahlte fünfzig Millionen Franc Schadenersatz.

Auf dem Hao-Atoll wurde ihnen ein Heldenempfang bereitet. Ehemann und Mutter von Dominique warteten bereits am Flughafen, mit ihnen Alain Mafarts Bruder Bertrand. Der neue Verteidigungsminister Paul Quilès rief an. Feuerwehr-Hauptmann Joel Prieur war offiziell nach Hao versetzt worden. Auf diese Weise nahm die restliche »Haft« den Charakter eines langen Urlaubs an.

Am Ende hielten sich die Franzosen nicht an die Abmachung. Die schwangere Dominique Prieur kehrte im April 1988 nach Paris zurück. Sohn Vincent kam in Frankreich zur Welt. Zu jener Zeit starb auch ihr schwer kranker Vater, mit dem sie lange keinen Kontakt gehabt hatte. Alain Mafart wurde aus »Gesundheitsgründen« ebenfalls frühzeitig heimgeflogen.

Dominique Prieur gehörte nicht mehr der DGSE an. Bei der Ankunft auf dem Südsee-Atoll wurde sie offiziell aus dem Geheimdienst entlassen und dem Zentrum für Atomversuche zugeteilt. »Ich hätte sowieso nicht im Dienst bleiben können, nach allem was passiert war.« Sie schrieb einen langen Report, der offensichtlich missachtet wurde: »Nach meiner Rückkehr habe ich keinen Fuß mehr in das Hauptquartier gesetzt. Ich kam mit dem Dienst nie mehr in Berührung.«

Die Zeit der Abenteuer war endgültig vorbei. Dominique Prieur bekam ihr Gnadenbrot im Verteidigungsministerium, befasste sich mit den Personalfragen und Lebensumständen der Soldaten. 1994 wurde sie von Minister François Leotard zum

Ritter des Verdienstordens ernannt, und 2004 wechselte sie als Oberstleutnant in den Ruhestand. Die Ehrenlegion blieb ihr versagt, weil die neuseeländische Regierung rechtzeitig interveniert hatte.

Zum zehnten Jahrestag des Anschlags von Auckland legte Dominique Prieur ein unerlaubtes Buch vor *(Agent secrète)*, in dem sie sich ihre Frustration von der Seele schrieb. Das Werk wurde gegen den Willen ihrer ehemaligen Vorgesetzten und, nach den Bestimmungen des öffentlichen Dienstes in Frankreich, mindestens zehn Jahre zu früh publiziert. Es war ihr gleichgültig, und keiner hinderte sie daran. Auch in der Regierung wollte niemand an Frankreichs Beitrag zum Staatsterrorismus erinnert werden. Deshalb schwiegen alle.

Dominique Prieur lebt heute mit dem zur Pariser Feuerwehr zurückgekehrten Joel und ihrem 17-jährigen Vincent unweit des Eiffelturms. Dem Magazin *L'Express* war zu entnehmen, dass sie häufig Krabben und Käsesouffle zubereitet und, von Rock'n'Roll bis Wiener Walzer, leidenschaftlich gerne tanzen geht. In ihren stillen Stunden hört sie klassische Musik.

20 Jahre nach der »Rainbow-Warrior-Affäre« betrachtet sie die Dinge mit abgeklärtem Blick und stellt sich selbst als Opfer der französischen Politik in den Vordergrund. Es sei alles so gekommen, weil man sie nicht ausreichend ausgebildet und vorbereitet habe. Wenn ihre Dämonen in dunklen Nächten kommen, dann tragen sie nicht die Züge der Maoris, sondern der Killer aus dem beschaulichen Dörfchen Valdahon am Ufer des Genfer Sees.

2
Christel Guillaume
Die Frau des Kanzlerspions

»Genossen, ihr werdet nicht oft besungen,
nun ja, das wäre taktisch nicht klug.
Drum sei auch dieses Lied recht schnell errklungen.
Wir wissen schon, was ihr für uns tut.«

Songgruppe des Ministeriums für Staatssicherheit
aus dem Propagandafilm *Auftrag erfüllt*

Eine gültige Version, wie sich das Kundschafterpaar kennenlernte, wird wohl in den Tiefen der Geschichte verborgen bleiben. In gebotener Kürze: Er hieß Günter Karl Heinz Guillaume, war ein gut aussehender junger Mann von 23 Jahren, damals Hitlerjunge, und nun Fotograf mit großen Ambitionen. Sie hieß Christel Margarete Ingeborg Boom, arbeitete als Stenotypistin und war nur ein paar Monate jünger. Eigentlich passten sie nicht so recht zusammen, der Sunnyboy mit einer lebenshungrigen Berliner Nachkriegsfrau an jedem Finger und die Sekretärin mit dem etwas energischen Zug um den Mund und der Aura einer höheren Tochter.

Eine Version besagt, sie hätten sich im Herbst 1950 bei einer Fotoreportage über den »Sonderbaustab Berlin« das erste Mal getroffen. Das war die Arbeitsstelle von Christel Boom. Günter Guillaume behauptet, sie sei ihm »bei Zusammenkünften des Berliner Friedenskomitees« über den Weg gelaufen. An Weihnachten reiste er mit ihr ins sächsische Leisnitz, um ihrer Mutter Erna, einer gelernten Arzthelferin, vorgestellt zu werden. Im Mai 1951 heirateten die jungen Leute und verschafften sich bald eine Wohnung in Lehnitz außerhalb der schwer beschädigten ehemaligen Reichshauptstadt.

Es hält sich aus jener Zeit hartnäckig folgende Geschichte: Den Abend seines 25. Geburtstags verbringt Günter Guillaume mit seiner ehemaligen Freundin Susanne, wie üblich ein weicher und weiblicher Typ. Zu später Stunde geleitet er sie zur S-Bahn.

Sie fragt ihn mit dem bohrenden Interesse der Nebenbuhlerin nach seiner Angetrauten, deren besondere Merkmale eine spitze Nase und dünne Lippen sind (was später zum bösen Spitznamen von der »Geier-Christel« führt). »Nun haste gesehen, was ich geheiratet habe«, wird aus seinem Mund überliefert, »hättest man lieber du mich genommen.« Diese Szene sollte man sich merken, denn sie wird sich ein Leben lang in verschiedenen Variationen wiederholen.

»Günters Frau« (eine späterer Schlagzeile in der *Welt*) wusste es noch nicht, aber sie stand am Beginn einer Traumkarriere im Agentenhandwerk, und vor einer endlosen Katastrophe im Privaten, gefolgt von sieben Jahren Haft in Köln und einem überwiegend unerfreulichen Lebensabend im Osten.

Die gerade angebrochenen Fünfzigerjahre unterschieden sich wenig von dem Fegefeuer der späten Vierziger. Im Westen der Republik war das Wachstum ins Stocken geraten. Die Preise und die Arbeitslosigkeit waren gestiegen. Nachdem bereits Zweifel an der neuen Marktwirtschaft geäußert worden waren, stabilisierte sie sich 1952. Das Wirtschaftswunder griff. Auch im Osten erreichte die Regierung Anfang der Fünfzigerjahre Zuwachsraten, wie später nie mehr wieder. Dahinter steckte unter anderem der Versuch einer schnellen Industrialisierung nach sowjetischem Muster.

Die Kriegsschäden, Verluste durch Demontage und Reparationslieferungen aus der laufenden Produktion, wirkten sich dämpfend aus, aber auch die beginnende Abschottung durch den anlaufenden Kalten Krieg. Während der Westen 1955 einen ersten Höhepunkt des Aufschwungs notierte (»Hurra, wir leben noch!«), brach das Wachstum im Osten beinahe zusammen. Eine der direkten Ursachen war die Kollektivierung der Landwirtschaft.

Der Einzelne konnte sich in beiden deutschen Staaten weniger leisten, als es den Anschein hatte. Die Konsumgüter hielten sich aber ohnehin in Grenzen, weil der Wiederaufbau Vorrang hatte. Die Menschen waren häuslich und investierten ihre persönlichen Energien in die Familie. Vom legendären deutschen Massentourismus konnte noch keine Rede sein. Anfang der

Fünfzigerjahre musste ein Industriearbeiter 22 Stunden arbeiten, um sich ein Kilo Kaffee leisten zu können. Am Ende des Jahrzehnts waren es dagegen nur noch sechs Stunden. Umgekehrt verhielt es sich bei Schuhen. Für ein Paar arbeitete man 1950 durchschnittlich zwei Stunden, ein Jahrzehnt später dagegen ganze zehn Stunden. Ein Jahrzehnt, in dem es steil bergauf ging, der Bürger sich aber an Entbehrungen gewöhnen musste.

Unter diesen Umständen entstand im Osten die Staatssicherheit, eine Behörde, deren unmittelbarer Einfluss auf die Gesellschaft im Westen kein Gegenstück kannte. Nach sowjetischem Muster regierte die 1946 gegründete »Sozialistische Einheitspartei Deutschlands« (SED), und das Ministerium für Staatssicherheit (MfS) sollte ihr Schild und Schwert werden. Die Gegenspieler bei Bundesnachrichtendienst und Verfassungsschutz waren meistens unterlegen, weil ihnen das demokratische System keine vergleichbare, uneingeschränkte Macht einräumte.

Der Staatsapparat war von extremer Furcht vor Agenten, Spionen und Saboteuren geprägt. Der Volksaufstand von 1953 löste eine erste große Abschottung gegenüber dem Westen aus, der Mauerbau von 1961 eine zweite. Dazu kam eine permanente außenpolitische Krise zwischen den beiden deutschen Staaten, die wegen Berlin bei mehreren Gelegenheiten zum Krieg hätte führen können.

Das von der DDR umgebene und durch die Alliierten beaufsichtigte Berlin löste Wien als europäische Spionagehauptstadt ab. Der erste Chef der Staatssicherheit war der einschlägig erfahrene Spanienkämpfer Wilhelm Zaisser. Sein Ministerium wurde 1953 Ziel der westlichen »Aktion Vulkan«, einer angeblichen Festnahme von 35 ostdeutschen Agenten durch die westdeutsche Abwehr.

Bei der Staatssicherheit jener Tage gab es eine wichtige Figur, an die sich heute nur Insider erinnern: Paul Laufer. Er kam aus dem schlesischen Striegau und war damals bereits 50 Jahre alt. Schon in der Weimarer Republik hatte er offiziell der SPD und inoffiziell den Kommunisten angehört. Der ungelernte Arbeiter igelte sich mit dem Decknamen »Stabil« während der NS-Zeit im Berliner Kiez ein. Zwischendurch wurde er vom Volksgerichtshof zu drei Jahren Zuchthaus verurteilt, aber nur wegen sichtbarer SPD-Tätigkeit.

Unmittelbar nach Kriegsende schloss sich Paul Laufer wieder den Sozialdemokraten an, war aber in Wirklichkeit ein geheimer SED-Mann. Im neuen Polizeipräsidium angestellt, sammelte er Gestapoakten, um sie gegen die SPD zu verwenden. 1955 übernahm ihn das Ministerium für Staatssicherheit (MfS) mit dem Dienstrang eines Majors. Laufer kümmerte sich weiterhin um die Abwehr von SPD- und Gewerkschaftsaktivitäten. Sein Arbeitsfeld war nicht nur Berlin, sondern auch die im Fachgebrauch »Operationsgebiet« genannte Bundesrepublik. Der findige Tschekist war im Nachkriegsdeutschland angekommen.

Ziemlich schnell konzentrierte er sich auf ein junges Nachwuchstalent, das der Dienst bereits mit einigen Testaufträgen in den Westen geschickt hatte, den Fotografen Günter Guillaume. Der junge Mann arbeitete offiziell für den Ostberliner Verlag »Volk und Wissen«, einer Einstiegsschleuse für das MfS, und nahm unter dieser Legende Kontakt zu Gewerkschaftskollegen im Westen auf. In der Kartei des Bundesnachrichtendienstes (BND) fand sich später eine Notiz vom April 1954, wonach ein Günter Guillaume vom Verlag »Volk und Wissen«, geboren 1. Februar 1927 in Berlin, »die BRD mit dem Zweck bereist haben« soll, »um Verbindungen zu Verlagen, Druckereien und Personen herzustellen und diese dann östlich zu infiltrieren«. Der erste Hinweis auf den späteren Kanzlerspion. Er schlummerte jahrzehntelang in den Akten.

In diesen Jahren wurden die Weichen gestellt. Der unermüdliche Filou Günter Guillaume lernte die Tochter von Erna Boom kennen, der Witwe des holländischen Tabak-Kaufmanns Tobias Boom, den die Nazis in den Tod getrieben hatten. Die großbürgerliche Schwiegermutter erkannte mit sicherem Blick das wahre Wesen des Günter Guillaume und lehnte ihn spontan ab.

Tochter Christel lebte in der Angst, ein »spätes Mädchen« zu werden und redete sich deshalb ein, dass sie ihn liebte. Halb zog er sie, halb sank sie hin. Am Ende richtete sich das frisch getraute Ehepaar Guillaume zusammen mit der aus Sachsen zugezogenen, zunehmend verarmenden Schwiegermutter Boom in einer kleinen Wohnung in Lehnitz bei Berlin ein. Die herbe Christel arbeitete für Robert Havemanns Friedenskomitee und später, ab 1954, als Hilfsredakteurin beim Verlag »Neues Leben«. Sie war umfassender gebildet als Guillaume, beherrschte Fremdsprachen, liebte Klavierspiel und Bildende Künste.

Vermutlich Anfang 1955 stellte er ihr seinen Mentor Paul Laufer vor und warb sie für die Staatssicherheit an. Auch Erna Boom wurde mit einbezogen, weil sonst die Generalplanung nicht funktioniert hätte. Günter Guillaume hielt sie für die passende Komplizin, da sie im westdeutschen Staat Rechtsnachfolger der Mörder ihres Mannes zu erkennen glaubte. Das, so schrieb er in seinen Memoiren, gab ihr »eine stille Tapferkeit und Unnachgiebigkeit«.

Paul Laufer entwickelte mit sicherem Gespür für Menschen die richtige Strategie. Er schickte zuerst die zum Feindeinsatz motivierte Witwe Boom als Pfadfinderin nach Frankfurt/Main. Sie wärmte die alten Familienbande wieder auf und erkundete die Lage. Die Übersiedlung der ganzen Familie sollte nicht so überraschend vonstatten gehen. Guillaume wusste, dass er seine Schwiegermutter in dieser Phase unbedingt brauchte.

Laufer deponierte 10 000 D-Mark in einer Westberliner Bank. Damit sollte die Existenz des ungleichen Trios im Westen fürs Erste finanziert werden. Dann setzte sich Witwe Boom mit dem Möbelwagen in Marsch. Wegen ihres holländischen Passes war diese Übersiedlung an den Main absolut legal. Zur selben Zeit brachen die Guillaumes mit zwei Koffern und einer Reisetasche als einzigem Gepäck ihre Zelte ab. Offiziell erzählten sie den Nachbarn und Freunden etwas über einen Umzug nach Leipzig, meldeten sich beim Volkspolizeiamt Oranienburg ab, steuerten aber zielsicher die damals noch offene Westhälfte der DDR-Hauptstadt an.

Im amtlichen Bericht der Kommission »Vorbeugender Geheimschutz über die Prüfung von Sicherheitsfragen im Zusammenhang mit dem Fall Guillaume« hieß es später wörtlich: »Am 12./13. 5. 1956 gelangte G. mit seiner Frau bei Hohen Neuendorf-Frohnau nach Westberlin und von dort auf dem Luftweg in die Bundesrepublik. Am 13. 5. 1956 nahm das Ehepaar Wohnung in Frankfurt (Main) ... Die Eheleute G. haben kein Notaufnahmelager durchlaufen. Sie fanden unmittelbar Aufnahme in der Wohnung von Erna Boom, der Schwiegermutter des G. in Frankfurt (Main), Finkenhofstraße 29.« Die erste Etappe auf dem Weg zur größten Spionageaffäre in der deutschen Geschichte war geschafft.

Paul Laufers Agenten hatten kurz darauf das Einsatzgebiet erreicht. Sie bezogen eine Drei-Zimmer-Wohnung, die Erna Boom von einem Zahnarzt gekauft hatte. Die ersten Schlafzimmermöbel wurden mit einem Kredit erworben. Christel und Günter Guillaume, Stasi-Decknamen »Heinze« und »Hansen«, ließen sich eine Gewerbeerlaubnis zur Gründung eines kleinen Schreibbüros in den eigenen vier Wänden ausstellen.

Erna Boom investierte ihre Stasigelder in die Kaffeestube »Boom am Dom«, wo es auch feine Zigarren gab. Dort konnte die Laufkundschaft gleich über den Ausbau der frisch gegründeten Bundeswehr und das Verbot der Kommunistischen Partei streiten. Günter Guillaume lernte zuzuhören, schließlich gehörten auch Stimmungsberichte zu seinen Aufgaben. Gelegentlich stand ein Stasikurier an der Theke und übernahm unauffällig verpackt die aktuellen Informationen.

Bis auf weiteres blieb er die Hilfskraft seiner überaus ambitionierten Frau. Beide Guillaumes traten der SPD bei, die in der Mainmetropole und in Südhessen traditionell besonders stark war. Christel Guillaume startete ohne Zeitverlust durch. Sie wurde Sekretärin des Unterbezirksvorsitzenden und Bundestagsabgeordneten der ersten Stunde, Willi Birkelbach, und verließ ihn auch nicht, als er die Leitung der Staatskanzlei in Wiesbaden übernahm. Guillaume musste einräumen, dass ihn seine Frau durch ihre forsche und zupackende Art leichtfüßig überholt hatte. Das Glücks- und Erfolgsgefühl sei wie »ein mit Alkohol versetzter Schuss Rizinus im Tank einer Rennmaschine«.

»Alles läuft plötzlich auf vollen Touren. Ursprünglich war Christel mit ins Einsatzgebiet gekommen, um mir zu assistieren. Durch den neuen Arbeitsplatz erhielt ihre Funktion einen ganz anderen, höheren Stellenwert im Koordinationssystem unserer kleinen Leitstelle. Es war damit zu rechnen, dass sie selbst zur Quelle wurde. Die Annahme bestätigte sich rasch. Auf ihrem Schreibtisch landeten Materialien, die einen hohen Wert für die Aufklärungsarbeit darstellten.«

Schon bald nach der Übersiedlung war das passiert, was die Welt der Guillaumes vorübergehend aus den Angeln hebeln sollte: Christel war schwanger, und sie gebar einen Sohn, den sie Pierre nannten. Das hatte bei der Stasi in Ostberlin niemand vorhersehen können, und wurde nicht gerade mit Begeisterung aufgenommen. Die Strategie des Ostens sah kinderlose Kundschafterpaare vor, deren Kräfte nicht durch Erziehungsprobleme blockiert wurden.

In jener frühen Phase empfingen die Ostspione zahlreiche Funksprüche. Codierte Buchstabenreihen lieferten ihnen militärisch knappe Informationen und Anweisungen. Günter Guillaume nannte das »Funkbrücke zur Heimat«. Im Westen hörte der Feind mit, konnte die Infos aber in der Regel nicht zuordnen. Es vergingen beinahe zwei Jahrzehnte, bis alles mit Hilfe von Kommissar Zufall einen Sinn ergab.

In den nächsten Jahren fielen die Guillaumes nur durch ihren Fleiß auf, und weil sie jede Aufstiegschance nutzten. Immer noch dominierte die Frau »mit den scharfen Zügen und dem noch schärferen Verstand« *(Deutschlandfunk)*. Willi Wiedemann, Bezirksgeschäftsführer der SPD Hessen-Süd, wird gerne mit dem Satz zitiert: »Bei denen hatte die Frau die Hosen an.« Das erkannte Guillaume sehr wohl und ergab sich in sein Schicksal: »Ohne dafür einen bis ins Detail ausgearbeiteten Plan zu haben, übernahm sie bei unserer Karriere in der Partei die Pilotrolle.«

Günter Guillaume, ein Macho, der zeitlebens das Alphatier sein wollte, litt darunter, wie er später in seinen Memoiren einräumte: »Manchmal hatte ich den Alb, als träger Frosch in einem Tümpel zu sitzen, in dem der Grund aus Abertausenden von Tassen Kaffee alles Leben erstickte. Ich japste nach Luft, fieberte nach Bewegung.«

Zum Ausgleich führte der unterbeschäftigte Geheimagent sein lockeres Leben aus dem Nachkriegsberlin im neuen Frankfurter Umfeld weiter. Während seine Frau den Weg durch die

Institutionen nahm, hofierte er die Damen. Sohn Pierre erzählte in seinem Erinnerungsbuch des Jahres 2003 Frauengeschichten, die seine Mutter »sehr verletzt hätten«, und von einem »tiefen Vertrauensbruch in ihrem ganz persönlichen Umgang«. Das wurde nicht besser, als er eines Tages die Kuverts mit dem Haushaltsgeld leerte und für eigene Zwecke ausgab.

Die Ehe der Guillaumes war bereits in den frühen Sechzigerjahren zerrüttet. Sie wurde nur durch den Kundschafterauftrag am Leben gehalten. 1963 reiste Christel alleine zu einem Treffen in die DDR. Sie offenbarte Gailat, Laufer und den anderen, dass sie nicht mehr mitmachen würde. Angeblich drohten die Führungsgenossen daraufhin mit ihrer Enttarnung. Christel Guillaume rückblickend: »Es wurde die Nacht einer Erpressung.« Die Eheberatung à la Staatssicherheit funktionierte, und Agentin Guillaume arbeitete, zutiefst verzweifelt aber diszipliniert, weiter.

Sie bekleidete weiterhin wichtige Funktionen innerhalb von Partei und der Wiesbadener Staatskanzlei, bekam strategische Papiere der SPD wie auch der Bundesregierung und der NATO in die Hände. Dazu zählten die Erfahrungsberichte über mehrere Fallex-Manöver, über Konferenzen des Nordatlantikpakts und auch die damit verbundene Studie *Das Kriegsbild*. Das Material wurde in der Regel vom gelernten Fotografen Günter Guillaume abgelichtet und per durchreisenden Kurier in den Osten geschafft.

Nach einiger Zeit war Christel Guillaume einflussreich genug, ihren sich langweilenden Ehemann zu fördern. Sie verschaffte ihm offizielle Fotoaufträge der Partei. Der nächste Schritt war eine stabile Beschäftigung beim Mitgliederblatt *Der Sozialdemokrat*. Sein Auftraggeber hieß Heinrich Klein und lobte Guillaume nach seiner Enttarnung als »ungemein fleißig und einsatzbereit«, als »engagiertes und interessiertes Parteimitglied«.

Auch Guillaume befand sich nun auf dem Weg durch die SPD-Institutionen. 1964 wurde er Geschäftsführer des Unterbezirks Frankfurt/Main, 1968 der dortigen SPD-Fraktion. Die Genossen wählten ihn zum Stadtverordneten. Ein Jahr später leitete Guillaume den Wahlkampf des damaligen Bundesverkehrsministers Georg Leber (»Ich spürte einen Mann, der wie ich für law and order war.«).

Nach dem guten Ergebnis zeigte sich der ehemalige Gewerkschafter dankbar und holte Günter Guillaume nach Bonn, als Referent für Wirtschafts-, Finanz- und Sozialpolitik im Bundeskanzleramt. Zwei Hürden musste er trotz allem noch überwinden. Zuerst lehnte ihn der Personalrat wegen fehlender Qualifikation ab, und dann waren Sicherheitsbedenken auszuräumen. Kanzleramtschef Horst Ehmke nahm Guillaume selbst unter die Lupe. Dieser spielte die Rolle seines Lebens mit großer Überzeugungskraft.

Er schaffte es. Guillaume gab sich geschmeidig und wurde, wegen seines Organisationstalents, immer unentbehrlicher. Deshalb stieg er 1972 zu einem der drei Persönlichen Referenten von Bundeskanzler Willy Brandt auf. Eine Traumkarriere vom armen, frustrierten Kaffeebrauer bei »Boom am Dom« ins Allerheiligste der Bonner Republik mit einem Monatsgehalt von 4469 DM. Nur sein Mentor Paul Laufer erlebte das nicht mehr. Er war 1969 gestorben.

Nun musste sich Christel Guillaume unterordnen und wieder ins Glied zurücktreten. Mit Verspätung fügte sie sich in die übliche Frauenrolle der damaligen Zeit. Auch sie und die Restfamilie zogen an den Rhein. Sie kam beruflich bei der hessischen Landesvertretung unter. Die Ost-Kundschafterin war auf ein Abstellgleis geraten. Den Besuch hessischer Wählergruppen an der Wirkungsstätte ihrer Abgeordneten zu organisieren oder den Wagenpark der Behörde zu verwalten, das kollidierte mit ihrem Spionage-Auftrag. Also bewarb sie sich um eine Sekretärinnenstelle beim Bundesverteidigungsministerium.

Gleichzeitig musste sie nun die bisherige Aufgabe ihres Ehemannes übernehmen, die nicht ungefährlichen Treffen mit Sendboten der Ostberliner Zentrale. Das lief nach einem genauen Schema ab. Die Kontaktaufnahme mit dem MfS geschah über eine konspirative Adresse in Berlin: Löwe, Lincolnstraße 36. Die Kuriere kündigten sich mit Ansichtskarten an, die Landschafts- oder Städtemotive zeigten. Es erschienen der grauhaarige, schon etwas ältere Fritz oder die schlanke, sehr hausfrauliche Grete, der gepflegte Karl, ein Lehrertyp, oder auch der blonde, sportliche Heinz, erkennbar an seinem süddeutschen Akzent.

In Frankfurt trafen sie Genossin »Heinze« im Café Kranzler an der Hauptwache, im Operncafé, beim Schultheiß im Westend oder in einer Wienerwald-Filiale. In Bonn bevorzugte sie den Münsterplatz und den Uni-Haupteingang, aber auch Lokale mit Namen wie »Bärenschänke« oder »Haxnhaus«. Christel Guillaume trug eine bestimmte Kleidung, an der ihre Besucher sie gleich erkennen konnten. In der Hand hielt sie ein Geschenkpäckchen. Die Kuriere wiesen sich mit der *Bild*-Zeitung aus, manchmal auch mit Zeitschriften oder Pralinen.

Wenn der Treff – in Frankfurt geschah er monatlich, in Bonn nur dreimal im Jahr – nicht auf die Minute klappte, dann verschwand Christel Guillaume und kam nach exakt einer Stunde wieder. Die ersten Verdachtsmomente gegen die Guillaumes – beim Bundesamt für Verfassungsschutz wurden Daten abgeglichen und hinterließen offene Fragen – tauchten im April 1973 auf.

Die Leute von der Spionageabwehr organisierten eine Observation. Dummerweise fingen sie damit in Frankfurt an, wo die Guillaumes schon gar nicht mehr lebten. Erst als sie ihren Irrtum merkten, konzentrierten sie sich auf die neue Adresse, Ubierstraße 107 in Bad Godesberg. Das Apartmenthaus lag ganz in der Nähe der damaligen Staatsschutz-Zentrale des Bundeskriminalamts. Die Ermittler hatten es also in jedem Fall nicht weit zur Arbeit.

In der Regel stellten sie sich nicht sehr geschickt an, da das Späherpaar die Überwachung immer wieder bemerkte. Eine von den Guillaumes angefertigte Liste mit Autonummern zeigte es. Eines Tages, im Sommer 1973, kam Christel zu Günter Guillaume: »Ich glaube, ich bin beobachtet worden.« Normalerweise löst ein solcher Satz bei illegal arbeitenden Agenten Panik aus, führt zu Kurzschlussreaktion, nicht selten zur Flucht. Günter Guillaume ging jedoch beherrscht und umsichtig an die Sache ran.

Was war passiert? Seine Frau und Komplizin hatte sich nach Bonn zum Einkaufen begeben. Im selben Supermarkt sollte auch der neue Kontakt zum »konspirativen Netz« (Stasi-Jargon) stattfinden. Christel Guillaume wollte aber zuerst die Lage peilen und mögliche Aufpasser schon im Vorfeld erkennen. Plötzlich entdeckte sie einen Mann, der sie quer durch die Abteilungen verfolgte. Auch bei der Heimfahrt glaubte sie ihn im Wagen hinter sich zu sehen. Selbstverständlich ließ sie an diesem Tag den Treff mit dem Kurier platzen.

Kanzlerreferent Guillaume war skeptisch, hielt die Reaktion seiner Frau für überzogen: »Man hat dich für eine Einkaufsdiebin gehalten, und der Geschäftsdetektiv war dir auf den Fersen.« Er scherzte sogar mit einer für ihn nicht ganz untypischen Thematik: »Vielleicht hast du eine Eroberung gemacht, und dir stellt ein Galan nach ...«

Nun bekam die Entwicklung eine Eigendynamik. Zu viele mutmaßliche »Zufälle« häuften sich, und meistens schien es auf Christel Guillaume gezielt zu sein. Kurzerhand testete der Kanzlerreferent die Observanten, indem er eine Runde mit dem Wagen seiner Frau, einem silbergrauen Opel Kadett, drehte. Sofort befanden sie sich hinter ihm und ließen erst ab, als sie erkannten, wer wirklich am Steuer saß. Später wurde bekannt, dass die Bonner Staatsschützer die Verdächtigen aus der Ubierstraße zwischen Juni 1973 und Februar 1974 rund 200 Mal beobachtet hatten.

Ein typisches Beispiel war der Einsatz vom 13. August 1973. Christel Guillaume, Deckname »Heinze«, traf im Bonner Ausflugsrestaurant »Casselsruhe« eine den Überwachern unbekannte Frau und unterhielt sich sehr angeregt mit ihr. Wie immer lagen die unsichtbaren Begleiter rundherum auf der Lauer. Unauffällig fotografierten sie die beiden Frauen. Jede Geste der Zielpersonen war verdächtig. Würden sie Päckchen austauschen, ungewöhnlich lange auf der Toilette verschwinden oder gar geheime Dokumente gemeinsam sichten?

Nach einer Weile zahlten und gingen sie jedoch, ohne dass »Heinze« der anderen Frau etwas übergeben hatte. Christel Guillaume nahm diese sogar noch ein Stück mit und trennte sich von ihr erst in der Innenstadt. Die Staatsschützer hängten sich an die Unbekannte. Sieben Stunden dauerte die Verfolgungsjagd von Bonn bis Köln. Die Unbekannte wechselte mehrmals das Verkehrsmittel. Dabei reduzierte sich die Zahl der Beobachter. Am Ende war ihr nur noch einer auf den Fersen, der musste aber schließlich in einem dunklen U-Bahn-Eingang aufgeben.

Die letzten zwölf Monate in Freiheit waren aufregend, weil die Guillaumes wussten, dass sie ins Visier geraten waren, sie pokerten mit dem Staatsschutz. Christel Guillaume fand sich damit ab, dass es wahrscheinlich nichts mit ihrer Bewerbung auf der Hardthöhe zu tun hatte. Günter Guillaume schätzte die Lage falsch ein. Er konnte sich einfach nicht vorstellen, dass er nach einer Festnahme nicht auf dem schnellsten Weg ausgetauscht werden würde. Also lebte die Familie so weiter, als gäbe es keinen Grund, sich schleunigst in den Osten abzusetzen. Sohn Pierre besuchte inzwischen das Godesberger Heinrich-Hertz-Gymnasium. Oma Boom lebte nach wie vor bei ihnen und kümmerte sich, in der bewährten Arbeitsteilung, um den Jungen.

Das Highlight des Sommers 1973 war der berühmte Norwegen-Urlaub mit der Kanzlerfamilie. Willy Brandts Hauptreferent Reinhard Wilke und dessen Stellvertreter waren verhindert, und deshalb rückte Guillaume nach. Er bekam die Erlaubnis, seine Familie mitzunehmen. Gemeinsam fuhren die Guillaumes im eigenen Auto, einem gelbgrünen Citroen GS, über Schweden in das malerische Hamar. Von dort stammte Kanzlergattin Rut. Der Sozialdemokrat kannte und liebte die zauberhafte Gegend seit den Kriegs- und Exiljahren. Hier konnte er richtig abschalten, hier war er zu Hause.

Während der Juliwochen in Mittelnorwegen wohnten die Brandts in ihrem eigenen Landhaus. In einem grünen Bungalow, in Sichtweite, waren die Guillaumes und die Wirtschafterin der Familie Brandt untergebracht. Die Personenschützer aus der so genannten »Sicherungsgruppe Bonn« des Bundeskriminalamts und die Fernmeldetechniker vom Bundesnachrichtendienst kamen in der 200 Meter entfernten Jugendherberge Ormseter unter. Auf diese Weise war ein Mini-Bundeskanzleramt in die Einsamkeit Skandinaviens verpflanzt worden.

Alle Beteiligten kamen sich zwanglos nahe. Es blieb nicht bei beiläufigen Kontakten, wie es die Bonner Regel war. Rut Brandt erinnerte sich in ihrem viel später erschienenen Buch *Freundesland* an die Tage mit den Guillaumes: »Guillaume sprach nicht sehr viel; sie führte das Wort. Sie hatte ein energisches Gesicht, wirkte vielleicht ein wenig hart. Er war rund und ruhig. Mit seinem kurzgeschnittenen Haar sah er jünger aus als sie.«

Willy Brandt konnte das aktuelle Geschäft nicht komplett aussetzen. Deshalb bekam er über die Nachrichtenzentrale in der Jugendherberge jeden Tag mehrmals einen dicken Packen an Fernschreiben und Kuriersendungen. Vieles davon war die tägliche Presseauswertung, nicht wenige dieser Unterlagen wurden jedoch als »Geheim« und »Streng geheim« eingestuft. Einige gehörten sogar zur NATO-Geheimhaltungsstufe »Cosmic«. In jenen Tagen erreichten die Verhandlungen zwischen den NATO-Partnern zur so genannten »Atlantischen Erklärung« eine entscheidende Phase. Darin steckten natürlich erstrangige Informationen, die jeden Ost-Geheimdienst interessierten.

In der Regel holte Günter Guillaume Brandts gesamte Post ab und brachte sie dem Kanzler. Gerade bei Fernschreiben bestand dabei eine günstige Gelegenheit, die bei einer Doppelrolle an Telexpapier automatisch anfallende Kopie zur Seite zu schaffen. Der Kanzlerspion richtete dafür in seinem Kleiderschrank eine eigene Registratur ein. Darin befand sich auch der rege Fernschreibverkehr zwischen Brandt, Scheel, Nixon und Kissinger.

Während der Wochen in Hamar war die Sternstunde der DDR-Agenten gekommen. Hatte Guillaume im Bonner Palais Schaumburg, dem damaligen Sitz des Bundeskanzlers, normalerweise nur Zugriff auf interne Vorgänge der SPD und weniger brisantes Regierungsmaterial, so konnte er sich in Norwegen ungeniert aus dem Vollen bedienen. Niemand hinderte ihn daran, obwohl bereits wegen des Verdachts auf geheimdienstliche Agententätigkeit ermittelt wurde. Das wusste man jedoch nur in Sicherheitskreisen.

Die Staatsschützer informierten den Bundeskanzler von Anfang an ziemlich vage und ließen ihn ins Unglück laufen. In seinen Memoiren stellte er es so dar: »Wenn ein gravierender Verdacht vorlag, hätte der Agent nicht in meiner unmittelbaren Nähe belassen werden dürfen und man hätte ihn in eine andere, gut zu observierende Stelle verschieben oder sogar befördern müssen. Statt den Kanzler zu schützen, machte man ihn zum *agent provocateur* des Geheimdienstes seines eigenen Landes.«

Zum Urlaubsende fuhren die Guillaumes auf der bereits bekannten Route zurück nach Bonn. Vor seiner Abreise überreichte der Agent dem Chef der Kanzler-Leibwächter, Ulrich Bauhaus, einen verschlossenen Koffer. Darin, so sagte er, seien die wichtigen Papiere des Kanzleramts. Er möge sie dort abgeben und bis zu Guillaumes Rückkehr einschließen lassen. Bauhaus erledigte den Auftrag. In Wirklichkeit transportierte er den identisch aussehenden Koffer mit den übrigen Gastgeschenken des Kanzlers.

Die Guillaumes nahmen die brisanten Akten im eigenen Reisegepäck mit. Der Rest der Geschichte ist ominös. Wie bereits auf dem Hinweg geschehen, übernachteten die Guillaumes im eleganten Hallandia-Hotel von Halmstad. In der schwedischen Kleinstadt soll es zur Übergabe des westdeutschen Geheimmaterials an einen ostdeutschen Kurier gekommen sein. So stellte es Günter Guillaume später dar. Während Christel mit ihrem Sohn Pierre in der Hotelbar ein erstes Mal getanzt habe, sei alles abgewickelt worden. Auf diese Aktion stützte sich später ein Großteil der Anklage gegen den Ostspion.

Im Gegensatz dazu steht die Aussage von Guillaumes Vorgesetzten Markus Wolf, dem Chef der DDR-Auslandsspionage »Hauptverwaltung Aufklärung« (HVA). In seinen eigenen Erinnerungen versicherte er, die Hamar-Unterlagen seien nie in die DDR gelangt. »Den Inhalt der Norwegendokumente erfuhren wir erst, als sie Gegenstand des Prozesses gegen das Ehepaar Guillaume wurden.«

In der Darstellung des legendären Chefspions taucht der weibliche HVA-Kurier »Anita« auf, der nach Bonn reist, um die mikroverfilmten Dokumente von Christel Guillaume zu übernehmen. Die beiden treffen sich in einem Ausflugsrestaurant. »Anita« übernimmt die Filme. Beide Frauen bemerken, wie sie heimlich fotografiert werden. Sie trennen sich. »Anita« wird von den unbekannten Männern weiter verfolgt. Bei Wolf geht die Geschichte so weiter: »Unserem Kurier gelang es jedoch nicht, die Verfolger abzuschütteln, weder in Bonn noch später in Köln. Zuletzt wählte sie die geringere Gefahr und ließ das Päckchen von einer Rheinbrücke ins Wasser fallen, wo es auf Nimmerwiedersehen verschwand.«

Christel Guillaume sorgte für eine dritte Version und damit erst recht für Konfusion. Sie habe sich mit der jungen Bekannten im Bonner Gartenlokal durchaus über Norwegen unterhalten, ihr jedoch nichts übergeben. Einmal habe sie sie bei der Hand genommen, und dabei vor dem Fotografen am Nachbartisch gewarnt. Auch die spannende Erzählung ihres Mannes über die Nacht von Halmstad stellte sie als Märchen hin. Mehr wollte sie dazu nicht sagen.

Die Guillaumes lebten in einem ernsten Dilemma. Während bereits Christel Guillaume mit ihrer doppelten Loyalität zur HVA in der Ostberliner Normannenstraße und zu ihrem langjährigen Chef Willi Birkelbach ein echtes Problem hatte, litt ihr Ehemann noch stärker unter seiner Verehrung für Willy Brandt. Auch der DDR-Spion konnte sich der magischen Wirkung des großen Staatsmannes nicht entziehen. Das zu Beginn des Guillaume-Einsatzes in Form der Adenauer-Regierung klar und deutlich vorhandene Feindbild bröckelte zunehmend. Das dürften auch die HVA-Führungsoffiziere erkannt haben, denen Guillaumes öffentliche Rolle immer unheimlicher wurde.

Irgendwann, im Winter 1973/74, muss der Kanzlerreferent erkannt haben, dass die Luft für ihn immer dünner wurde. Die einzig logische Konsequenz wäre eine Flucht in die DDR gewesen. Das lehnte er aber rundweg ab, auch im Namen seiner Frau, die er dazu gar nicht erst befragte. Guillaumes Motto lautete: »Spitzenposition bedeutet Spitzenrisiko!«

Ostern 1974 reiste Günter Guillaume für mehrere Tage alleine nach Südfrankreich. Frau und Schwiegermutter weigerten sich, ihn zu begleiten. Während des gesamten Kurzurlaubs war er von deutschen wie französischen Observanten umgeben. Das merkte er auch. Einen Moment überlegte er, abzutauchen. Dann zog er sich an Ideen wie Soldatenehre und Mut hoch. Ja, er wollte sich dem Gegner stellen und nicht feige davonlaufen. Guillaume kehrte nonstop nach Bonn zurück und schlich leise

in seine Wohnung: »In der Küche trank ich ein Glas Bier, nur noch erfüllt von dem Gedanken, mich einfach hinzuhauen, und ich schlief auch sofort ein, schlief fest und traumlos genau bis 6.32 Uhr, als die Flurglocke schrillte.«
Es war der 24. April 1974.
»Ich öffnete, sah eine Gruppe von Männern und eine Frau mit äußerlich unbewegten, aber innerlich erregten Gesichtern und wusste, was die Glocke geschlagen hatte. Der vorn stand, fragte: ›Sind Sie Herr Günter Guillaume?‹ Ich sagte leise: ›Ja, bitte?‹ – ›Wir haben einen Haftbefehl des Generalbundesanwalts.‹ Im selben Augenblick wurde ich rückwärts in den Flur gedrängt, umringt, fühlte mich gestellt und bedroht. Ich sagte: ›Ich bitte Sie‹, rief es mehr, als dass ich es einfach sagte: ›Ich bin Bürger der DDR und ihr Offizier – respektieren Sie das!‹«

Am nächsten Tag meldet die Weltpresse den »Fall Guillaume«. Eine Lawine kam ins Rutschen, die bis auf weiteres alles zerstörte – die deutsch-deutsche Entspannung, die Kanzlerschaft Willy Brandts, die Ruinen der Familie Guillaume. Selten hatte ein Spionagefall solche weit reichende Folgen.

Der erste, massive Schadensfall passierte bereits Tage später. Willy Brandt, dem die Hoffnungen von Millionen für ein anderes, weniger reaktionäres Deutschland galten, trat mit einer Kurzschlussreaktion zurück. In seinem letzten Schreiben an Bundespräsident Gustav Heinemann begründete er dies unter anderem mit »Fahrlässigkeiten im Zusammenhang mit der Agentenaffäre Guillaume«.

Markus Wolf drückte es in seinen Memoiren klar aus: »Noch heute glauben viele, Guillaumes Einzug ins Bundeskanzleramt sei mein größter Erfolg gewesen. Viele Anhänger Willy Brandts können mir Guillaumes Anteil am Sturz dieses Kanzlers nicht verzeihen und sehen in mir den Hauptschuldigen an Brandts Rücktritt. Ich wiederhole deshalb, dass der Fall Guillaume für meinen Dienst die größte Niederlage war, die wir bis dahin erlitten hatten. Brandts Rücktritt war keineswegs von mir gewollt gewesen; selbst aus damaliger Sicht konnte das nur ein politisches Eigentor für die DDR sein.«

Der tiefe Fall der Agentin Christel Guillaume setzte sich in der

Haftanstalt Köln-Ossendorf ungebremst fort. Sie sagte später, dass sie sich »besiegt fühlte«, weil ihr das »ganze Leben irgendwo zwischen den Fingern zerronnen« sei. Nach einem Jahr Untersuchungshaft standen die Guillaumes mehrere Monate vor Gericht. Im Dezember 1975 wurde Günter Guillaume wegen Landesverrats zu 13 Jahren, seine Frau zu acht Jahren Haft verurteilt.

Obwohl sich die DDR um einen raschen Agentenaustausch bemühte, blieb die Bundesregierung bei ihrer harten Linie. Der neue Kanzler, Helmut Schmidt, wollte keineswegs die Freilassung des Mannes fördern, der ihn faktisch ins Amt gebracht hatte. Auch hier hatte sich Günter Guillaume getäuscht.

Christel Guillaume hatte den Boden unter den Füßen verloren und reagierte verwirrt. Bei den zahlreichen Vernehmungen durch das Bundeskriminalamt drehte sie sich mehrmals im Kreis. Am Tag der Festnahme diktierte sie ins Protokoll, dass sie »in 23 Ehejahren nicht bemerkt« habe, »dass mein Ehemann für eine östliche Macht in irgendeiner Form arbeiten könnte«. Sie komme aus einem liberalen Elternhaus und habe die politischen Verhältnisse in der DDR abgelehnt, sei deshalb in den Westen übergesiedelt.

Zwei Tage später erklärte sie: »Ich bestätige hiermit, dass ich meinem Mann bei seiner Tätigkeit behilflich war. Auch ich bin Bürger der DDR.« Wegen ihrer Schwangerschaft habe sie allerdings die Tragweite ihrer Tat nicht erkannt. Dann packte sie ausführlich über ihre Beschaffungstätigkeit und die Treffen mit den Stasikurieren aus. Am 11. Mai 1974 folgte eine neue Kehrtwende. Erst jetzt, so Christel Guillaume, sei ihr »klar geworden«, was »unter einer geheimdienstlichen Tätigkeit zu verstehen« sei. Sie habe alles falsch eingeschätzt und wolle deshalb ihre bisherigen Aussagen widerrufen.

Bei der Beurteilung des Prozesses gab sie sich kämpferisch: »Wir standen nicht als irgendwelche Kriminelle vor dem Oberlandesgericht von Düsseldorf, sondern als Kundschafter des Friedens, als Kämpfer gegen die Aggressionspläne des Klassenfeindes. Wir waren ohne Schuld, denn dieser, unser Kampf war uns durch die politische Entwicklung in der BRD aufgezwungen worden und dadurch legitim.«

Christel Guillaume alias »Heinze« konnte sich nur schwer an die Haftbedingungen gewöhnen. Schlagartig bekam sie keinen Alkohol mehr. Sie igelte sich in ihrer Welt ein, wurde noch gefühlskälter, als es ihre Umgebung bereits von ihr kannte. Sohn Pierre, innerhalb der Familie Verlierer, besuchte sie zwar regelmäßig, ging aber zunehmend auf Distanz.

Besuche ihrer Mutter, Erna Boom, hatte sie sich von vornherein verbeten. Das stürzte die alte Dame in Verzweiflung. Sie fragte sich permanent, ob sie ihre Tochter wohl jemals wiedersehen werde. Gleichzeitig konservierte sie ein idealisiertes Bild von der unschuldigen Christel, die nur durch ihren bösen Mann auf die schiefe Bahn gekommen sei.

Die *Berliner Morgenpost* beschrieb Christel Guillaumes Untersuchungs-Haftalltag. Sie trage bunte Sommerkleider. Ihr Anwalt habe ihr Lehrbücher für Englisch und Französisch besorgt. Außerdem beschäftige sie sich mit Häkelarbeiten. Die starke Raucherin drehe jetzt ihre eigenen Zigaretten, aus Kostengründen. Das BKA habe ihr ein eigenes Radio erlaubt. Sie beziehe Zeitungen und Zeitschriften, schreibe wöchentlich mehrere Briefe.

Nach und nach baute jeder seine eigene Wagenburg. Pierre Guillaume, die familiäre »Panne«, zog in die DDR, wo sich die Stasi besser um ihn kümmern konnte. Oma Boom zog mit. Auch nach Jahren gelang es dem geistigen Rheinländer allerdings nicht, im Arbeiter- und Bauernstaat Fuß zu fassen. Er rutschte immer tiefer ab, bis er ein Sozialfall war. Die HVA-Betreuer fanden keinen Ausweg für ihn. Der spätere Fotograf erinnerte sich in seinen Memoiren, wie seine Eltern »zunehmend verzweifelten, je länger die Haft dauerte«. »Mutter versuchte zu verdrängen. Sie hat dieses Verdrängen regelrecht trainiert und kultiviert, später sogar behauptet, hauptsächlich wegen dieser ›Kunst des Verdrängens‹ die Gefängnisjahre überstanden zu haben.« Gerade das brachte Mutter und Sohn letztlich lebenslänglich auseinander.

Auch ihre Briefe aus der Haft dienten keineswegs dazu, Brücken zu bauen. Dafür gerieten sie zu simpel und banal, erschöpften sich häufig in lästigen, mütterlichen Essens- und Kleidungstipps. Die Glückwünsche zu Pierres 20. Geburtstag beispielsweise waren in eine Collage aus Weinbrand-Werbung und Blumenbildchen eingearbeitet: »Frauen, Mädchen und Bekannte, Prominente und Verdammte, Hübsche und auch Hässliche, Schöne ebenso wie Grässliche, Rote, Braune, Blondgelockte, Nackte, Angezogene, Besockte, Behütete, Bebrillte, Keusche, jederzeit Gewillte, von nahe und auch von weit her, grüßen alle unseren Pierre, wünschen zum Geburtstag heute: Glück, Gesundheit und viel Freude.«

Richtig heroisch klang es, als sie später von der DDR-*Armeerundschau* über ihre Haftzeit interviewt wurde: »Die ersten acht Monate waren strenge Einzelhaft. Zwei, drei Sätze am Tag mit der Wärterin, das war alles an Kommunikation. Rund um die Uhr musste ich mich später mit mir selbst beschäftigen. Später musste ich lernen, mit Kriminellen zusammenzuleben, wie zum Beispiel mit einer Frau, die ihren Freund mit 24 Beilhieben umgebracht oder einer anderen, die ihr Kind erstickt hatte. Mit denen redet man, mit denen arbeitet man im Nähsaal, wo ich vier Jahre und neun Monate Anstaltskleidung und Wäsche nähen und flicken musste. Dort konnte und durfte ich mich nicht isolieren. Ich war die ›prominenteste‹ Gefangene. Jeder wollte einmal persönlich so ein ›kommunistisches Monster‹ sehen und reden hören. Das war ein erneuter Lernprozess für mich, dort musste ich leben, überleben.«

Bei einem ihrer Vorträge über den Westeinsatz ging sie erneut auf die Haftjahre ein: »Dieser Hass auf alles, was nur irgendwie faschistisch war, hat mein ganzes Leben bestimmt, bis heute. Mir konnte deshalb wohl nichts Schlimmeres passieren, als dass ich ausgerechnet nach meiner Inhaftierung gezwungen war, in ein und demselben Haus, Hafthaus zubringen zu müssen, wo eine frühere KZ-Aufseherin aus Maidanek untergebracht war, mit der ich dann auch noch gezwungen war, beim Freigang im Hof wenn nicht zusammen zu gehen, aber doch einen Weg zu haben.«

Als ihre eigene Gesundheit nach sieben Jahren und zwei leichten Schlaganfällen das Überleben immer mehr verkürzte, wurde sie am 19. März 1981, begnadigt durch Bundespräsident Karl

Carstens, am Grenzübergang Herleshausen gegen politische Häftlinge der DDR ausgetauscht. Erst später wurde bekannt, dass sie zwei Jahre zuvor eine Aussetzung ihrer Reststrafe zur Bewährung strikt abgelehnt hatte. Wollte sie sich ein weiteres Mal in die Rolle des Opfers fügen, um die »westdeutsche Klassenjustiz« zwei Jahre länger an den Pranger stellen zu können? Noch eine Frage, deren Antwort offen bleiben wird.

Die erste Nacht verbrachte sie in einem Objekt des MfS in Friedrichsroda im Thüringer Wald. Die Familienzusammenführung geschah in einem weiteren konspirativen Gästehaus, in Neuenhagen bei Berlin. Pierre Guillaume und Erna Boom trafen dort auf Generaloberst Markus Wolf. Die Regie sah Umarmungen, Tränen und getragene Worte vor.

Als sie endlich mal allein waren, kamen die Vorwürfe. »Ich hatte in der Haft jeden Tag ein schlechtes Gewissen für das, was ich dir angetan habe. Genügt das nicht?« Aus dem jungen Mann war ein Erwachsener geworden, aus seiner Mutter eine alte Frau. »Hast du denn vor eurer Verhaftung nie darüber nachgedacht, was aus mir werden wird, wenn man euch enttarnt?« »Wenn ich über eine Enttarnung nachgedacht haben würde, hätte ich die Arbeit im Einsatzgebiet gar nicht machen können.« Pierre merkte, wie sehr sie gekränkt war.

Sie floss beinahe über vor Selbstmitleid. Wenn es um Schuld ging, dann bedachte sie damit Günter Guillaume, aber auch das MfS. Die Genossen hätten sie »im Regen stehen lassen«, die Observationen bereits im Sommer 1973 als »hysterische Spinnerei« entwertet. Dass es ohne ihr Wissen einen konkreten Fluchtplan gegeben hatte, das erfuhr Christel Guillaume erst jetzt.

Ein halbes Jahr später wurde Günter Guillaume auf ähnliche Weise ausgetauscht. In einem Objekt der HVA, am Langen See in Köpenick, fand diesmal die Begrüßungszeremonie statt. Markus Wolf umarmte den bärtigen Kundschafter, der mit seinem Vollbart ziemlich fremd aussah: »Günter, willkommen daheim.«

Im Nebenzimmer wartete Ehefrau Christel mit steinerner Miene. Alle Vorwürfe waren in ihrem Gesicht eingegraben. Warum durfte sie immer nur die zweite Geige spielen? Günter hatte den besseren Anwalt gehabt, sei besser versorgt worden und werde nun mit viel mehr Aufwand begrüßt. Dann ganz offiziell Umarmung, Schulterklopfen, Küsschen auf die Wangen. Ein Kamerateam drehte gleich mit.

Daraus sollte später ein Lehrfilm des Ministeriums entstehen. Titel: *Auftrag erfüllt*. Es war die Geschichte von »zwei jungen Bürgern der DDR« und ihrem »mutigen Schritt in eine feindliche Welt«. In langen Einstellungen wurden sie darin in einem weißen Volvo durch die Heimat chauffiert. Dazu stimmte die Songgruppe des MfS ein passendes Lied an: »Ihr lebt mit einem Lächeln zwei Leben. / Wer gibt euch nur die Nervenkraft? / Wenn ihr einst euren Auftrag erfüllt habt, / Genossen, dann trinken wir Brüderschaft.«

Unmittelbar darauf folgte die zentrale Dienstversammlung des Ministeriums für Staatssicherheit. Die beiden Kundschafter meldeten sich nach 25-jähriger Abwesenheit feierlich zurück. Auch Staatsratsvorsitzender Erich Honecker empfing das Paar und dekorierte es mit dem Karl-Marx-Orden, der höchsten Auszeichnung der Republik. Ein goldener, fünfzackiger Stern mit dem bärtigen Philosophen in Purpur. 30 weitere Orden lagen seit Jahren bereit. Das MfS lieferte sie in einer großen Pappschachtel frei Haus.

Unmittelbar nach der deutschen Wiedervereinigung trennten sich die Wege der Guillaumes auf immer. Christel hatte inzwischen eine Drei-Zimmer-Wohnung in der Karl-Liebknecht-Straße bezogen, und Günter Guillaume bekam eine exklusive Villa in Eggersdorf am Bötzsee zugeteilt. Im Dezember 1991 erfuhr Christel Guillaume von der Beziehung ihres Mannes zu einer Krankenschwester des MfS. Er hatte sie bereits am Tag der Heimkehr in Friedrichsroda kennen gelernt. Sie reichte sofort die Scheidung ein.

Christel Guillaume genoss es noch eine Weile, republikweit gefeiert zu werden. Gerne besuchte sie das Militär und die Partei, Diensteinheiten des MfS und Nachwuchsagenten, erzählte immer und immer wieder die heldenhafte Version ihrer Geschichte. Das klang bereits wieder nach Lebenslüge und auch nach realsozialistischem Opportunismus: »Es war für mich selbstverständlich, dass ich Günter in sein Einsatzgebiet begleitete, um ihm bei seiner Aufgabe und seiner Arbeit zu helfen und ihn nach besten Kräften zu unterstützen.

Ein Mensch, dem so viel Vertrauen von der Partei entgegengebracht wird, darf nicht sagen: Das kann ich nicht, oder das kann ich nicht ertragen. Das konnten unsere Genossen und Kampfgefährten in den Konzentrationslagern und Zuchthäusern der Nazis auch nicht sagen. Und die Kämpfer in Nicaragua, Chile und Südafrika können es ebenfalls nicht. Keiner darf das sagen, der, wo und wie auch immer, für Fortschritt und Frieden einsteht.«

Im Mai 1987 starb Oma Boom. Ihre Tochter zog Monate später in ein für die beiden Frauen gebautes Haus in Hohen Neuendorf. Sie verschwand mehr und mehr aus der Öffentlichkeit. Im Mai 1988 wusste Pierre Guillaume, dass er weder mit seinen ihm entfremdeten Eltern noch mit deren inzwischen ebenfalls stark veränderter Heimat zurechtkommen würde. Der Journalist erzwang für sich und seine Familie die Ausreise in den Westen. Dabei legte er auch den Namen Guillaume ab und heißt seither Boom. Auch seine Mutter nahm wieder ihren Mädchennamen an.

Christel Booms Diktion änderte sich nach der Wende schlagartig, passte sich der anderen Zeit an. In einigen wenigen Interviews fügte sie ihren Lebensbeichten völlig neue Varianten hinzu. »Als ich gefragt wurde, wollen Sie in der BRD bleiben oder in die DDR zurückkehren, da ist bei mir auch nicht das Wort gefallen, na, ich will in die Heimat. Dieses ›Ich will nach Hause und zur Mutter‹, das hatte den ganz privaten Inhalt, nach Hause, zu meinem Sohn und zu meiner Mutter. Dass das die DDR war, es hätte genauso gut ein anderes Land sein können.«

Christel Booms Staatsverdrossenheit äußerte sich besonders deutlich, als sie im Juli 1993 ihre gesamten Orden und Auszeichnungen dem Berliner »Auktionshaus für Geschichte« übergab. Die seltensten Teile gingen nach Südostasien. Ein Sammler aus Vietnam bezahlte 12 400 Mark für den Karl-Marx-Orden, die vergoldete Bronzespange »Verdienter Mitarbeiter der Staatssicherheit« und den »Stern der Völkerfreundschaft« in Gold. Die 65-jährige Rentnerin, auch ihr blieb nur die karge 802-Mark-

Rente der DDR-Agenten, kassierte nach der Versteigerung 26 350 Mark. Nun konnte sie sich ihre Wohnung wieder leisten.

Im selben Jahr musste das alte Agentenpaar ein letztes Mal zusammen auftreten, und das ausgerechnet beim Oberlandesgericht Düsseldorf. Sie waren als Zeugen im Verfahren gegen Markus Wolf vorgeladen. Christel Boom wurde zum Geheimmaterial aus Willy Brandts Norwegenurlaub befragt. Sie versicherte, dass sie damit nichts zu tun gehabt habe. Schließlich sei ihre Ehe bereits völlig zerrüttet gewesen. Der Vorsitzende Richter stellte überraschend fest, dass sie mit dieser Aussage in ihrem eigenen Verfahren niemals zu acht Jahren Freiheitsstrafe verurteilt worden wäre. Sie quittierte den Satz mit einem resignierten Achselzucken.

Am 10. April 1995 starb Günter Guillaume, der aufgrund seiner neuen Heirat inzwischen Günter Bröhl hieß, an einem metastierenden Nierenkrebs. An seiner Beerdigung in Berlin-Marzahn nahmen die meisten MfS-Größen teil, jedoch weder die erste Ehefrau noch sein Sohn.

Christel Boom, an Osteoporose erkrankt, verhärmt und sichtlich alt geworden, verbrachte ihren Lebensabend in einer kleinen Wohnung unweit des Kurfürstendamms. Noch einmal lehnte sie sich gegen die Behörden der neuen Republik auf, als sie 2001 vor dem Landessozialgericht Berlin die Anrechnung ihrer Kölner Gefängnisjahre für die Rentenberechnung einklagen wollte. Da war sie in ihrem Element. Die Ex-Kundschafterin, letzter Dienstrang Oberstleutnant, hatte zeitlebens in der Angst gelebt, im Alter nicht ausreichend versorgt zu sein.

Auch während der Haftzeit habe sie konsequent für die Stasi gearbeitet, versicherte die alte Dame. Schließlich habe die Staatssicherheit für sie auch Beiträge zur Alterssicherung entrichtet. Dem wollten sich die Richter nicht anschließen. Um ein Arbeitsverhältnis im Sinne geltenden Rechts habe es sich bei Christel Boom nicht gehandelt. Dazu hätte der Arbeitgeber jederzeit in der Lage sein müssen, der nicht selbständig beschäftigten Mitarbeiterin Weisungen zu geben. Das sei aber nicht der Fall gewesen.

Am 20. März 2004 starb Christel Boom 76-jährig an einem

Herzleiden. Das ehemalige FDJ-Organ *Junge Welt* überschrieb den umfangreichen Nachruf mit der Zeile: *Ungebrochen bis zuletzt.* Auch diese letzte, wohlmeinende Lebenslüge konnte nicht verdecken, dass das Leben der »Frau des Kanzlerspions« eine Tragödie war.

3
STELLA RIMINGTON
Housewife Superspy

Liz Carlyle ist das Zauberwort, bei dem Stella Rimington ganz locker und noch eine Idee freundlicher wird. Da reichen schon einfache Fragen: Wie geht es Liz Carlyle? Oder: Was wird Liz Carlyle als Nächstes tun? Dame Stella liebt das Thema, und deshalb spricht sie gerne darüber. Es ist ein Heimspiel, weil sie alles ausplaudern darf, ohne Staatsgeheimnisse zu verraten. Kunststück. Ist ja ihr geistiges Eigentum. Eine komfortable Position für die überaus aktive Ex-Abwehrchefin.

Wer ist diese Liz Carlyle? Sie ist Single, 34 Jahre alt, teilt Bett und Badewanne mit einem verheirateten Mann, will aber eigentlich aus Solidarität mit seiner Frau Schluss machen. Um dem Marks-and-Spencer-Einerlei zu entgehen, schlüpft sie auch mal in lila Schuhe, und genießt es, auf dem samstäglichen Camden Market Designerschnäppchen einzukaufen. Sie fällt gerne auf, bremst aber, bevor ihr Outfit die Regeln bricht.

Das klingt wie seinerzeit in der Schule, wo sich die grauen Faltenröcke »in der Klasse auf die vorgeschriebene Länge herunterziehen ließen und für die Busfahrt weit übers Knie hochgestreift wurden«. Wenn das an ihrem geistigen Auge vorüberzieht, dann lächelt die Autorin in sich hinein. Liz Carlyle ist emanzipiert und trägt dies auch in ihre Firma. Ihr Chef mag sie, und deshalb toleriert er, dass eine Frau so viel Individualität entfaltet. Sie wiederum, talentiert wie sie ist, nutzt das für ihren Erfolg.

Liz Carlyle ist Agentin des Londoner Inlandsgeheimdienstes MI5, den die Briten auch unter der Bezeichnung »Security Service« kennen. Sie arbeitet in der Zentrale, die sich an der Themse befindet. Stella Rimington kennt den Ort sehr wohl und weiß ihn zu beschreiben: »Das riesige und eindrucksvolle achtstöckige Sandsteingebäude kauert wie ein großes bleiches Gespenst ein paar hundert Meter südlich des Parlaments.« Sie selbst war viele Jahre lang jeden Morgen in das Thames House gekommen, zuletzt als Director General. Nun sitzt hier bloß noch Liz Carlyle, ihr Alter ego, die Verbindungsführerin. Die Dame ist eine Kunstfigur, Heldin von Stella Rimingtons erstem Roman *At Risk* oder *Stille Gefahr* in der deutschen Übersetzung.

Liz Carlyle arbeitet in der Abteilung Terrorismusabwehr. Das hat im Vereinigten Königreich des neuen Jahrtausends nichts mehr mit den zornigen Brüdern und Schwestern aus Ulster zu tun, sondern mit auf verschlungenen Kolonialpfaden wandelnden militanten Muslimen.

Nach einer Weile erfährt der von leichtem Grusel erfasste Leser, dass sich ein tief religiöser, afghanischer Killer, der vorher als Automechaniker am Khyber-Pass gearbeitet hatte, von einem Menschenhändlerring über Deutschland nach England schmuggeln lässt.

Auf der Insel erwartet ihn bereits eine einheimische Komplizin, im CIA-Speak eine »Unsichtbare«, die vordergründig in kein Raster passt, und sich wie ein Fisch im Wasser zu bewegen weiß. Sie hat in der ostenglischen Küstenregion einen Teil ihrer Jugend verbracht und fällt eigentlich nur auf, weil sie sich etwas unterkühlt und snobistisch benimmt. Aber das ist der Zorn der Konvertitin, der eiserne Wille, es ihren neuen Herren im muslimischen Untergrund Süd- und Zentralasiens recht zu machen. Auch eine erfolgreiche Terroristin muss in der Praxis doppelt so gut sein wie ihr männliches Pendant.

Der Afghane kommt also bei Nacht und Nebel mit einem Seelenverkäufer über den stürmischen Kanal. Im Gepäck trägt er eine hoch effektive Pistole, von der es nur wenige Exemplare gibt und die britischen Ballistikern sehr bald Schauder über den Rücken jagt. Er ist ein Exot, der ohne zu überlegen tötet, und dies mit hoher Präzision. Seine Begleiterin sorgt für die Tarnung, wenn sie auch irgendwann seine hohe islamische Moral zum Einsturz bringt. Auch bei den neuen, gottgefälligen Extremisten gibt es menschliche Gefühle.

Liz Carlyle steht im Zentrum der Jagd auf den Eindringling aus einer fremden Welt. Sie koordiniert ihre Schachzüge mit dem Auslandsnachrichtendienst MI6, die Briten nennen ihn auch »Secret Intelligence Service« (SIS), und mit der regionalen Polizei. Die Terrorermittler versuchen dem ungleichen Pärchen einen Schritt voraus zu sein, indem sie rechtzeitig herausfinden, wo ihr Anschlagsziel liegen wird. Der Urlaubssitz der Königin? Eine riesige Luftwaffenbasis der Amerikaner? Mehr sollte man an dieser Stelle nicht verraten, weil es sich wirklich lohnt, das Buch zu lesen. Nur so viel, es gibt ein Happy End. Und sogar so etwas wie Verständnis für die von westlichen Militärhorden verwüstete asiatische Heimat und Seele. Dame Stella kennt das Leben und die grobe Gesinnung von Britanniens Alliierten.

Ihre Karriere im geheimen Dienst war einzigartig. Da gibt es kein Beispiel gleicher Art. Wer sie durch Zufall kennen lernt, würde niemals vermuten, dass diese schmale Person mit der Punkfrisur aus eigener Kraft von der Aushilfssekretärin zur mächtigsten Frau Englands in der Nach-Thatcher-Ära aufstieg.

Dabei lief es in ihrem Leben nie geradeaus. Stella Rimington glaubt heute, dass sie den Schneefall an ihrem Geburtstag im Mai 1935 als Zeichen und Warnung hätte verstehen müssen, dass ihr das Leben manche Überraschung bereiten würde. Bereits vier Jahre später wurde ihre bislang idyllische Welt von Unsicherheit und Schrecken abgelöst. Der Krieg hatte begonnen.

Sie verbrachte viel Zeit in Luftschutzkellern, lauschte den Luftschutzsirenen, den Flugzeugen und explodierenden Bomben. Daran konnte sie sich nicht gewöhnen. Es zehrte an ihren Nerven. Die kleine Stella begann völlig unkontrollierbar zu zucken, wenn die Luftangriffe einsetzten. Das, so glaubt sie, wirkte sich auch auf ihre Persönlichkeit aus. In ihr wuchs ein pessimistisches und ängstliches Wesen heran.

»Mein ganzes Leben habe ich geglaubt, dass es eine Schwäche ist, Emotionen zu zeigen. Emotionen dürfen nur andere Leute haben. Leute wie ich müssen ganz stark sein, um anderen helfen zu können, wenn sie sich in Schwierigkeiten befinden. Das ist eine ziemlich starke Philosophie.«

Die zwölfjährige Stella trat in die Nottingham Girls' High School ein. Zu dieser Zeit wurde auch in England noch nicht viel in die Ausbildung von Mädchen investiert. Am Ende würden sie doch heiraten und Kinder kriegen. Fragte man sie nach ihrem Berufswunsch, dann klang das in den Ohren von aufgeweckten kleinen Damen wie Stella, nach einem Scherz. Das, so dachte sie, konnte niemand ernsthaft wissen wollen.

Stella Rimington erinnert sich, dass sie bis zum Alter von 16 stets eine der besten Schülerinnen ihrer Klasse war. Dann kamen frischgebackene Lehrerinnen, die sich nicht durchsetzen konnten. Jede Schülerin tat, wozu sie Lust hatte, und aus Stella wurde eine kleine »Rebellin«. In der Folge durfte sie die Klasse wiederholen. Zurück in der Obhut der erfahrenen Pädagoginnen, lief wieder alles bestens.

In diese Zeit fiel auch ein sehr wichtiges Ereignis. Stella lernte John im Schulbus kennen. Ihn sollte sie später heiraten, ihre erste und letzte und doch gescheiterte Ehe. Durch die Kriegsjahre hatte sie so manches nachzuholen.

Dann nahte das Studium. Nachdem sie in Cambridge keine Aufnahme fand, entschied sie sich für Edinburgh. Stella konzentrierte sich auf englische Literatur. Das erste, schüchterne Pflänzchen eines politischen Bewusstseins begann 1956 zu sprießen. Zeitgleich wurde die Welt vom Einmarsch der Sowjets in Ungarn und vom Suezkrieg erschüttert. Zufällig besuchten die Sowjetführer Chruschtschow und Bulganin die malerische Metropole Schottlands. Stella schloss sich den Demonstranten an. Noch heute glaubt sie, dass die beiden Staatsgäste von den Emotionen, die sie auslösten, völlig unbeeindruckt geblieben sind.

1958 setzte sie ihre Studien in Liverpool fort. Nun ging es um die Organisation und Verwaltung von Archiven. Das qualifizierte sie am Ende, 1959, für die Position einer Hilfsarchivarin im Worcestershire County Record Office, einer Registratur für den dortigen Verwaltungsbezirk.

Eine dünne, ängstliche 24-jährige Frau mit Pferdeschwanz, Haltungsfehlern, Hemmungen und einem leichten schottischen

Akzent trat ins Berufsleben ein. Im ersten Jahr bekam sie dafür 610 britische Pfund. Nicht viel, aber – tröstete sie sich –, sie würde ja doch heiraten und Kinder kriegen und sehr viel Zeit im Haushalt verbringen. 1961 konkretisierten sich tatsächlich Ehepläne. John lebte mittlerweile in London, und Stella zog es in die Hauptstadt.

Nach zahlreichen vergeblichen Bewerbungen kam sie schließlich in der Bibliothek des ehemaligen India Office unter, das zum Netz des Commonwealth-Verbindungsbüros zählte. Dieser Ort war ein Paradies für alle Menschen, die den Subkontinent erforschten, und dazu Dokumente benötigten – die Rede eines Vizekönigs oder Maharadschas, Literatur in vielen lokalen Sprachen, Manuskripte auf Palmblättern geschrieben und Miniaturen aus dem Himalaja; alles war fein säuberlich eingeordnet und abrufbar.

Bis zu diesem Zeitpunkt hatte sich Stella wenig um exotische Weltgegenden, sondern ausschließlich um das verschlafene, provinzielle Großbritannien gekümmert. In ihren Memoiren stellte sie fest, dass nun ihr »lebenslanges Interesse an und ihre Liebe für Indien begann«. Eine Wende, genauso wie die Hochzeit mit John am 16. März 1963 in Nottinghamshire. Der Tag grub sich in ihr Gedächtnis ein. Nur mit Hilfe von hochprozentigem Brandy gelang es ihr, die Nervosität zu überwinden. Braut und Bräutigam plagten sich mit Zweifeln, ob ihre Entscheidung richtig war. Stella tröstete sich mit dem Gedanken, dass sie grundsätzlich heiraten wollte, und es mit 27 Jahren wirklich nicht zu früh sei. Nun träumte sie von gemeinsamen, abenteuerlichen Reisen und einem spannenden Freundeskreis.

Anfang 1965 wurde John Rimington vom britischen Außenministerium als Erster Sekretär an die britische Botschaft nach Indien – in ehemaligen Kolonien des Empire heißt das High Commission – entsandt. Zu seinen Aufgaben zählte die Entwicklungshilfe für das gigantische Armenhaus. Der damals noch stark britisch geprägte Subkontinent bereitete den unerfahrenen Rimingtons einen freundlichen Empfang. Stellas Leben als verwöhnte Memsahib konnte beginnen. Als die üblichen, ersten Anzeichen von Monotonie die sonnigen Tage von Neu-Delhi überschatteten, beschloss Stella, Dorflehrerinnen in Englisch zu unterrichten. Eine soziale Leistung der britischen High Commission.

Letztlich konnte sie das aber nicht ausfüllen. Auch diplomatische Empfänge und Sightseeing-Touren forderten die »Frau des Ersten Sekretärs« nicht wirklich. Stella wollte mit eigenen Leistungen glänzen, und nicht nach der Tätigkeit ihres Mannes beurteilt werden. Dann kam der Tag, der alles ändern sollte. Sie erinnert sich daran, als wäre es gestern gewesen: »Es geschah im Sommer 1967, als ich über das Gelände der High Commission lief. Jemand tippte mich auf die Schulter und sagte: ›Pssst ... Wollen Sie eine Spionin werden?‹«

Die Angelegenheit klärte sich am nächsten Tag. Ein Gespräch mit dem Residenten von MI5 ergab, dass er und seine Sekretärin völlig überlastet waren. Er suchte eine zweite Kraft. Stella akzeptierte das Angebot und bezog ein Büro in dem Teil der Botschaft, der durch Zahlenschlösser gesichert war. Noch geheimer war lediglich die Residentur von MI6, dem Auslandsnachrichtendienst.

Die Tätigkeit war langweiliger, als Stella gedacht hatte. Sie musste das Telefon hüten, Berichte tippen und die freitäglichen Kuriersendungen für London vorbereiten. Diese mechanischen Verrichtungen deckten sich beileibe nicht mit dem, was sie sich unter Spionage vorgestellt hatte. Aber immerhin, sie hatte zu tun. Auch das Privatleben wurde nun stärker ausgefüllt, durch die Mitgliedschaft in einer Laienspielgruppe. Dieses Hobby sollte ihr bis ins Alter erhalten bleiben.

Auf indischem Boden trafen die Geheimdienste der Briten und der Sowjets aufeinander. Der Kalte Krieg war in vollem Gange, und damit auch das Ringen um Macht und Einfluss in den Staaten der Zukunft. Indien stellte sich in jeder Hinsicht als Testgelände heraus.

Abermillionen von Indern träumten von der nebligen Insel am Rande Europas, nicht zuletzt weil dort viele ihrer Verwandten lebten. Gerade das intellektuelle Indien konnte niemals seine Sympathien für die Nachfahren der Kolonialherren aufgeben. Auf der anderen Seite war der erwachende Riese gegenüber seinen Moskauer Freunden politisch ziemlich aufgeschlossen. Auch die neue Regierung der Nehru-Tochter Indira Gandhi flirtete offen mit den Kommunisten. Eine verzwickte Situation, die alle Nachrichtendienste in Alarm versetzte.

Als schließlich ein KGB-Offizier und seine Frau, getarnt als sowjetische Diplomaten, versuchten, sich mit den Rimingtons anzufreunden, waren die jungen Engländer mitten im konspirativen Geschehen. In diese Zeit fiel auch die Betreuung eines Überläufers aus dem Osten. Die High Commission musste ihn beschützen und unversehrt nach London schaffen. Der Coup gelang. Nach einem Jahr wurde der MI5-Stationschef wieder heimgeholt. Sein Nachfolger erkannte nicht, was er am aufblühenden Talent von Stella Rimington hatte. Ihre Wege trennten sich.

Sie wechselte für kurze Zeit zu einer geheimen Abteilung des Außenministeriums, dem »Information Research Department« (IRD), eine Art Propagandainstrument der britischen Regierung. Hier wurden die menschlichen Schwächen einflussreicher Inder aufmerksam beobachtet und, bei passender Gelegenheit, in einen Bonus für die Sache der Engländer verwandelt. Nach einer mutigen »Expedition« mit zwei Botschaftsautos in das afghanische Kabul, es galt die Kostüme für das Weihnachtsmärchen *Cinderella* zu liefern, endete die Dienstzeit der Rimingtons in Indien.

Der Auslandsaufenthalt mündete, wie bei so vielen Diplomaten, in einem tiefen Fall. Ihrer Privilegien und Dienstboten, des Fahrzeugs mit Chauffeur und des öffentlichen Ansehens beraubt, landeten die Rimingtons in einer Mietwohnung in Woking. Nun träumte Stella von einem eigenen Kind, und das half ihr über die Klippen der Rückkehr hinweg. Um den zunehmenden Depressionen zu entgehen, entschloss sie sich, beim MI5 anzuklopfen und sich über Stellenangebote in der Zentrale zu informieren. Stella Rimington wurde zur Vorstellung in die Great Marlborough Street eingeladen, wo damals die Personalabteilung saß. Der Inlandsdienst breitete sich in mehreren maroden Bürogebäuden der Londoner City aus.

Als sich die schmale Stella Rimington erstmals bei MI5 bewarb, trug sie eine gestreifte, indische Seidenbluse und einen Minirock. Ihre langen Haare waren oben zu einem Knoten zusammengebunden. Darauf thronte ein kleiner Hut. Trotz ihrer einjährigen Mitarbeit in Neu-Delhi, konnte sie sich immer noch wenig unter den Aufgaben des Geheimdienstes vorstellen. Sehr schnell merkte sie aber, dass sie nun einem reaktionären Altherrenclub aus ehemaligen Kolonialoffiziellen und Ex-Militärs angehörte. MI5 verschaffte den Pensionisten eine zweite Chance, und diese nutzten sie.

Viele von ihnen lebten auf Regierungskosten, sehr komfortabel. Sie gestalteten ihre Tage freihändig und erschienen häufig nach opulenten Mittagessen nicht mehr im Büro. Ein weiterer Teil der Stamm-Mannschaft zog den gesunden Büroschlaf dem frühen Heimweg vor. Gerne tranken sie einen über den Durst, und das bereits in den Morgenstunden. Frauen gab es zu jener Zeit nur selten, diese wurde allerdings stark diskriminiert.

Das zeigte sich schon bei der ersten Einstufung. Männer wurden als »Officer« eingestellt, Frauen dagegen nur als »Assistant Officer«. Zu ihren Aufgaben zählten einfache Bürotätigkeiten, keinesfalls aber der operative Einsatz. Damit unterschied sich MI5 vom restlichen öffentlichen Dienst, der Frauen bereits seit den Zwanzigerjahren gleichberechtigt und in führenden Positionen engagierte. Eine besondere Eigenheit der Geheimen war, häufig Töchter von Kriegshelden und hohen Offizieren zu beschäftigen. Auf Qualifikation und Ausbildung kam es dabei nicht an. Genau gesehen wurde diese männliche Sicht auf alle weiblichen Mitarbeiter übertragen, und niemand dachte sich etwas dabei.

»Ich frage mich oft, warum ich diesen Job annahm. Vom Einkommen und von der Verantwortung her, war er eindeutig nicht attraktiv. Meine Motive unterschieden sich ganz sicher von jenen, die man heute bei den Rekruten sucht. Ich fühlte keinen besonderen Drang, meinem Land zu dienen, war durchschnittlich patriotisch, hatte keinen ausgeprägten Sinn, Gefahren von meinem Land abzuwenden oder Unrecht gerade zu richten. Ich erklärte ihnen, dass ich die ordentliche Sammlung von Informationen und Nachforschungen liebte.«

Irgendwo träumte Stella Rimington aber auch noch vom großen Abenteuer, den Bergen des Hindukusch, Krieg und Frieden. Das hatte sich durch den Indien-Einsatz noch verstärkt. Eigentlich war sie voller Illusionen, hatte noch nie von der dunklen Seite des Gewerbes gehört und wusste noch viel zu wenig über die eigentlichen Aufgaben des MI5. Also stürzte sie sich Hals über Kopf in die Welt des geheimen Dienstes. Im Juli 1969 bezog sie ihren Arbeitsplatz im Leconfield House an der Curzon Street, einen Steinwurf vom Hyde Park. Die Gegend war belebt, nicht zuletzt wegen Hugh Hefners Bunny-Club und mondäner Casinos.

Zum einen zählte Stella Rimington nun zu den Auszubildenden, zum anderen aber auch zur F Branch des MI5, wo britische Kommunisten identifiziert und über sie Akten angelegt wurden. In der Regel setzten die »Officers« gute alte Humint ein, also menschliche Quellen oder V-Leute. In England heißen sie »Agenten«, obwohl sie nicht angestellt sind, sondern nach Leistung bezahlt werden. Agenten wurden in jenen Tagen nur von männlichen »Officers« geführt, ausnahmslos nicht von Frauen. Charakteristisch war außerdem, dass die Neulinge bevorzugt in die ruhigen Landgegenden fuhren. Stella Rimington bekam Sussex und langweilte sich.

Trotzdem, und da kam ihre pragmatische Ader durch, war es spannender als das Hausfrauendasein in Woking. Also blieb sie dem Dienst treu und absolvierte ihre Grundausbildung. Mit großem Interesse studierte sie die weitläufige Registratur. Da kam die eigene Ausbildung und Neigung wieder durch. In diesem Meer an Papier saßen übrigens nur ältere Damen. Vor langer Zeit hatte man ihnen einen Spitznamen verpasst: »The Registry Queens«.

Nach einigen Monaten wurde Stella Rimington mit einer neuen Aufgabe betraut. 1969 hatte die Gewalt zwischen Katholiken und Protestanten in Nordirland zugenommen. Eine neue Welle militanter Auseinandersetzungen zwischen den verfeindeten Religionsgruppen kündigte sich an. Bislang war Nordirland reine Polizeiarbeit gewesen, aber nun wurde der Inlandsdienst hinzugezogen. Einige Sachbearbeiter flogen in die Krisenprovinz, während zwei Damen in der Zentrale die »Irish Section« aufbauten.

Eine von ihnen hieß Stella Rimington. Sie setzte erneut ihre Archivkompetenzen ein und brachte erst einmal Ordnung in die Akten.

Die frischgebackene Nordirland-Expertin ist davon überzeugt, dass die Entwicklung von 1969 den kompletten MI5 umgekrempelt hat. Langsam trat der Kalte Krieg in den Hintergrund, und der Terrorismus wuchs als neue, große Gefahr heran. Für eine ganze Weile sollte es für die bodenständigen Engländer noch der nationale Terrorismus sein.

Das Leben der Rimingtons lief rasch weiter und veränderte sich nur von Zeit zu Zeit. Sie bezogen ein kleines georgianisches Haus im Londoner Stadtteil Islington. Mit Mühe konnten sie die monatlichen Kosten bewältigen.

Nach der Geburt ihrer ersten Tochter, Sophie, am vorletzten Tag des Jahres 1970, forderte Stella Rimington ihre Weiterbeschäftigung ein. Eine Sensation in jenen Tagen. Gerade die Briten waren es gewohnt, dass junge Mütter nicht mehr an den Arbeitsplatz zurückkehrten und sich mit voller Kraft über lange Zeit um ihre Kinder kümmerten. Die MI5-Frau durchbrach diese Regel. Wenn sie darauf bestehe, so die erstaunte Personalabteilung, dann müsse sie aber drei Monate nach der Geburt zurückkommen und Vollzeit arbeiten. Eine Vergünstigung werde es für sie nicht geben. Zähneknirschend akzeptierte sie. Mit Hilfe einer zuverlässigen Kinderfrau ließ sich das Dilemma meistern. »Dafür wurde ich 1970 von vielen Männern gleichermaßen verachtet und gefürchtet.«

Zu Beginn des Mutterschaftsurlaubs verfasste Stella Rimingtons Vorgesetzter eine Aktennotiz. Darin wurde sie als »beliebte, warmherzige und engagierte Kollegin« geschildert. Dann folgte ein Satz, der sie als Frauenrechtlerin auswies. Genau diese Beurteilung lehnt sie ab, damals wie heute. »Ich bin keine Feministin. Ich verbinde Feminismus mit einer relativ aggressiven Auslegung der Frauenrechte. Als Frau würde ich alles tun, was keiner körperlichen Stärke bedarf. Der Erfolg kommt, indem man einfach daran arbeitet und keinen großen Wirbel inszeniert.«

Stella Rimington kehrte zurück und wurde zur Spionageabwehr versetzt. Dort herrschte eine seltsame Stimmung. Es muss ein latenter Schock gewesen sein, den die Spione aus Cambridge ausgelöst hatten. Bereits in den Dreißigerjahren hatten die Sowjets an der Universität von Cambridge britische und amerikanische Studenten rekrutiert. Unter ihnen befanden sich Guy Burgess, Anthony Blunt, Donald MacLean und Kim Philby. Sehr talentiert, stiegen sie in wichtige Regierungs- und Geheimdienstämter auf. Der eloquente Philby, zum Beispiel, wurde 1946 zum Abwehrchef von MI6 ernannt. Später kam er sogar als Generaldirektor in Frage.

Als sie von den Ermittlern immer stärker eingekreist wurden, setzten sich die Cambridge-Spione nach Moskau ab. Anthony Blunts Beteiligung gaben die Briten erst 1979 bekannt. Viel später wurde der fünfte Mann des Rings, John Cairncross, eindeutig identifiziert. Stella Rimingtons Abteilung arbeitete auch in den Siebzigerjahren noch an dem berühmten Fall.

Auf die ihr eigene Art schaffte es auch Stella Rimington. Mitte der Siebzigerjahre erkannte sie, dass ein Generationswechsel bevorstand. Die Kolonialoffiziere verschwanden nach und nach. Junge Männer wurden von den Universitäten geholt. »Ich fühlte Verdrossenheit wegen meines zweitklassigen Status. Inzwischen wusste ich genug über den Service und seine Menschen, um zu erkennen, dass ich genauso tüchtig war wie die meisten der Männer, wenn nicht besser. Ich war verärgert, dass ich weniger verantwortliche Aufgaben bekam und zu alledem weniger verdiente als die Männer. Ich konnte einfach nicht mehr für Leute arbeiten, die weniger kompetent waren als ich selbst.«

Nachdem wieder ein junger Newcomer als »officer« eingestellt worden war, konnte sie die Diskriminierung nicht mehr ertragen. Sie fragte ihren Personalbeamten, warum sie nicht zum selben Status aufsteigen dürfe. Er war völlig perplex und wiederholte die alten Argumente. Diese Position sei für eine Frau einfach nicht vorgesehen. Es könne nicht sein, was nicht sein dürfe. Eine Frau sei nicht imstande, Quellen zu werben und zu betreuen. Weder von Russen noch von Arabern würde sie ernst genommen. Der Terrorismusbereich sei viel zu gefährlich für eine Frau. Im Übrigen würde eine Agentenführerin von den polizeilichen Partnern auch nicht wirklich akzeptiert.

»Wir wissen heute, dass Frauen gerade im Personalbereich häufig besonders gut sind. Genau das ist es, was Agentenführung und Geheimdienstarbeit ausmacht. Darum arbeiten so viele Frauen in den Abteilungen für Personal und Kundenbeziehungen der freien Wirtschaft.« Auch zur Frauenfrage setzte ein Umdenken ein. Mit männlicher Schützenhilfe wurde Stella Rimington 1973 zum »officer« befördert.

Nun setzte sie zum Sturm auf die letzten Stellungen des anderen Geschlechts ihres Arbeitsgebiets an: »Ich habe gehört, dass Frauen besonders gute Geheimdienstmitarbeiter sein sollen, sowohl als Spione als auch bei der Spionageabwehr. Manche sagen, das hat mit ihrem logischen Denken zu tun, andere sagen, es ist, weil sie diskret sind. Manche meinen, sie sind psychologisch besonders stark und besser als die Männer, wenn es darum geht, einen Rat anzunehmen.« Natürlich sei das alles unsinnig. Auch im nachrichtendienstlichen Bereich brauche man Menschen mit vielerlei Qualitäten und Talenten. Das finde man nur gerecht auf beide Geschlechter verteilt.

Stella Rimington löste eine »Revolution« aus, und die anderen Damen von MI5 folgten ihr. So wurde das Personalsystem umgebaut, Männer und Frauen gleichgestellt.

Im Sommer 1974 erreichte John Rimington der Ruf an die britische Europa-Vertretung in Brüssel. Die schwangere Stella folgte ihm einige Monate später. Zuvor hatte sie vergeblich versucht, eine vom MI5 gehaltene Position in Brüssel zu erhalten. Das System war jedoch auf solche Sonderwünsche noch nicht vorbereitet. Inzwischen zählte der Begriff »Karriereleiter« zum Kern-Wortschatz der beinahe 40-Jährigen.

Mit klaren Abmachungen ging sie nach Belgien. Bis zu zwei Jahre Sonderurlaub, Planstelle und Pensionsanspruch eingefroren. Der Abschied fiel ihr leicht, weil der Alltag in Großbritannien in ihr zunehmend das Gefühl weckte, »das zivilisierte Leben würde zu Ende gehen«. Die Gewerkschaften streiken, die IRA bombte und die Inflation erledigte den Rest.

Stella Rimington gebar eine zweite Tochter. Ihre Eltern nannten sie Harriet. Beinahe zwei Jahre dauerte der neue Lebensabschnitt als Ehefrau eines britischen Diplomaten. Stella langweilte sich und konnte mit ihrem Umfeld nichts anfangen. Zudem war von ihrer Ehe nicht mehr viel übrig geblieben. Sie und John hatten sich auseinander gelebt. So war es mehr als logisch, dass sie mit ihren Kindern nach London zurückkehrte, um die für sie reservierte Stelle beim Geheimdienst wieder anzutreten. Nur dort wurde sie wirklich gefordert.

MI5 war inzwischen erneut verjüngt worden. Auch die Anzahl der Frauen war gestiegen. So schien es jetzt ziemlich normal zu sein, dass Stella Rimington die Leitung eines komplett weiblichen Teams übernahm, das die Spionageaktionen von Ostblock-Agenten in Großbritannien untersuchte.

Alle paar Jahre griffen die Engländer durch und warfen eine Hundertschaft an Offizieren des sowjetischen KGB und verwandter Organisationen aus dem Land. Das war schon beinahe zum Ritual geworden, bedingte aber aufwendige Vorarbeit. Schließlich mussten die Vorwürfe stimmen. Der Kalte Krieg und auch seine unsichtbaren Spionageschlachten hatten ihre Höhepunkte erreicht. Stella Rimington war hoch motiviert: »Ich fühlte, dass ich dabei half, die Demokratie vor den Kräften des Totalitarismus zu beschützen.« Sie war eine Hardlinerin, aber das passte in die Zeit.

Stellas Selbstbewusstsein wuchs, je mehr sie merkte, dass sie in allen Bereichen des Inlandsdienstes Erfolge sammeln konnte. Sie hatte sich von John abgenabelt und war inzwischen mehr als nur das zweite Einkommen, mit dem man das Haus finanzierte. In ruhigen Stunden befasste sie sich mit der Altersvorsorge für sich allein. Diese neue Stärke gab ihr auch die Kraft, eine weitere Bastion des MI5 zu schleifen. Sie wollte das werden, was der deutsche BND Verbindungsführer nennt. Und, nach einigen Kämpfen, war sie die erste Frau, die in England Agenten steuerte.

In ihrem ersten Fall sollte sie einen Seemann aus einem Land des Warschauer Pakts, der sich der britischen Polizei angeboten hatte, unter die Lupe nehmen. Alle Weichen waren gestellt für die historische Wende im MI5 – und plötzlich weigerte sich der mutmaßliche Informant, mit einer Frau zu sprechen. Nur mit viel Geduld und Fingerspitzengefühl konnte sie ihn umstimmen. Am Ende wurde dann doch noch ein jahrelanger Kontakt daraus. Stella Rimington blieb bis 1983 im aufregenden Tagesgeschäft und kletterte auf der Leiter bis zur Position der stellvertretenden Chefin dieser Sektion empor.

1983 stand eine neue Beförderung an. Stella Rimington rückte zum »Assistant Director« der Anti-Subversionsabteilung auf, der bereits bekannten F Branch. So weit hatte es bisher nur eine einzige Frau gebracht. Nun unterstanden ihr 40 Kollegen. Sie beobachteten innenpolitische Vorgänge, wie den Streik der Minenarbeiter, Proteste gegen Rüstungsvorhaben, den »Nationalen Rat für Bürgerrechte« und die Infiltration der Sozialistischen Arbeiterpartei an den Universitäten.

Meistens steckten kommunistische Aktivisten dahinter, nicht selten die Sowjet-Botschaft in London. Erfolge stellten sich in diesem Bereich mühsamer ein als bei der Spionageabwehr. Außerdem kam »F Branch« für eine Weile in Verruf, als die ehemalige MI5-Mitarbeiterin Cathy Massiter 1984 die Abteilung beschuldigte, außerhalb der Gesetze und ohne ausreichende ministerielle Aufsicht zu arbeiten.

MI5 wurde zunehmend unkontrollierbar. Die Mitarbeiter waren demotiviert und die Skandale nahmen zu. Ein Offizier der Spionageabwehr verkaufte sich an die Sowjetbotschaft. Cathy Massiter petzte öffentlich. Premierministerin Margaret Thatcher, die »Eiserne Lady« installierte einen neuen Generaldirektor: Sir Anthony Duff. Er kam vom Außenministerium, kannte sich aber mit Geheimdiensten aus, weil er bereits mit ihrer Kontrolle betraut gewesen war. Niemand wusste, ob er es schaffen würde, die von politischer Seite erkannten Managementschwächen zu beheben.

Duff bemühte sich redlich. Er gab sich leutselig und aufgeschlossen, obwohl er eher der Typ des reformresistenten Botschafters war, und soeben die Pensionsgrenze passierte. Eine seiner ersten Personalentscheidungen war die Beförderung von Stella Rimington an die Spitze der Anti-Subversions-Abteilung. Es sollte nur eine vorübergehende Lösung sein, weil der eigentliche Kandidat für diese Position erst Monate später zur Verfügung stand. Dann begann das Stühlerücken erneut, und Stella

Rimington wurde mit der Rekrutierung von neuem Personal und mit der hauseigenen Sicherheit betraut.

Die letzte Phase des Kalten Krieges erlebte sie als Abteilungsdirektorin für Spionageabwehr. Das bedingte zahlreiche Reisen zu den Partnerdiensten in Europa und in der englischsprachigen Welt. Gerade die Zusammenarbeit mit den amerikanischen Vettern ist für die Engländer von hohem strategischem und historischem Wert.

Es war, als sei sie nun auf dem raschen Marsch durch die Institutionen. Als die Stelle des Abteilungsleiters für Terrorismusabwehr vakant wurde, fiel die Wahl auf – Stella Rimington. In jenen Tagen weiteten die »Active Service Units« der IRA ihre Operationen auf den Kontinent aus. Sie griffen das britische Militär in Deutschland und Holland an. Es war eine Zeit der engen Kooperation mit ausländischen Polizeibehörden, wie dem deutschen Bundeskriminalamt.

Das galt auch für einen Terroranschlag, der die bis dahin bekannten Dimensionen bei weitem überstieg. In der Weihnachtswoche 1988 explodierte ein Jumbo-Jet der PanAm über dem schottischen Lockerbie. 270 Menschen starben.

»Der Anschlag passierte einige Tage, nachdem ich Abteilungsleiter Terrorismusabwehr geworden war. Er verursachte eine internationale Schockwelle, unter anderem weil es sich um ein amerikanisches Flugzeug handelte und dabei so viele Menschen ums Leben kamen. Nachdem die Tat über Schottland passierte, kamen wir unter enormen Druck.

Die Amerikaner wollten auf der Stelle wissen, wer dahinter steckte. In solchen Fällen haben die Leute einfach keine Geduld. Da gab es dann allerdings Theorien, die sich rasch als falsch herausstellten. Lockerbie war klassische Nachrichtendienst- und Polizeiarbeit. Wir fügten alle Teilchen zusammen, bis sich das Gepäck auf Malta zurückführen ließ – und zum libyschen Geheimdienst.«

Der internationale Terrorismus, aus Nordirland wie auch aus dem Nahen und Mittleren Osten, bescherte dem MI5 eine Runderneuerung seiner Archive. Akten und Registrierboxen mit Karteikarten verschwanden in den Kellern. Das Gehirn des

Dienstes wurde computerisiert, passende Arbeitsprogramme entwickelt. Zugleich baute die Behörde ihre technischen Kapazitäten im Überwachungsbereich aus. Und schließlich wurde auch der Mitarbeiter der neuen Zeit angepasst.

»Eine neue Art von MI5-Offizier war entstanden, sehr unterschiedlich von jenen, als ich erstmals zum Dienst kam. Die moderne Version war jünger, reiste regelmäßig, beherrschte Fremdsprachen und konnte locker über Strategien und Fälle diskutieren.« Die neuen Geheimagenten Ihrer Majestät machten eine gute Figur, wenn sie Ministern gegenübertreten und in Komiteesitzungen aussagen mussten. Sie nahmen an Terrorismusverfahren als Zeugen und Experten teil.

Bevor Stella Rimington die nächste heilige Kuh schlachten und Frauen operativ als Agentenführer im Terrorismusbereich unterbringen konnte, setzte bereits wieder die Rotation ein. Ende 1990 stieg sie in die Position eines stellvertretenden Generaldirektors auf. Der zweite Vize, Julian Faux, erledigte die eigentliche Geheimdienstarbeit. Er kümmerte sich um Nachrichtenbeschaffung und Observation, während Stella den Dienst verwaltete und sich um das Personal sorgte. Auch der Umzug des gesamten MI5 in ein neues Hauptquartier, das heutige Thames House, gehörte zu ihren Aufgaben. Sogar daraus gewann sie wichtige Erfahrungen: »Der Umgang mit der Bauindustrie war genauso tricky wie der Umgang mit dem KGB.«

Bis ihre Zeit für den Top-Job gekommen war, hatte Vize Stella noch einige repräsentative Aufgaben zu bewältigen, die sie sich wenige Jahre vorher auch in unruhigen Träumen nicht hätte vorstellen können. Gleich nach dem Zerfall des Ostblocks nahmen die westlichen Dienste ihre früheren Gegner unter die Fittiche. Das heißt, zuerst wurden die neu gegründeten Geheimdienste in den Satellitenstaaten beraten und ausgebildet. Hochrangige Delegationen reisten hin und her: Es entstand eine bizarre Herzlichkeit, als habe es nie etwas anderes gegeben.

Eines Tages waren Gäste aus Sofia zu Besuch, und Stella Rimington nahm an ihrem Abschiedsessen teil. »Sie müssen uns, und vor allem mich, eine Frau, als Wesen von einem anderen Planeten angesehen haben. Stil und Ethos waren bei uns so verschieden. Ich erinnere mich an eine lockere Rede bei einem dieser Dinner. Dabei sagte ich ihnen, es waren Bulgaren, einer der großen Vorteile in der Zeit nach dem Kalten Krieg sei es, dass ihr Dienst in Kürze eine Frau an seiner Spitze haben werde.« Keiner verstand den fremdartigen Scherz, und deshalb konnte auch keiner darüber lachen.

Im Dezember 1991 kam es zu einer denkwürdigen Reise. Ein dreiköpfiges Team, an der Spitze Stella Rimington, flog nach Moskau, um den neuen KGB-Chef Wadim V. Bakatin zu besuchen. Das hatte es noch nie gegeben. Die Engländer erlebten eine einstige Weltmacht im Umbruch. Die alte Sowjetunion, Reagans »Reich des Bösen«, hauchte gerade ihr Leben aus, und das neue Russland nahm erste Umrisse an.

In der Moskauer Lubjanka, dem KGB-Hauptquartier, gab es freundliche, aber unverbindliche Treffen mit der gegnerischen Führungssspitze. Die Gäste sprachen von mehr Demokratie und Offenheit, während die Gastgeber anscheinend nur eine Gelegenheit zur vermeintlichen Publicity-Offensive suchten. Grundsätzlich hatte man nicht viel gemeinsam, und das änderte sich auch nicht in der Zukunft. Nur die persönliche Begegnung blieb ein aufregendes Stück Zeitgeschichte.

Nicht jeder Russe begegnete der ehemaligen Abwehrchefin mit Distanz und Vorsicht. Da gab es auch den jovialen KGB-Oberst und berühmten Doppelagenten Oleg Gordiewsky, der 1985 das Lager wechselte. Die BBC enthüllte 2001, anlässlich vom ersten Fernsehinterview Stella Rimingtons, dass er sich während der tagelangen Befragungen in seine Kollegin verliebt hatte. »Sie war eine schöne Frau mit schönen tiefgrünen Augen. Sie war nicht groß, und auch nicht zu schlank. Sie hatte Kurven. Ich war ein alleinstehender Mann, und sie war eine alleinstehende Frau. Wie schön wäre es gewesen, sie als Partner und Freund zu haben.« Doch leider wurde nichts daraus. Das britische Objekt russischer Begierde schüttelt heute noch den Kopf und verdreht die Augen, wenn die Rede darauf kommt.

Die Nachricht von der Beförderung wurde eine Weihnachtsüberraschung erster Qualität. Stella Rimington sollte die nächste Generaldirektorin des MI5 sein, die erste Frau in dieser hohen

Position, und dies alles würde erstmals veröffentlicht werden. Sie hielt die Transparenz für keine gute Idee, konnte sich aber gegen das politische Establishment nicht durchsetzen.

Immerhin, der Dienst veröffentlichte aus Sicherheitsgründen noch kein Foto von seiner neuen Chefin. Am Tag der Bekanntgabe tauchte sie mit ihrer Tochter Harriet erst einmal in einem Hotel unter. Tochter Sophie studierte bereits und hatte das Haus ohnehin verlassen. Nach einigen Tagen hielten es die beiden »Flüchtlinge« nicht mehr aus, und kehrten zurück. Nun brach der Medienzirkus erst richtig los.

Auch enge Freunde reagierten überrascht. Sie erfuhren aus den Nachrichten, womit Stella, die sie so gut zu kennen glaubten, sich wirklich befasste. Die Nachbarn, mit denen es schon einmal Zwist um Grundstücksgrenzen und spielende Kinder gab, fielen aus allen Wolken. Sie mussten ihre kleine Welt gedanklich neu ordnen.

Stella Rimingtons Berufung hatte weltweites Aufsehen erregt. Also gab es auch globalen Bedarf an Fotos, Fernsehminuten und Informationen über eine Karrierefrau, die bisher keiner öffentlich wahrgenommen hatte. Sie passte einfach nicht in das Schema der Stories von Ian Fleming und John le Carré. Da gab es nur Chefs, alte Männer mit schwarzen Anzügen, Bowler-Hüten und glimmenden Pfeifen, die sich in altehrwürdigen Clubs trafen, die noch nie eine Frau von innen gesehen hatte. Nun kam eine mittelgroße, zierliche Dame, und übernahm das mit 77 500 Pfund pro Jahr dotierte machtvolle Amt. Zum Vergleich: Premier John Major verdiente weniger.

Die britischen Journalisten überboten sich mit blumigen Formulierungen. »Housewife Superspy« war noch eine dezente Wortschöpfung. Für den einen war sie die »Königin aller unserer Geheimnisse«, für den anderen einfach die »mysteriöse Frau« oder »Jane Bond«, am Ende sogar »M«, ein Charakter aus den Bondfilmen, in den neueren Folgen dargestellt von der erstaunlichen »Doppelgängerin« Judi Dench.

Ein Fotograf des *New Statesman* schaffte es schließlich, eine eilige Dame mit schwarzer Pagenfrisur und einem schwarzweiß gesprenkelten, bodenlangen Mantel mitten auf der Straße in Islington unscharf abzulichten. Bis zum Sommer 1993 sollte dies das Standardporträt von Stella Rimington werden.

Die im Alltag von engen Geheimhaltungsvorschriften drangsalierten Medien wurden so lästig, dass die neue Chefin von MI5 und ihre Mädchen schließlich umziehen und dabei komplett untertauchen mussten. Schließlich galt sie als bevorzugtes Ziel der IRA-Terroristen. Dabei blieb es während ihrer gesamten Amtszeit, also bis 1996. Erst danach war wieder an ein ganz normales Alltagsleben zu denken.

Stella Rimington krempelte eine hochgeheime Behörde um, die beinahe so alt wie das Jahrhundert war. Dazu zählte mehr Public Relation. Die Öffentlichkeitsarbeit wurde nun groß geschrieben, und bald ließ die Generaldirektorin eine kleine Broschüre drucken, in der alles stand, was der Normalbürger über MI5 und seine 1850 Mitarbeiter wissen wollte. Spätestens jetzt war die Spionageobsession aus dem Kalten Krieg endgültig beendet.

Wie gewohnt, setzte sie sich für ihre Kolleginnen ein. Dabei stimmte die Quote längst. In den frühen Neunzigerjahren war beinahe die Hälfte des Personals weiblich, und die Mehrheit von ihnen unter 40. Normalerweise verfälscht die hohe Anzahl von Sekretärinnen und Sachbearbeiterinnen die Statistik. Bei MI5 waren aber die Damen inzwischen überall präsent, auch in den operativen Bereichen. Sie hatten die exzentrischen Offiziere und Kolonialbeamten längst verdrängt. Während Stella Rimington noch wie ein Mann auftreten musste, um sich in der Machowelt zu behaupten, durfte die neue Generation ihrem Geschlecht treu bleiben.

Die Zeiten hatten sich geändert, und mit ihnen der Apparat. »Liz Carlyle« war an Bord gekommen. Sie passte auch nicht mehr so richtig in das alte Schema, wo es nur »Debs« gab, also Debütantinnen, die irgendwann in die Ehe flüchteten, und »Nonnen«, die ihr Leben lang in der Welt der Wanzen und Geheimakten versanken.

Die neue Chefin führte einen kollegialen Stil ein. Wenn die zwölf Direktoren des Dienstes – vier von ihnen Frauen – in der Gower Street tagten, dann wurde offen diskutiert und gleichberechtigt abgestimmt. Die alte Hierarchie lockerte sich und MI5 ähnelte intern immer mehr einem Großunternehmen. Das zeigte sich spätestens, als die Chefin mit ihren Führungskräften zum Brainstorming auf das Land fuhr. Tagsüber brüteten die MI5-Oberen über »Stärken, Schwächen, Gelegenheiten und Bedrohungsszenarien« und abends saßen sie um das Klavier und sangen lustige Lieder.

Die Rimington-Ära kannte noch keinen islamistischen Terror, erlebte jedoch das letzte Aufbäumen der IRA und neue Herausforderungen durch die Organisierte Kriminalität. Bei der Frage nach ihrer wichtigsten Antiterroroperation kämpft Stella Rimington sichtlich mit der Antwort. »Da darf ich nicht zu sehr in die Details gehen, aber sicherlich war es eine der Aktionen gegen die IRA, bei der wir Verluste an Menschenleben und hohe materielle Schäden verhindern konnten. Als ich Generaldirektor wurde, haben wir die nachrichtendienstliche Zuständigkeit für die IRA von der ›Metropolitan Police Special Branch‹ übernommen. Es war ein wichtiger Schritt für uns, da es sich um eine große Verantwortung handelte.

Zur Erinnerung: Damals gelang es der Organisation beinahe, Frau Thatcher und ihr Kabinett in Brighton zu töten. In dieser Situation waren wir die richtige Adresse, weil unsere Informationen besser waren als die der Polizei. Zum Ende meiner Amtszeit war die IRA stärker darauf konzentriert, Zerstörung zu verursachen, als Menschen zu beseitigen. In dieser Phase befürchteten sie, Unterstützer zu verlieren, wenn sie zu rücksichtslos vorgingen. Wir verhinderten einige dieser Operationen, ohne dass es die Bevölkerung je erfahren hat. Es lief immer nach demselben Muster: Unsere Misserfolge konnte jeder deutlich sehen, die Erfolge wurden nur wenigen bekannt. Intern sorgen sie aber dafür, dass unsere Leute motiviert bleiben.«

Nach 27 Jahren im britischen Geheimdienst wechselte Stella Rimington im April 1996 in den Unruhestand. Sie schied mit dem Gefühl, viel bewegt und zum Positiven verändert zu haben. Die 60-jährige Macherin hinterließ einen Nachrichtendienst, der den Erfordernissen einer neuen Zeit angepasst war. Als sie an ihrem letzten Tag mit ihrem Bürokram im Karton und einem Blumenstrauß der Kollegen nach Hause kam, wurde sie von Harriet mit der Frage empfangen: »War's das nun?« Auch von ihr, die unter dem extremen Beruf der Mutter häufig gelitten hatte, fiel eine schwere Last ab. Die resolute Stella Rimington musste weinen. Ein kleines Dankeschön wurde nachgeliefert. Im Jahr ihres Ausscheidens wurde sie zur »Dame Commander of the Bath« geadelt.

Im Jahr 2000 geriet sie in das Epizentrum eines heftigen Bebens, ausgelöst vom Erscheinen ihrer Memoiren mit dem Titel *Open Secret*. Schon im Vorfeld erregte sich das politische England über der Frage, ob die Chefin des Inlandsgeheimdienstes aus der Schule plaudern dürfte. In der öffentlichen Diskussion wurde ihr Geldgier und Eitelkeit unterstellt. Sie selbst ließ verbreiten, mit diesem Buch wolle sie sich ihren Töchtern offenbaren. Zu selten hätten sie die Mutter gesehen, und zudem unter der missglückten Ehe der Eltern gelitten. Stella Rimington hielt sich am Ende an die von ihr selbst formulierten Grundsätze lebenslanger Schweigepflicht für ehemalige Geheimdienstmitarbeiter. Ihre Erinnerungen boten interessanten Lesestoff über eine kluge und erfolgreiche Frau, aber keine Staatsgeheimnisse. Sie blieb eben eher eine Sphinx als ein Plappermaul.

Auch das ging den erbosten Herren von Whitehall viel zu weit. Letztlich konnten ihr Nachfolger Stephen Lander, sein MI6-Kollege Richard Dearlove und Innenminister Jack Straw die Publikation des Buches nicht verhindern. Es wurde zensiert, aber nicht verboten. Die Hardliner schlugen vor, Stella Rimington unverzüglich zu verhaften. Das ging der Blair-Regierung dann doch zu weit. Der Schaden wäre immens gewesen. Trotzdem kam auch die »Verräterin« nicht ungeschoren davon. Sie musste einen hohen Preis zahlen, als ihr Verhältnis zum Londoner Polit-Establishment über Nacht zerbrach.

Sie antwortete den teilweise sehr aggressiven und beleidigenden Kritikern: »Ich bin nicht und war nie ›Housewife Superspy‹, sondern eine Frau des 20. Jahrhunderts, die sich selbst urplötzlich im Zentrum großer nationaler Ereignisse und bedeutender sozialer Veränderungen fand. Meine Geschichte illustriert, manchmal extrem, den Drahtseilakt mancher modernen Frau zwischen den Erfordernissen von Heim, Karriere und Familie. Die meisten Frauen lösen diesen Konflikt keinesfalls zu ihrer Zufriedenheit, mich eingeschlossen.« Darüber hinaus sei es ihr darum gegangen, den »Geheimstaat« transparenter darzustellen, weniger atemlos und konspirativ.

Die frühere Chefin des britischen Verfassungsschutzes ist zur international erfolgreichen Autorin geworden. Liz Carlyle und ihre Geschichte verstärken diesen Trend zusätzlich. In ihrem kleinen Wochenendhaus in East Anglia, unweit der Küste, hat Stella Rimington bereits einen zweiten Band fertiggestellt und damit für ihr Produkt eine Art Serienreife erreicht. In Liz Carlyle wird sie weiterleben, die unermüdliche Stella.

Und gelegentlich, die Zeiten sind eben so geworden, kommt in ihr die Politikerin durch. Dann hält sie Vorträge und gewährt unbequeme Interviews, die keineswegs mit der blinden Bündnispolitik ihres Landes konform gehen.

»Dame Stella, kann der Krieg gegen den Terror gewonnen werden?«

»Nein. Ich habe ein echtes Problem, dieses ganze Konzept des ›Krieges gegen den Terror‹ zu verstehen. Die Idee eines Krieges ist doch, dass ich ihn gewinne, indem ich genug Ressourcen bereitstelle. Beim Terrorismus funktioniert alles anders. Dieses Phänomen gab es während all meiner aktiven Jahre, und ich befürchte, es wird mich überleben. Es ist so effektiv, die Aufmerksamkeit der Welt an sich zu ziehen, und deshalb wird es immer wieder Extremisten geben, die zu Terror greifen, um sich bemerkbar zu machen.«

In einer deutschen Rezension des Romans *Stille Gefahr* hieß es: »Man kann sich des Gefühls nicht erwehren, dass Stella Rimington auch eine gute Premierministerin wäre.« Das würde sie in ihrer ausgesprochen britischen Art sofort dementieren und dann intensiv schweigen.

4
MELISSA BOYLE MAHLE
Ein Hauch von Friedenspolitik

Für einen Moment wird es so still im Raum, dass keine dieser altmodischen Telefonwanzen unbemerkt zu Boden fallen könnte. Melissa Boyle Mahle erzählt sehr bildhaft, wie ihr einer der meistgesuchten Terroristen durch eine Verknüpfung unglücklicher Umstände entwischte. Es handelt sich um Khaled Sheikh Mohammed, Führungsfigur von Osama bin Ladens Terrororganisation al-Qaida. Die Amerikaner hatten ihn bereits 1995 per Haftbefehl gesucht, weil er im Verdacht stand, an einer rechtzeitig entdeckten Aktion gegen elf amerikanische Verkehrsmaschinen in Ostasien beteiligt gewesen zu sein.

Nun erfuhren sie, dass er sich im kleinen Golfemirat Katar versteckte. Ein CIA-Team, an seiner Spitze Melissa Boyle Mahle, flog nach Doha. Auch die Bundespolizei FBI, zuständig für Verhaftung und Strafverfolgung von Terroristen, schloss sich an. Die Referentin hat den passenden Vergleich: »Zwischen uns ging es zu wie bei Essig in Öl.« Die Einsatzleiterin wollte ihre Quelle nicht verbrennen, und auch die Regierung des Gastlandes nicht kompromittieren. Das FBI drängte unsensibel und siegessicher auf raschen Zugriff. In dem offensichtlichen Durcheinander wurde Khaled Sheikh Mohammed von politischen Sympathisanten gewarnt. Er verschwand.

Möglicherweise, stellt die sehr amerikanische, hellblonde und blauäugige Melissa fest, wäre es nach einer frühzeitigen Festnahme des Mannes nicht zum 11. September gekommen. Khaled Sheikh Mohammed gilt nämlich auch als Organisator dieses spektakulärsten Massenmords aller Zeiten. Solche Sätze sind wie Zeitzünder.

Die Zuschauer kommen auf ihre Kosten, obwohl die ehemalige CIA-Agentenführerin mit ihren »Kriegsgeschichten« sehr sparsam umgeht, und lieber das Innenleben der »Agency« beschreibt.

Eingeladen hat die »Vereinigung ehemaliger Geheimdienstbeamter« (AFIO), und nicht wenige der etwa 60 Zuhörer hinterlassen den Eindruck, als hätten sie irgendwann dazugehört. Die nächstgrößere Gruppe sind junge Leute, Studenten der Politik. Sie treffen eine Zeitzeugin, die ohne Schnörkel und Schleifchen über den Alltag im Nahen Osten berichtet.

Und dann die Umgebung. Das International Spy Museum wurde 2002 als eine Art hochkommerzielles, weltweit einmaliges Schlapphut-Disneyland eröffnet und muss seither Massenansturm bewältigen. Die Menschen wollen Grauen empfinden, indem sie betrachten, wie und womit Spionage betrieben wird. Die spektakulärsten Fälle werden dokumentiert, die Ausbildung, geschichtliche Zusammenhänge, die Technik. Über allem liegt ein Hauch von *Dritter-Mann*-Romantik. Motto: Die Guten werden siegen, und ihnen ist alles erlaubt.

Also bleibt die Tragik des Gewerbes ausgespart, das Leid, die menschlichen Desaster. Wer das Museum gesehen hat, kann auch noch das wirkliche Leben mitnehmen. Eine Straße weiter befindet sich das FBI-Hauptquartier, eine Viertelstunde Fußmarsch entfernt das Weiße Haus. Nur die CIA, von der so viel die Rede ist, hat ihren Sitz außerhalb der Stadt, auf einem riesigen Gelände in Langley/Virginia.

Melissa Boyle Mahle steht im weißen Kostüm hinter ihrem Pult und spricht ohne Vorlage. Mit ihren schmalen Händen hält sie sich gelegentlich fest. Aufmerksam studiert sie die Gesichter in den ersten Reihen, als ob sie darin die Wirkung ihrer Worte lesen wollte. In vielem erinnert sie an Hillary Clinton. Die beiden könnten Schwestern sein. Die Ernsthaftigkeit, die Genauigkeit bei komplizierten Zusammenhängen, das spontane, kontrollierte Lachen – Gemeinsamkeiten, die auffallen.

Sie plaudert, und zwischendurch belehrt sie. Es soll keine Vorlesung werden, und auch keine Breitseite gegen den früheren Arbeitgeber. Nur eine kritische Betrachtung dessen, was seit dem Ende des Kalten Krieges so häufig falsch gelaufen ist. Das hat sie auch in ihrem Buch *Denial and Deception* (Verleugnung und Täuschung) geschrieben, einer klugen, aber deutlichen Abrechnung mit dem Macholaden, der seit beinahe 60 Jahren Amerikas schlechten Ruf mit immer neuer Nahrung versorgt.

Melissa Boyle Mahle stammt aus dem kalifornischen Portola, einer Kleinstadt in den High-Sierra-Bergen. Ihr Großvater war Holzfäller, dessen Tochter eines Tages nach Hause kam, um Melissa zu gebären. Das geschah im Jahr 1961. Die Kleine wuchs im Tal von Sacramento auf. Nachdem der Stiefvater ein Handelsvertreter war, gingen sie gemeinsam auf Tour. Wenn sie sich für einen Heimatort entscheiden muss, dann nennt Melissa Kaliforniens Hauptstadt Sacramento, obwohl sie dort erst mit 14 Jahren sesshaft wurde. Kaum hatte sie diesen festen Wohnsitz, begann sie, von der großen, weiten Welt zu träumen.

Vorerst sollte die Welt nur bis Berkeley reichen, einem der berühmten Schauplätze der Studentenunruhen des Jahres 1968. Berkeley liegt gegenüber von San Francisco, und das ist gar nicht nicht so weit von Sacramento. Melissa studierte an der University of California in Berkeley, weil sie sich das finanziell leisten konnte, der Ort jenseits von Sacramento lag und die Eltern ihre Erlaubnis gaben. Ihr Schwerpunkt war der Nahe Osten und seine politischen Wirren.

Ein Werbeplakat der CIA ließ sie aufmerksam werden, und ihr Wirtschaftsprofessor ermunterte sie, dort anzurufen. War er etwa ein Talentscout der CIA? Sie legte die Einstellungsprüfung ab, beantwortete Hunderte von Fragen. Würde sie lieber ein Feuerwehrauto fahren oder ein gutes Buch lesen? Liebte sie ihre Mutter, oder nur ihren Vater? Welche zehn Werkzeuge würde sie mitnehmen, wenn sie die Fassade eines Hauses hochklettern und einbrechen müsste?

»Ich bin keineswegs mit dem Gedanken aufgewachsen, eine Spionin zu werden. Aber ich brauchte einen Job. Dann traten die CIA-Leute eines Tages in mein Leben und fragten mich: Wie wäre es mit einer Existenz voller Ränkespiele und Auslandsreisen? Da dachte ich, das klingt doch toll. Erst als ich die Erklärung zur Geheimhaltung unterschrieb, verstand ich, dass ich nun angeheuert war und dass ich selbst auch Spione führen würde.« Und das für 26 000 Dollar Jahresgehalt.

Das abenteuerlustige Scheidungskind aus dem Sonnenstaat Kalifornien erlebte die letzten Tage des Ost-West-Konflikts eher aus der Schulbankperspektive. Melissa absolvierte in dieser Periode das volle Agentenausbildungsprogramm und beendete gleichzeitig ihre wissenschaftlichen Kurse an der New Yorker Columbia Universität. Mit einer Auszeichnung der Schule für Internationale und Öffentliche Angelegenheiten ging sie in die Welt hinaus.

Es war keine Glanzzeit der CIA. In den frühen Neunzigerjahren wurden rund um den Globus Stationen geschlossen oder zurückgefahren. Ein Einstellungsstopp sorgte für den Abbau von Personal. Aufregende Aktionen schienen der Vergangenheit anzugehören. Die Moral der Truppe sank knapp über den Gefrierpunkt.

1994 platzte eine Bombe, als der Abwehrmann Aldrich Ames der Spionage für die Russen überführt wurde. Über neun Jahre hinweg hatte er mehr als hundert amerikanische Geheimoperationen auffliegen lassen und zahlreiche Agenten ans Messer geliefert. Keiner fügte dem Dienst mehr Schaden zu als Ames. Auch wirkte sich dieser Vorfall auf die Stimmung der Gesamtbelegschaft aus.

Melissa Boyle Mahle verbrachte diese Zeit weit entfernt von Langley. Sie arbeitete 14 Jahre lang für die supergeheime Operationsabteilung im Nahen und Mittleren Osten. Mahle beobachtete das Heranwachsen des islamischen Fundamentalismus und war sich frühzeitig darüber im Klaren, was auf die westliche Welt zukommen würde.

»Wir hatten uns durch die rigorose Sparpolitik, vor allem in Europa, selbst geblendet und bemerkten nicht, wie sich die Islamisten ausbreiteten. Natürlich, Osama bin Laden kannten wir schon eine ganze Weile, aber wir reagierten nicht auf ihn. Er war ja auch kein Terrorist im eigentlichen Sinne. Er war ein religiöser Ideologe, der sich des Terrors aus taktischen Gründen bediente.«

Die Szene wurde neugierig beobachtet, bis es definitiv zu spät war. In den späten Neunzigerjahren häuften sich dann die Geheimdienstpannen.

Melissa Boyle Mahle nennt Beispiele, und ihre Zuhörer nicken wechselweise und wissend: Die pakistanischen Atomtests 1997 und die verheerenden Bombenanschläge auf die amerikanischen Botschaften in Ostafrika 1998; der Volltreffer auf die chinesische Vertretung in Belgrad und die misslungenen Versuche, Saddam Hussein zu stürzen. Ein bisschen viel innerhalb kurzer Zeit, und für die stolze CIA ein einziger Albtraum. Dass die Späher auch noch 2001 versagten, im Vorfeld der Angriffe auf Washington und New York, setzte allem die Krone auf. Seither werden die amerikanischen Dienste rigoros umgebaut und umgeschult.

»Die 9–11-Pleite resultierte aus der Unfähigkeit der amerikanischen Geheimdienste, ihre Kapazitäten zu vereinigen. Als die CIA 1998 al-Qaida den Krieg erklärte, weigerte sich das Pentagon, mitzumachen. Die Generäle zogen es vor, Wüste in Afghanistan zu bombardieren, anstatt eine CIA-Operation zu unterstützen. Als die CIA al-Qaida-Terroristen in Malaysia identifizierte, versäumte sie es, das FBI hinzuzuziehen. Dabei wusste sie längst, dass einer der Terroristen ein gültiges amerikanisches Visum besaß. Die CIA verschanzte sich hinter dem Schutz von Quellen und Methoden, gab operative Details nur in kleinen Dosen weiter.« Das scheinen die Zuhörer längst zu kennen. Ihr Gesichtsausdruck wird unglücklicher.

Fragestunde. »Wie zuverlässig sind nahöstliche Regierungen im Krieg gegen den Terror?« Die ehemalige Stationschefin der CIA in Jerusalem befindet sich in ihrem Element: »Sie sind alle bedroht. Nach dem 11. September hat die Zusammenarbeit stark zugenommen. Nun öffnen alle ihre Akten, und sogar der Sudan kooperiert mit uns.«

Noch eine Hiobsbotschaft. »Wie geht es weiter mit dem Krieg gegen den irakischen Widerstand?« Insurgency heißt das hier, und nicht Resistance. »Das wird noch zehn Jahre dauern, und jetzt stehen wir erst am Anfang. Militärisch können wir ganz sicher nicht gewinnen. Ohne die Sympathie der Bevölkerung besteht keine Chance.« Das scheint vielen zu pessimistisch, unterscheidet es sich doch so sehr von den Durchhalteparolen der Regierung, vom brachialen, künstlichen Optimismus des Präsidenten.

Funktioniert denn jetzt wenigstens das Counter Terrorism Center (CTC) der CIA? »In den Achtzigerjahren schien es eine geniale Idee zu sein, bei der Terrorismusabwehr Beamte aus allen Abteilungen zusammenzubringen. Dann mündete dies in bürokratischen Rivalitäten. Keiner wurde mehr befördert, was die Leute sehr unzufrieden stimmte. Jetzt ist das CTC ausquartiert und nimmt neue Formen an. Leider wissen die Mitarbeiter aber immer noch nicht genau, ob sie operativ oder analytisch ausgerichtet sind. Die Neuordnung wird kommen.«

Zum Ende der Kennenlernstunde zieht sich Melissa Boyle Mahle hinter einen Arbeitstisch zurück und signiert ihr Buch, das als »Sicht eines Insiders auf die CIA von Iran-Contra bis 9-11« beworben wird. Das dauert, da anscheinend jeder Anwesende einen Band erwirbt, und mancher mit der Autorin in vertrauten Plausch gerät. Für einen Moment verschwindet der neue US-Hochsicherheitsstaat im Nebel, und die gute alte Zeit der lockeren Washingtoner After-Work-Runden lebt wieder auf.

Melissa Boyle Mahle nimmt sich den ganzen Nachmittag Zeit, über sich und ihr Leben an der unsichtbaren Front zu sprechen. Es war ein harter Sommer 1988, weil die Verbindungsführer des Direktorats für Operationen (DO) absolut fit sein müssen. Die angehende Agentin musste schießen lernen, Navigation und Überlebenstechniken in der Luft, im Wasser und auf dem Land üben. Sie sprang mit dem Fallschirm auf unbekanntes Gelände, markierte Landezonen, organisierte paramilitärische Fallen für einen gedachten Feind und holte sich auch in gefährlichen Sümpfen nur leichte Kratzer. Für sie war es wichtig, in einer risikoreichen Situation auf sich allein gestellt flüchten zu können.

Melissa Boyle Mahle zählte von Anfang an zur Elite, körperlich wie geistig. Das »Directorate of Operations« ist die Mantel- und Degen-Abteilung der CIA. Ihre Mitarbeiter führen sämtliche verdeckten Operationen durch, auch mit paramilitärischen Mitteln wie zu Beginn des Afghanistankrieges im Herbst 2001. In erster Linie befassen sich die »Case Officers« mit der Führung menschlicher Quellen und mit dem Sammeln von weltweiten, geheimen Informationen. Nur in seltenen Fällen weisen sie sich dabei als CIA-Angehörige aus. Diese Arbeit geschieht immer unter einer Legende, also mit Hilfe falscher Personalien.

Melissa Boyle Mahle konnte stets auf ihre perfekten Arabischkenntnisse vertrauen. Wenn es schwierig wurde, dann versteckte sie sich unter schwarzen Gewändern und undurchsichtigen Tüchern. Eine solche Kleidung verleiht islamischen Frauen die Fähigkeit, in die Anonymität zu schlüpfen. Damit können sie Waffen und Sprengstoff transportieren, oder einfach nur den verbotenen Geliebten treffen. Wenn sich Melissa in eine Einheimische verwandelte, dann war sie in der Regel mit Quellen verabredet, die sich mit keiner Amerikanerin sehen lassen durften.

Da sie einer der seltenen weiblichen »Case Officer« war, konnte Melissa sich bis zu einem gewissen Grade ihre eigenen Regeln verschaffen. Die Quintessenz klingt heute eher resignierend: »Es war viel leichter, ein weiblicher Spion im Nahen Osten zu sein als ein weiblicher Spion im Nahostreferat des CIA-Hauptquartiers.« Im Nahostbereich gab es nur zwei Frauen, die ihr vorgesetzt waren, in der eigenen Station vor Ort war sie die Einzige. Sie setzte sich durch, weil sie »aggressiv und erfolgreich« war.

Im ersten Jahr arbeitete sie auf Teilzeitbasis, da ihr noch der Studienabschluss fehlte. Bereits während der ersten CIA-Operation wurde die hübsche Melissa von ihrem Vorgesetzten sexuell bedrängt. »Ich war jung, und ich war neu, und ich kannte die Regeln nicht. Ich wusste nur, ich musste sehr vorsichtig sein, um meine Karriere nicht zu gefährden, bevor sie richtig begonnen hatte. Ich war vorsichtig, und ich ging mit der Situation in einer Weise um, dass es mir nicht schadete. Danach vergaß ich es. Das nächste Mal nahm ich alles leichter und konnte damit bestens leben.«

Wenn sie heute für ihre CIA-Jahre Bilanz zieht, dann fällt das Urteil dramatisch aus: »Der weibliche Officer lebt in einer permanent heimtückischen Umgebung. Er muss stets seine Fähigkeiten beweisen, und aufpassen, dass er nicht in eine Schablone gepresst wird, oder gar in eine Beziehung, die er nicht haben will.

Wenn du eine Frau bist, dann fliegst du nach deinem ersten Fehler raus.«

Melissa ist eine starke Frau Deshalb stellte sie sich täglich der Auseinandersetzung, nahm sich jeden Fall einzeln vor, war niemals überempfindlich. »Es stimmt nicht, dass alle männlichen CIA-Kollegen Chauvinistenschweine sind. Ich habe mit vielen tollen Kerlen gearbeitet, die mich absolut gleichberechtigt behandelten. Trotzdem passierten immer wieder diese Rückfälle in eine andere Zeit und in eine Art von sozialem Morast.«

Manche CIA-Frauen haben gar keine Möglichkeit, einen richtigen Fehler zu begehen, bevor sie unter die Räder kommen. Im Labyrinth der Bush-Regierung greift man gerne auf Kollektivstrafen zurück, wenn jemand politisch aus der Reihe tanzt.

Wie alle Nachrichtendienste war auch die CIA über Jahrzehnte ein reiner Machobetrieb. Die Operationsabteilung ragte daraus wie ein maskuliner Fels in der Brandung hervor. »Ihrer Kultur nach war sie eine reine Bruderschaft.« Frauen waren durchaus willkommen, aber nur in dienender Funktion. Männer standen an der Spitze. Sie entschieden über Einstellung und Beförderung.

Das war eine Tradition, die sich seit der CIA-Vorgängerorganisation OSS (»Office of Strategic Services«) und dem Zweiten Weltkrieg bis weit in die Achtzigerjahre nie geändert hatte. Erst dann brachen die Frauen in die eiserne Männerdomäne ein. Sie rissen unsichtbare Barrieren nieder. Noch in den Neunzigerjahren sollten sie deshalb langsamer befördert werden als Männer.

Melissa Boyle Mahle berichtet in ihrem Buch über eine geheime CIA-Studie aus dem Jahr 1992. Sie hieß »Glass Ceiling« und befasste sich mit den Klagen der Frauen über Nachteile bei der Beförderung und bei Aufträgen. Männer durften sich damals ihre Operationen aussuchen. Bevorzugt schnappten sie sich jene Aufträge, die ihnen im Erfolgsfall Prestige und Autorität einbrachten. Frauen mussten nehmen, was vom Tisch der Mächtigen abfiel.

1991 wurde hausintern ermittelt, dass Frauen 40 Prozent der CIA-Mitarbeiter stellten, aber nur neun Prozent der Führungspositionen erreicht hatten. 17 Prozent der Operateure waren weiblichen Geschlechts, aber weniger als ein Prozent in einem Topjob. Die Hälfte der weißen Frauen meldete bei dieser Untersuchung sexuelle Belästigung und mehr als die Hälfte der schwarzen Frauen zeigten Rassendiskriminierung an. In der Regel nahmen es aber viele von ihnen hin, »um akzeptiert zu werden«.

Nach der Umfrage schlugen die »Old Boys« zurück. Sie versicherten ernsthaft, Frauen könnten keine Informanten werben. Nachdem einige von ihnen, in europäischen Stationen, das Gegenteil bewiesen hatten, kam ein neues Märchen auf: Frauen könnten keine Araber rekrutieren, wegen der untergeordneten Stellung der Frau in der muslimischen Gesellschaft. Außerdem könnten Frauen keine Latinos werben, weil sich diese nicht von weiblichen Führungsoffizieren steuern ließen. Erste Tests liefen an. Auch Melissa gehörte dazu. Sie verließ den Nahen Osten als Siegerin in der Sache und als Verliererin im Umgang mit der eigenen Organisation.

»Einen männlichen Araber zu rekrutieren, war einfacher als die Unterstützung unserer Führung zu bekommen. Ganz ehrlich, ich fand Araber immer einfach zu manipulieren. Sie genossen die Aufmerksamkeit einer attraktiven westlichen Frau. Sobald ich ihnen klar gemacht hatte, dass ich an keinem Techtelmechtel interessiert war, waren sie normalerweise richtig entwaffnet. Es ist nicht Sex, was kann es dann sein? Mit mir gerieten sie auf ein völlig neues Terrain, überließen mir die Kontrolle und den entsprechenden Einfluss, um sie davon zu überzeugen, dass sie Vertrauen brechen und Verrat begehen sollten. Die Beziehung zwischen dem Agenten und seiner Führungsperson gerät zu einem machtvollen emotionalen Wechselspiel – vermutlich stärker als das Stelldichein von Liebenden – weil das Risiko, erwischt zu werden, dermaßen hoch ist.«

Melissa Boyle Mahle ist es strikt verboten, über operative Details und die Methodik von Einsätzen zu schreiben und zu sprechen. Also umschreibt sie ihre eigenen Erlebnisse, indem sie darüber sehr allgemein redet. In dem kurzen und unscharfen Lebenslauf auf ihrer Homepage heißt es, dass sie in ihrer aktiven Zeit »gegen viele der Schlüsselherausforderungen für die nationale Sicherheit der USA« gearbeitet hat. Dazu gehörten Aktionen gegen al-Qaida und gegen Geschäftemacher mit Massenvernichtungswaffen.

Dazu zählten aber auch der Aufbau und die Überwachung der neuen palästinensischen Sicherheitsdienste. Melissa Boyle Mahle traf zur Zeit der blutigen Busanschläge, die Israel 1995/96 erschütterten, in Jerusalem ein. Ihr Präsident, Bill Clinton, kümmerte sich gerade erneut um den Frieden im Nahen Osten. Er hielt ihn für stark gefährdet, unter anderem deshalb, weil die Palästinenser in ihren eigenen Gebieten nicht für die erforderliche Sicherheit sorgen konnten. Bei der Anti-Terrorismus-Konferenz von Sharm el Sheikh wurde ein geheimes Hilfsprogramm für Jassir Arafats Regierung beschlossen. Um diese Maßnahme umzusetzen, bezog die Agentenführerin ein Büro im amerikanischen Generalkonsulat in Ostjerusalem.

Ein Seiltanz begann, der stets mit der Frage endete, ob dieses oder jenes vom US-Kongress oder von den Israelis erlaubt und gefördert würde. Die CIA kooperierte lediglich mit zwei der acht oder neun palästinensischen Sicherheitsorganisationen, dem Auslands- und dem Inlandsdienst. »Diese Nachrichtendienste waren nach arabischer Tradition ausgerichtet. Wir gaben ihnen eine stärker westliche Form. Dafür bauten wir ihnen Häuser, versorgten sie mit Computern, Funkgeräten und Autos. Wir wollten ihnen auch Waffen liefern, aber da schritten die Israelis ein. Unsere Ausbildung zur Entschärfung von Sprengkörpern war etwas kontrovers, weil man sie auch umgekehrt verwenden konnte.« Mit strenger, bedeutsamer Miene wird das bei Fachkonferenzen als »extreme Grenzerfahrung« verkauft.

Melissa Boyle Mahle blieb fünf Jahre lang in Ostjerusalem. Sie arbeitete richtiggehend für die Palästinenser. Gleichzeitig baute sie Informanten auf, die ihr sämtliche Interna der neuen Partnerdienste berichteten. Es war unvermeidlich, dass die CIA über ihr Sicherheitsengagement in die Politik eingriff, weil gerade Sicherheitsfragen immer wieder den israelisch-palästinensischen Friedensprozess beeinträchtigten. »Was passierte dann? Dann saßen wir mit Palästinensern tagelang in einem Raum und brüteten über Vereinbarungen. Das ging bis in die kleinsten Details. Wir kauten Namenslisten von Leuten durch, die ständig kontrolliert werden mussten.«

Die energische Kalifornierin blieb unerbittlich, wenn es darum ging, Vorgaben zu erfüllen. »Ein großer Teil meines Daseins hatte nichts mit klassischer Geheimdienstarbeit zu tun, zum Beispiel der Führung von Agenten. Ich saß einfach da und fragte die Chefs der palästinensischen Sicherheitsdienste, was habt ihr diese Woche erledigt. Ich ließ mir Bericht erstatten, und wir hakten gemeinsam ab. Ich musste ihnen auch viel Grundwissen beibringen, ihre analytischen Fähigkeiten verbessern. Da kam häufig Widerstand auf, weil die Palästinenser sich dagegen sperrten, wie sie es nannten, ›Israels Arbeit zu tun‹. Es war ein dauerndes Ringen.«

Die CIA-Lady musste gegen zwei Seiten gewappnet sein. Auch ihre israelischen Kollegen vom Inlandsdienst Shin Bet wollten das Feld nicht kampflos räumen. Mit tiefem Misstrauen beäugten sie die massive, ganz persönliche Einflussnahme der CIA in regionale Sicherheitsstrukturen.

»Die Israelis kooperierten in vielen Fällen mit der Führungsebene der palästinensischen Sicherheit. Lieber hätten sie jedoch die Arbeitsebene gesteuert. Doch da saßen wir. Bald kannten sie mich alle und wussten, dass ich nicht so leicht aus der Spur zu bringen war. Es gab nicht so viele schwangere Blondinen, die in obskuren Hinterzimmern mit arabischen Geheimdienstlern tagten und heftig darüber argumentierten, warum ein bestimmter Mann nicht festgenommen worden war, und warum man die Konten einer speziellen Organisation nicht beschlagnahmt hatte.«

Die Verbundenheit ging so weit, dass die palästinensische Polizei amerikanische Hilfe anforderte, als sie zwei Taschen mit Sprengkörpern in der Geburtskirche von Bethlehem sicherstellte. Melissa Boyle Mahle, im fünften Monat schwanger, eilte zum Ort des Geschehens und beaufsichtigte, wie die Bomben entschärft wurden. Beim Abendessen erzählte man ihr, bereits das Öffnen der Taschen, oder eine glimmende Zigarette, hätte eine massive Explosion verursachen und sowohl die Polizeistation als auch die heilige Stätte der Christenheit restlos zerstören können.

Die Residentin war so in die Palästinenserszene integriert, dass sie auch an jenem Tag als unentbehrlich eingestuft wurde, als sie in einem Jerusalemer Krankenhaus in den Wehen lag, während Bill Clinton mit seiner gesamten Mannschaft zum Staatsbesuch einflog. Mahles Tochter Hana wurde Stunden vor der historischen Präsidentenreise nach Israel und in die besetzten Gebiete geboren, und noch am selben Abend kümmerte sich die Mutter um die Sicherheit ihrer Landsleute. Die CIA kennt keinen Mutterschutz.

Gerade auf Posten im Heiligen Land war die Gratwanderung zwischen Familie und Beruf eine enorme Herausforderung. Nachdem die zweite Intifada mit all ihrer Grausamkeit im Jahr 2000 ausgebrochen war, musste Melissa Boyle Mahle die Sicherheit der Amerikaner in Ostjerusalem beurteilen. Sie riet zur Evakuierung. Wegen der andauernden Straßenschlachten konnte sie jedoch ihre eigene, gerade zweijährige Tochter nicht selbst von zu Hause holen, sondern musste Bodyguards schicken. »Es war einer dieser Momente, wo die Entscheidung wirklich schwer fiel, und dann entschied ich mich für meine Arbeit. Später wurde ich das Gefühl nicht mehr los, dass ich gegenüber meiner Familie versagt habe.«

Von einem Tag auf den anderen war alles vorbei. Hier kommt Melissa Boyle Mahle in akute Erklärungsnot. Warum wurde sie aus Israel abberufen und daheim, in Langley, zur Nachwuchsbetreuung eingesetzt? Sie habe ihren Job mustergültig erledigt. Das habe die Vorgesetzten in der Zentrale nervös gemacht. Aus »einer Vielfalt von Gründen« hätten sie daraufhin ihre Loyalität in Frage gestellt. »Wenn die CIA deine Loyalität erst einmal anzweifelt, dann ist deine Karriere gelaufen!«

Die ehemalige Verbindungsführerin darf nicht darüber sprechen, warum sie zurückgeholt wurde. In ihrem Buch findet sich eine Stelle, die möglicherweise zur Erklärung beiträgt: »Warum wird ein männlicher Agentenführer nicht belangt, wenn er eine persönliche Beziehung mit einer Quelle hat, und ein weiblicher Agentenführer wird wegen demselben Umstand gefeuert?«

Im persönlichen Gespräch lässt sie sich nur noch entlocken, dass es sich um einen »ungenehmigten Kontakt« gehandelt habe, um einen »operativen Irrtum«. Sie tröstet alle Neugierigen. Irgendwann werde sie ganz sicher Memoiren schreiben, und dann sei auch dies zu erfahren.

Kurz vor dem 11. September 2001 richtete sich die Nahost-Expertin im »CIA Recruitment Center« ein. Trotz einer schon länger laufenden, offensiven Werbekampagne war die Nachfrage nach den angebotenen Geheimdienst-Jobs eher schleppend. Ganz anders nach al-Qaidas Angriffen auf Amerika. Da konnte sich die CIA vor Interessenten kaum mehr retten. Neue Planstellen wurden geschaffen, besonders für Bewerber, die Paschtu, Urdu, Dari oder Arabisch beherrschten. Regierungsgelder flossen in nie gekanntem Umfang.

Das »Counterterrorism Center« wurde um 500 Mitarbeiter anderer Abteilungen aufgestockt, um auch die CIA in den »Krieg gegen den Terror« einbeziehen zu können. Dieses Personal fehlte bei den übrigen Aufgaben, ein Grund für verstärkte Neueinstellungen. Das ließ sich aber, trotz des großen Andrangs, nicht so einfach realisieren. »Viele kamen mit einer völlig verqueren Vorstellung, was wir bei der CIA so anstellen. Ich riet ihnen als Erstes, Ronald Kesslers Buch *Inside the CIA* zu lesen. Nach dem ersten Telefoninterview folgen in der Regel persönliche Gespräche. Spätestens dann müssen die James-Bond-Träume vieler Interessenten wie Seifenblasen platzen.«

Es gibt noch weitere Hürden. Ein Großteil der Bewerber scheitert an Sicherheitsbedenken und an den psychologischen Tests. »Ich darf gar nicht sagen, wie viele junge Leute aus Minderheitsgruppierungen, also arabische Amerikaner, chinesische Amerikaner, koreanische Amerikaner, indische Amerikaner, nicht genommen wurden, weil man ihnen misstraut hat. Bei der Vereidigung der ersten Rekruten für das Operationsdirektorat nach dem 11. September war es überdeutlich zu sehen – ein Meer von weißen Gesichtern.«

Melissa Boyle Mahle hat die CIA im September 2002 mit einer gewissen Traurigkeit verlassen. Daran änderte auch Bill Clintons Schreiben nichts, in dem er ihre Verdienste für den Friedensprozess im Nahen Osten lobte, und auch nicht die zahlreichen CIA-Auszeichnungen dafür, dass sie immer wieder

Menschen dazu gebracht hatte, »ihr eigenes Land an die Amerikaner zu verraten«.

Wie unzählige Intellektuelle ihrer Generation kann sie die politische Entwicklung nach dem tragischen 11. September nicht verstehen. Der Anti-Kommunismus früherer Zeiten wurde, so Melissa Boyle Mahle, durch Anti-Terrorismus ersetzt, und das auch nur halbherzig. Und nun neige die Regierung dazu, alles durch die Anti-Terror-Linse zu betrachten. »Die Entscheidung, den Irak zu besetzen, als Teil des Krieges gegen den Terror, war ein ernster Fehler.« Das habe die Befürchtungen der Araber vor den »neo-imperialistischen Absichten der Amerikaner« erneut bekräftigt, und die radikalen islamischen Gruppen gestärkt.

Mit Entsetzen beobachtete sie die Enthüllungen über die menschenverachtenden Praktiken im Gefängnis von Abu Ghraib, unweit von Bagdad. »Mein Gott, wir foltern Menschen, die für uns von keinem nachrichtendienstlichen Wert sind. Warum tun wir das?« Im Namen einer politischen Parole, die alles rechtfertigt: Krieg gegen den Terror.

»Es kann keinen Krieg gegen den Terror geben«, sagt Melissa Boyle Mahle, »weil Terrorismus eine Ideologie ist, eine Taktik!« Deshalb kann dieser irrationale Krieg auch nicht gewonnen werden. Sie fragt weiter und liefert auch gleich die Antwort: »Kann der Krieg gegen die extreme islamistische Ideologie, die gerade den Globus überzieht, gewonnen werden? Ja, wenn wir alle strategischen Möglichkeiten nutzen. Dazu gehört, dass wir nur in den Krieg ziehen sollten, wenn wir wirklich dazu gezwungen sind.«

Melissa Boyle Mahle ist zurück aus einem Krieg, der für sie keiner war. Ganz vorsichtig hat sie ihren besten Freunden und auch ihrer ängstlichen Mutter erklärt, wo sie die Jahre ihrer undurchschaubaren Abwesenheit verbrachte und was sie getan hat. Nur ihr Vater und ihr Ehemann, den sie 1989 heimlich heiratete, wussten grundsätzlich Bescheid – und schwiegen mit ihr.

Seitdem sie den Schlussstrich zog und Langley verließ, geht sie, wie die *Washington Post* schrieb, »durch eine lange Katharsis«. Sie veröffentlichte ihr Buch *Denial and Deception* und sezierte darin die innere Verfassung der CIA in den Jahren zwischen 1987 und 2004. Ein ganzes Jahr brüteten die Zensoren des Geheimdienstes über dem fertigen Manuskript, und dann genehmigten sie es mit 20 Prozent Kürzungen. Da wurde beispielsweise das Wort Irak gestrichen und durch die Umschreibung »mittelgroßes Land im Nahen Osten« umschrieben. »Was im letzten Moment rausgenommen wurde«, erläutert die Autorin, »das fällt unter die Kategorie Dummheit.« Außerdem fehlen seltsamerweise die positiven Beispiele.

Erst jetzt kam sie dazu, das Leben außerhalb der CIA neu zu entdecken, und auch ein Land, das sich während ihrer Abwesenheit so stark verändert hat. Die Besteigung des Kilimandscharos während eines Schneesturms gehörte zu Melissa Boyle Mahles Selbstfindung. Je weiter sie sich von Langley entfernt, desto stärker wird ihre neue Überzeugung, dass sich »das System selbst erhält und seine wahren Gläubigen selbst produziert. Jene, die die CIA verlassen und im Laufe der Zeit und mit zunehmender Entfernung zu Ungläubigen werden, sind häufig überrascht von der Gewalt der Kultur, die sie zurückgelassen haben. Die Welt da draußen ist so völlig anders als die Welt da drinnen ...«

Die Züricher *Weltwoche* fragte sie in einem Interview im März 2006, ob sie während ihrer Karriere Dinge getan hätte, die sie nun bereuen würde. Es folgte die Antwort einer Frau, deren Leben immer nach professionellen Maßstäben ablief und die trotz aller Verletzungen eine Patriotin blieb: »Viele Leute, die sich auf die Zusammenarbeit mit der CIA einlassen, sind keine Heiligen, doch sie haben Informationen, die wir wollen. Wie fühlt es sich an, wenn man mit einem Mörder einen Scotch trinkt, von dem die US-Regierung offiziell nichts wissen will? Spionieren wird schnell persönlich, weil man die Leute ziemlich gut kennen lernt. Doch, wenn ich so am Ende amerikanische Leben retten kann, die USA sicherer werden und ich keine amerikanischen Gesetze breche, werde ich es tun.«

Melissa Boyle Mahle lebt heute mit ihrer Familie in Nordvirginia. Aufgrund ihrer ausgezeichneten Kontakte und ihrer arabischen Sprachkenntnisse, lassen sich nahöstliche Regierungen von ihr die Pirouetten der US-Politik erklären. »Ich helfe arabischen Regierungen, den Trend zu verstehen. Und das Echte vom

Künstlichen zu unterscheiden. Ich bin nicht einfach eine Lobbyistin.«

Längst arbeitet sie an einem zweiten Buch, diesmal über Frauen in der CIA. Die Archäologie, mit der ihre Nahost-Leidenschaft in frühen Studententagen begann, meldet sich als ein Hobby zurück. Dann erinnert sie sich an den fernen Sommer des Jahres 1985. Die junge Amerikanerin verbrachte jene unbeschwerten, heißen Wochen an der Ausgrabungsstätte Tel Dor in Nordisrael. Eines staubigen Tages traf eine Französin ein und Melissa suchte deren Freundschaft. Sie nannte sich Frédérique und gab sich betont desinteressiert an einer neuen Bekanntschaft wie an körperlicher Arbeit.

Über Nacht verschwand Frédérique so schnell, wie sie gekommen war. Israelische Sicherheitsleute suchten sie, fragten die Archäologen nach der mysteriösen Französin. Durch Zeitungslektüre fand Melissa heraus, dass Frédérique das Vorauskommando der »Rainbow-Warrior«-Attentäter in Neuseeland gewesen war und sich bereits Wochen vor dem Anschlag nach Israel abgesetzt hatte. So klein war die Welt zu jener Zeit.

5

Marita Lorenz
Ein Leben am Abgrund

»Lieber Fidel,
ich vermisse dich sehr und denke jeden Tag an dich. Ich lebe immer noch, sehr zum Missfallen der amerikanischen Regierung. Jedes Mal, wenn ich dich im Fernsehen sehe, bin ich sehr stolz auf dich. Mein Herz gehört für immer dir und Kuba. Ich hatte einen Herzinfarkt und habe eine kaputte Hüfte. Mein größter Wunsch ist es, dich noch einmal zu treffen.«

Marita Lorenz an Fidel Castro, 1999

DER 1. JANUAR 1959 WAR EIN GANZ besonderer Tag, Fulgencio Batista, Herrscher über die »perfideste Machtmaschine westlich des Eisernen Vorhangs« *(Der Spiegel)* trat zurück. In der Silvesternacht regelte er selbst seine Niederlage. Er bestimmte den ältesten Richter des Obersten Gerichtshofes zu seinem Nachfolger, vereidigte einen neuen Befehlshaber der Streitkräfte und ließ seine Koffer verladen. Mit seiner Familie und einigen engen Vertrauten fuhr er zum Militärflughafen von Havanna. Kurz vor drei Uhr morgens hob Batistas Maschine ab und nahm Kurs auf die Dominikanische Republik. Mit ihm verschwanden 424 Millionen Dollar an Währungsreserven.

Längst waren die »Bärtigen« auf dem Vormarsch, und keiner konnte sie mehr aufhalten. Die Guerilleros kamen von den Bergen der Sierra Maestro, wo sie seit zwei Jahren gegen den Diktator und seine Truppen gekämpft hatten.

Auf dem Weg zur Hauptstadt nahmen die Rebellen unter Führung von Ernesto »Che« Guevara am 1. Januar die Provinzstadt Santa Clara ein. Fidel Castros Einheiten kämpften noch in Santiago de Cuba, der zweitgrößten Stadt des Landes. Auch hier waren sie in der Übermacht und trafen nur auf frustrierte, desillusionierte Regierungssoldaten. Fidel wurde von Jubelchören empfangen, als er in Santiago einmarschierte. Er erklärte den Ort vollmundig zur »provisorischen Hauptstadt Kubas«.

Am Nachmittag des 2. Januar rollten die Kolonnen der »Bärtigen« in Richtung Havanna, wo inzwischen fröhliche Anarchie herrschte. Camilo Cienfuegos und seine Kämpfer trafen als erste ein und übernahmen das Hauptquartier der Armee, genannt Campo Columbia. Für viele Kubaner befand sich hier das wahre Herz der Finsternis, die Schaltzentrale dieser »monströsen Kombination aus Gestapo, Gangstersyndikat und Betriebskampfgruppe« *(Der Spiegel)*. Wer zu einer dieser Erscheinungsformen des alten Regimes gehört hatte, versuchte auch jetzt noch das Land in Richtung Florida zu verlassen. Insgesamt flüchteten 20 000 Kubaner aus der Mittel- und Oberschicht.

Vor dem gewaltigen Kolonial-Fort der Spanier kam es zu einer bizarren Szene. 3 000 von Batistas Soldaten nahmen noch während der Nacht Aufstellung, um Che zu begrüßen. Er hielt eine kurze, improvisierte Rede an die »neokoloniale Armee«. Sie könnten seinen Männern zeigen, wie man paradiert. Im Gegenzug brächte man ihnen dann bei, »wie man kämpft«. Eine Frechheit, aber wer konnte sich dagegen wehren?

Das Kuba der Fünfzigerjahre war ein völlig anderes. Havanna galt als sündigste Stadt der Karibik, ein Mekka der Bordelle, Kasinos und Nachtclubs. Das Geschäft mit den harten Drogen blühte. Dies alles befand sich nur scheinbar in kubanischer Hand. In Wirklichkeit regierte die amerikanische Mafia. Bei Meyer Lansky, der äußerlich dem Schauspieler Yves Montand ähnelte, liefen die Fäden zusammen. Eine Untersuchungskommission des Kongresses in Washington hatte ihn bereits zu einem »der sechs mächtigsten Gangster der US-Unterwelt« befördert.

In Havanna gehörte ihm ein Imperium mit zehn Kasinos, und der bullige Diktator Batista war sein unsichtbarer Partner. Sein privates Vermögen wurde auf 300 Millionen Dollar geschätzt. Wie immer, wenn die Geschäfte florieren, ließ kein Teilhaber den anderen hängen. Erst nach dem 1. Januar 1959, ein historisches Datum, konnten sie sich gegenseitig nicht mehr helfen.

Auch Meyer Lansky flüchtete, als die »Bärtigen« kamen. Er wollte sein Comeback in Ruhe und mit Hilfe amerikanischer Freunde vorbereiten. Sie hatten viel zu verlieren. Allein die Kasinos brachten ihnen 100 Millionen Dollar pro Jahr ein. 10 000 US-Bürger lebten auf der Insel. Gespannt warteten sie, was geschehen würde.

Dass Meyer Lansky und seine Kollegen Havanna für sich abschreiben mussten, ahnte in den ersten Januartagen 1959 noch niemand. Das Eiland gehörte jetzt Fidel Castro und seiner »Bewegung des 26. Juli«. Der Nachkomme spanischer Einwanderer und 1928 geborene Sohn eines Zuckerpflanzers aus der Provinz Oriente besuchte mehrere Jesuitenschulen und studierte 1945 in Havanna Rechts- und Verwaltungswissenschaften. Fünf Jahre später promovierte er. Der junge Fidelito ließ sich als Rechtsanwalt nieder und übernahm gerne Mandate, bei denen er den »Armen und Entrechteten« unentgeldlich zur Seite stehen konnte. Das steigerte seine Popularität. Castros Grenzen, die er zwischen Legalität und Untergrund gezogen hatte, waren ziemlich flexibel.

Am 26. Juli 1953 stürmte seine Organisation die Kaserne von Santiago. Er wurde gejagt, vor Gericht gestellt und schließlich zu 15 Jahren Haft verurteilt. Sechs Monate später beging Batista den größten Fehler seines Lebens. Er begnadigte Fidel Castro, weil er dachte, er hätte den Gegner von weiteren umstürzlerischen Aktivitäten abgeschreckt. Da sollte er sich gründlich getäuscht haben.

Fidel Castro, 25 Jahre alt und ein Frauenschwarm, verließ die Zuckerinsel und ging nach Mexiko. Dort sah er sich nach neuen Kampfgefährten um. Auch Che Guevara, den ruhelosen Arzt aus Buenos Aires, lernte er bei dieser Gelegenheit kennen. Als sie sich für genügend vorbereitet hielt, charterte die Truppe des Bürgerrechtlers eine Yacht namens »Granma« und kehrte im Dezember 1956 zurück.

Von den 82 Getreuen überlebte nur ein Dutzend das Landeunternehmen. Die zwölf Guerilleros flüchteten vor den regulären Regierungstruppen in die Sierra Maestra. Batista ließ seinen Gegenspieler für tot erklären. Bald darauf wurde er eines Besseren belehrt. Innerhalb von zwei Jahren brachten ihn die zwölf Männer, und die vielen anderen, die sich ihnen anschlossen, um die Macht und um das lukrative Babylon Havanna. So schloss sich der Kreis.

Putschist Castro war noch weit davon entfernt, seine strategisch bedeutsame Insel dem Weltkommunismus zur Verfügung stellen zu wollen. Während seiner Lehrjahre als Autokrat gab er sich im Prinzip nach allen Seiten offen. Seine Entfremdung gegenüber den Westmächten stellte sich wohl erst nach der Landung exilkubanischer Söldner in der Schweinebucht ein und sorgte für eine lebenslange Konfrontation mit Amerika.

Nach seinem triumphalen Einzug in Santiago de Cuba, ließ sich Fidel Castro mit einem »immer wieder ins Stocken geratenen Triumphzug« (Volker Skierka) im ganzen Land feiern. »Umringt von Kämpfern, im olivgrünen Kampfanzug, um den Hals das Amulett mit dem Abbild der Jungfrau der Nächstenliebe, zwischen den Zähnen eine Zigarre, sein halbautomatisches amerikanisches M-2-Gewehr mit Zielfernrohr lässig umgehängt« (Skierka), legte er die 1000 Kilometer zwischen Santiago und Havanna in fünf Tagen zurück

Am 8. Januar 1959 traf der Sieger in Havanna ein. Die Glocken läuteten, Fabrik- und Schiffssirenen heulten. Der Hüne mit dem Piratenbart saß auf einem eroberten Panzer, der durch ein Spalier fahnenschwenkender Kubaner fuhr. Am selben Abend trat er zur ersten von vielen, langen Fernsehansprachen vor die Kamera. Mit energischen Worten betonte er die Notwendigkeit »revolutionärer Einheit«. Freundschaftliche Beziehungen zu den Amerikanern könne es nur geben, wenn die USA die kleine Insel und ihre neue Regierung als gleichberechtigten Partner anerkennen würden.

Plötzlich flatterten einige weiße Tauben aus dem Publikum auf und ließen sich auf Castros Schultern nieder. Keiner wusste, ob diese Szene einstudiert oder spontan war. Die Masse der Kubaner sah sie als göttlichen Fingerzeig an. Auf alle Fälle half es dem Image Fidels. Systematisch begann Castro, seine Macht zu zementieren. Dabei stützte er sich sowohl auf den harten Kern der Getreuen aus der Sierra Maestra als auch auf die reorganisierten Streitkräfte. Eine magische Aura ging von ihm aus, vom damaligen britischen Botschafter als »eine Mischung aus Marti, Robin Hood, Garibaldi und Jesus Christus« definiert.

Fidel Castro lehnte die traditionellen Insignien der Macht ab. Es zog ihn keineswegs in den prächtigen Präsidentenpalast. Stattdessen richtete er sich mehrere Wohnsitze ein. Als Basislager diente eine Suite im 24. Stockwerk des im Jahr zuvor gebauten »Havanna Hilton«, das sehr bald in »Havanna Libre« umgetauft wurde. Viel Zeit verbrachte er mit seiner Lebensgefährtin und politischen Vertrauten Celia Sanchez. Sie wohnte unweit des Hotels, im Stadtteil Vedado. In Miramar, beim Chaplin-Theater, stand ihm ein Büro zur Verfügung.

Im Fischerdorf Cojimar, östlich von Havanna gelegen, nutzte Castro die Villa eines früheren Politikers. Dort fanden in den ersten Monaten des Jahres 1959 die Verhandlungen zwischen Fidel Castro und seinen Gefolgsleuten aus der Guerilla wie auch den Kommunisten zur Gründung einer revolutionären Einheitspartei statt. Hier wurden die Weichen für die Zukunft Kubas gestellt. In letzter Konsequenz traf er alle Entscheidungen, denn Castro war Kuba. Wenn notwendig, dann improvisierte er, teilte aber die Macht mit niemandem.

Dann kam der 27. Februar 1959. Die »Berlin«, das legendäre deutsche Kreuzfahrtschiff, traf auf ihrer letzten Karibik-Runde in Havanna ein. Das Kommando hatte Kapitän Heinrich Lorenz, ein alter Fahrensmann, der schon seit dem Ersten Weltkrieg auf allen Weltmeeren unterwegs war. Jahrzehnte stand er im Dienst des Norddeutschen Lloyd. Seine bildhübsche, 19-jährige Tochter Marita Ilona, eines von vier Kindern, war in New York an Bord gekommen, um ihren Vater zu begleiten.

Nichts Besonderes für Marita, die jahrelang mit ihrem Vater auf See ziemlich unstet gelebt hatte. Ihre Mutter June Alice Lorenz, eine Amerikanerin, arbeitete für das US-Militär und war ständig in geheimen Aufträgen unterwegs. Die beiden sahen sich ohnehin selten. So war Marita letzten Endes eine sich selbsterziehende Tochter, und sie sollte es ihr Leben lang bleiben.

Marita Lorenz lehnte an der Reling, als plötzlich zwei völlig überladene Boote auf die »Berlin« zuhielten. »In den Booten erblickte ich an die 25 bis 30 bärtige Soldaten. Sie standen aufrecht, sprachen miteinander und zeigten auf unser Schiff. Über ihren Schultern hingen Gewehre.« Zwei Offiziere des Luxusliners versuchten, die unangemeldeten Besucher zu verscheuchen. Kapitän Lorenz hatte sich zum Mittagsschlaf in seine Kajüte zurückgezogen und wollte nicht gestört werden.

Die selbstbewusste Marita übernahm und blies in ihre Trillerpfeife.« Der größte Soldat, offenbar der Anführer, verlor vor Schreck für einen Moment das Gleichgewicht. Sein Gewehr rutschte ihm von der Schulter und knallte auf das Deck. Das Boot stieß ungefähr einen halben Meter zurück, als er zu mir aufsah. Für eine Sekunde begegneten sich unsere Augen – dann flog seine Mütze ins Wasser.«

Marita und der Große trafen auf der Gangway zusammen. Er stellte sich in gebrochenem Englisch vor: »My name is Dr. Castro, Fidel ... please ... I am Cuba. I please come to visit your great ship, I am Cuba! You is aleman?« Sie bejahte die Frage und wies ihn sofort darauf hin, dass er sein Gewehr abgeben müsse. Er befinde sich auf deutschem Boden. Da brauche er es nicht.

In ihren späteren Memoiren erinnert sie sich: »Er sah einen Moment lang wie ein beleidigter kleiner Junge aus, als er den Kopf leicht neigte und sein Gewehr ansah.« Der bärtige Riese lächelte: »Aber du bist in meinen Gewässern.« Das letzte Wort hatte die couragierte Kapitänstochter. Unerbittlich entwaffnete sie alle Kubaner, bevor diese das Schiff betreten konnten. Ihre Besichtigungstour begann im Maschinenraum.

Schon im engen Lift kamen sich Marita (»Ich hatte mit 19 noch nie jemanden geküsst oder einen Freund gehabt.«) und der Besucher nahe. Als der Fahrstuhl mit einem Ruck stoppte, landete sie in seinen Armen. Er griff instinktiv zu. Nun flatterten die Schmetterlinge in ihrem Bauch, wollte sie den fremden Mann küssen. Sie war gänzlich verwirrt. Die nächste Station hieß »Alligator-Bar«. Die kesse Gastgeberin gab eine Runde Beck's-Bier aus und bestellte sich selbst einen »Cuba Libre«. Das gefiel den Bärtigen. Die erschreckten amerikanischen Touristen duckten sich.

»Unter dem Tisch spürte ich plötzlich Fidels linke Hand auf meiner. Er lächelte, blieb aber ernst.« Beim Smalltalk beschrieb er seine Vision vom »neuen und besseren Kuba«, ließ sich aber gleichzeitig die technischen Daten des Schiffes mitteilen. Nach einer Weile kam, ganz in Weiß, Kapitän Lorenz. Er erkannte Fidel sofort und reagierte unverbindlich, aber freundlich: »Aha, der Commandante!« Weniger gefiel ihm, dass sich seine Tochter anscheinend mit den wilden Männern angefreundet hatte, und noch weniger, dass der Anführer immer noch seine Pistole trug. Marita reagierte streng: »Geben Sie mir endlich das dumme Ding.«

Lorenz und sein Gast debattierten vier Stunden lang über Gott und die Welt. Marita, inzwischen in ein luftiges Sommerkleid gehüllt, kam immer wieder mal dazu, und da schien Fidel Castro jedes Mal extrem abgelenkt zu sein. Der Revolutionär ließ sich von dem Seemann beraten und bekannte auf dem Höhepunkt des Gesprächs, dass er eigentlich kein Politiker sei. Er müsse auf diesem Gebiet noch viel lernen. Seine Revolution habe mit der kommunistischen Lehre nichts zu tun. Sie sei rein humanitär.

Beim Abendessen war Marita wieder dabei. Sie saß zwischen den beiden Männern. Vor dem Dessert beschriftete der Charmeur Fidel Castro eine Serviette: »Für Marita, meine Alemanita. Auf immer Fidel, 27. Februar 1959.« »Er faltete die Serviette und reichte sie mir unter dem Tisch. Ich hoffte, Papa würde nicht merken, dass wir Händchen hielten und uns mit den Füßen zärtlich berührten.«

Castro trieb die Situation auf die Spitze, als er den perplexen Vater Lorenz fragte, ob seine bezaubernde Tochter nach Kuba kommen dürfe, um für ihn als Sekretärin die englischsprachige Post zu bearbeiten. Für ihre Sicherheit sei gesorgt. Der Kapitän lehnte rasch ab. Seine Tochter müsse in New York zur Schule gehen. Verständnislos nahm der mächtige Kubaner den Korb entgegen.

Während Kapitän Lorenz das abendliche Auslaufen der »Berlin« vorbereitete, spazierten Marita und Castro in der rasch aufkommenden Dunkelheit über das Schiff. Sie erinnert sich: »Die bunten Lichterketten der ›Berlin‹ blinkten. Eine sanfte tropische Brise wehte, und die Seemöwen schrieen gegen den Klang der Rumba an. Die Luft roch nach Jasmin.«

Aus dem Krieger wurde ein Jäger. »Fidel hielt meine Hand, und in einem Anflug von Mut zog ich ihn zwischen die Rettungsboote sechs und sieben – unter dem Vorwand, ihm die wunderbare Skyline Havannas zeigen zu wollen ... Wir umarmten uns, und er hielt mein Gesicht zwischen seinen Händen, küsste mich und sagte: ›Te quiero, mi cielo.‹ Ich war verloren.«

Fidel bettelte, sie möge doch bleiben. Das konnte sie ihrem Vater nicht antun. Dann sollte sie eben zurückkommen, um für ihn zu arbeiten. Der Bärtige in der olivgrünen Uniform deutete auf die Lichter am Land und kam ins Schwärmen: »Das ist alles meins. Ich bin Kuba, und du wirst Kubas Königin sein.«

Das hatte noch keiner zu ihr gesagt. Das junge Mädchen schmolz im Arm des 32-jährigen Revolutionärs dahin und verlor jeglichen Boden unter den Füßen. 2001 schrieb sie in ihren Erinnerungen: »Bis heute habe ich nicht ein einziges seiner Worte vergessen. Meine Gefühle waren unbeschreiblich intensiv, und ich hatte eine unbändige Sehnsucht, mit ihm zusammen zu sein. Zu meinem Leidwesen ist diese Sehnsucht immer geblieben, und sie wird mich bis zu meinem Tod nicht mehr loslassen.«

Fidel Castro verabschiedete sich artig von Kapitän Lorenz, der nicht ahnte, welche Lawine gerade losgetreten worden war. Ganz Kavalier, ließ Fidel für Marita noch zehn Portionen der berühmten kubanischen Coco-Glacé-Eiscreme bringen. Dann glitt die »Berlin« auf die offene See hinaus.

Marita Lorenz kehrte nach New York zurück. Ihre Mutter war immer noch auf geheimer Mission in Heidelberg, das Apartment ungeheizt, Marita furchtbar einsam. Unglaublich, aber wahr. Am zweiten Tag rief Fidel Castro an: »Marita? Mi Alemana?« Er bekniete sie nach allen Regeln der Verführungskunst, zu ihm nach Havanna zu kommen.

Bereits 24 Stunden später traf ein Regierungsflugzeug ein und holte sie ab. Der Flugverkehr zwischen Kuba und den USA funktionierte in jenen Tagen noch. Marita war völlig durcheinander und schwebte gleichzeitig auf Wolken. »Warum ich, er kann doch jede Frau haben? Auf dem José-Marti-Flughafen in Havanna wurde ich von 20 Uniformierten und einigen Jeeps erwartet.«

Sie brachten die 19-ährige in die Suite 2406 des hochmodernen »Havanna Hilton«. Da sie auf ihren Gastgeber warten musste, hatte sie Zeit, dessen Junggesellen-Unordnung zu studieren. Ein Schrank voller Uniformteile, auf dem Fußboden Staatspapiere, Schallplatten und Spielzeugpanzer. Nach einer Stunde kam der Galan, umarmte sie und seufzte: »Alemanita mia!«

Dann passierte, was passieren musste. »Hand in Hand schlossen wir die Gardinen, er hängte seinen Revolvergürtel über die Stehlampe, stellte den Plattenspieler an und legte seine Lieblingsplatte mit romantischer Musik auf: Piano Mágico. Unsere Körper ergänzten sich in perfekter Harmonie, wie die Zeilen eines Liebesgedichtes. Ich wünschte mir, es würde immer so bleiben, nur der Tod sollte uns trennen.« Fünf Stunden später wurde Fidel von seinem Bruder Raúl zu dringenden Staatsgeschäften abgeholt. »Geh nicht raus«, waren seine Worte im Gehen, »bleib hier, ich komme zurück – ich liebe dich.«

Marita Lorenz blieb neun Monate. Die meiste Zeit wartete sie allein gelassen auf ihren Liebhaber, der gewöhnlich sehr beschäftigt war – mit Amtsgeschäften, dem eigenen physischen Überleben und anderen Frauen. Längst trachteten ihm seine zahlreicher werdenden Feinde nach dem Leben. Und die Frauen? Sie schrieben ihm glühende Liebesbriefe, was wiederum seine neue Privatsekretärin in eine latente Eifersucht trieb. Anfangs versuchte sie noch, ihn abzuschirmen. Aber es gab zu viele Konkurrentinnen, und sie lauerten überall. Fidel Castro zeigte in dieser Hinsicht wenig Widerstandskraft.

Es war eine Zeit der Großkundgebungen, der stundenlangen Reden vor einer Million Menschen und mehr. Es war auch die Zeit der Abrechnung mit dem alten Regime, der Schauprozesse und der zahlreichen Todesurteile. Castro und seine Leute brachten das Land lückenlos unter ihre Kontrolle. In diesen neun Monaten verabschiedeten sie 1500 Gesetze und Erlasse. Sie senkten die Mieten, Strom- und Telefonkosten, verstaatlichten amerikanische Großkonzerne und Großgrundbesitzer. David kontrollierte Goliath.

1959 standen auch zahlreiche Dienstreisen in Castros Kalender. Sie führten ihn bevorzugt in Länder des Doppelkontinents, von Kanada bis Argentinien. Besonders triumphal fiel der Besuch in den USA aus, wo er immer noch als Exot angesehen und nur beschränkt ernst genommen wurde. Der neue Herrscher Kubas kam mit einer 70-köpfigen Mannschaft, sprach im New Yorker Central Park vor 30 000 Menschen. In Washington wurde er von Vizepräsident Nixon empfangen. Präsident Eisenhower missachtete ihn demonstrativ und spielte lieber Golf. Zwischen Moskau und Havanna entstanden erste zarte Bande, die ab 1960 zu immer dickeren Tauen wurden.

Nun war Marita Lorenz ein festes Element von Castros Hofstaat. Sie machte sich nützlich, indem sie seine berühmte Verteidigungsrede aus dem Jahre 1953 (*Die Geschichte wird mich freisprechen*) ins Englische übersetzte. Auch als Mätresse hielt sie den »Maximo Lider« bei Laune: »Ich war eine Gefangene der Liebe.« Rasch versichert sie an dieser Stelle, dass sie natürlich jederzeit hätte gehen können. Als sie ihm damit drohte, antwortete er mit einem Heiratsantrag und einem goldenen Ring.

Er ließ ihr eine Ehrenuniform der »Bewegung des 26. Juli« schneidern. Das beeindruckte die junge Deutsch-Amerikanerin. Plötzlich und unerwartet war sie von ihm schwanger. In zahlreichen Briefen ließ sie ihre Mutter daran teilhaben, die inzwischen für die CIA arbeitete. In den USA wurde die Korrespondenz mit großem Interesse gelesen.

Das Unglück begann am 15. Oktober 1959. An diesem Tag, einige Wochen vor dem Entbindungstermin, trank die Castro-Gespielin ein Glas Milch. Daraufhin fiel sie in tiefe Bewusstlosigkeit. Unterwegs in einem Auto kam sie für einen kurzen Moment wieder zu sich und erkannte die Uferstraße Malecon. Ihre letzte Erinnerung war eine Arztpraxis oder Klinik. Als sie in einem unbekannten Zimmer des »Havanna Hilton« wieder aufwachte, war ihr Kind weg. Sie blutete und war sehr schwach. Marita Lorenz packte das Nötigste und flüchtete aus dem Land. Offiziell sollte sie in den USA medizinisch behandelt werden.

Ob sie es wollte oder nicht, nun tauchte die gerade 20-Jährige in die undurchschaubare Welt der Geheimdienste ein. Als sie in die New Yorker Wohnung ihrer Mutter, 344 West 87th Street, zurückkehrte, warteten schon zwei FBI-Agenten auf sie – Frank Lundquist und Frank O'Brien. In ihrem Schlepptau befanden sich Männer der CIA, von Marita Lorenz heute als »Gestapo-Agenten« bezeichnet. Die wichtigste Figur von allen war Frank Sturgis alias Frank Fiorini alias Alexander Hamilton. Er sollte sie über Jahre begleiten und eine Art Führungsoffizier für sie werden. Frank Sturgis war ein böser Geist, der Marita Lorenz nach den Vorstellungen seiner Auftraggeber formte.

Seine exakte Herkunft liegt im Dunkeln. Er hatte sich bereits in einer frühen Phase der kubanischen Revolution in Castros Rebellenarmee eingeschmuggelt. Sturgis kämpfte mit den Guerilleros in den Bergen und schickte regelmäßig Informationen nach Washington. Um seine Position bei Castro zu stärken, beschaffte er Waffen und flog sie eigenhändig in die befreiten Zonen.

Unmittelbar nach dem Einmarsch in Havanna belohnte ihn Castro mit dem Posten des Luftwaffen-Geheimdienst-Chefs. Außerdem beauftragte er ihn mit der Kontrolle der Kasinos. Damit hatte er unwissentlich den Bock zum Gärtner gemacht, weil der undurchschaubare Sturgis an einer Nahtstelle zwischen CIA und Mafia saß. Sturgis alias Fiorini wurde von den Meyer Lanskys, von Sam Giancana und Santo Traficante bezahlt.

Bereits als Castro mit der Enteignung der Kasinos den Mob gegen sich aufbrachte, wurde Sturgis angeblich eine Million Dollar geboten, wenn er den Revolutionsführer töten würde. Als Marita Lorenz Castro auf der »Berlin« kennen lernte, brütete Sturgis irgendwo in Havanna an Attentatsplänen. Angeblich befand sich Sturgis am Tag von Maritas »Abtreibung« auf Kuba. 48 Stunden später soll auch er das Land verlassen haben. Das nährte die Version, dass die CIA an dem gewaltsamen Eingriff beteiligt gewesen sein könnte.

In einem Interview aus dem Jahr 1988 sprach Sturgis über Marita Lorenz und die wichtigste Aufgabe ihres Lebens: »Sie war schön, 19 Jahre alt. Fidel wäre über eine Schlange gekrochen, um sie zu kriegen. Aus geheimdienstlicher Sicht war sie eine ideale Agentin. Und ich war entschlossen, alles zu tun, um diesen Mann zu töten. Ich züchtete sie heran, bis sie bereit war, Castro zu vergiften.«

Nun befand sie sich erst einmal im New Yorker Roosevelt-Krankenhaus, um die Folgen ihrer unsachgemäßen Behandlung in Havanna auskurieren zu lassen. Der Arzt glaubte, eine Frühgeburt zu erkennen. Dafür sprach auch der Besuch des Castro-Gehilfen Pedro Pérez Fonte. Er berichtete, Maritas Sohn habe überlebt und sei gesund. Der schuldige Mediziner sei inzwischen hingerichtet worden.

Dem widersprachen dramatische Zeitungsartikel und ein Foto, das die CIA-Agenten der angeschlagenen Marita Lorenz vorlegten. »Sie traktierten mich mit einem Bild, auf dem ein toter Fötus in dem Bett im ›Havanna Hilton‹ zu sehen war. Sie sagten mir: ›Das hat Fidel dir angetan. Er hat das Kind töten lassen.‹« 1981, als sie noch einmal nach Cuba reiste, und Castro ein letztes Mal traf, soll er ihr anvertraut haben, ihr Sohn sei am Leben. Er heiße Andrés, müsse aber ein Staatsgeheimnis bleiben.

Langsam bereiteten die fanatischen Castro-Gegner Marita Lorenz auf ihre Geheimdienst-Operation vor. »Frank Sturgis und sein Kollege Alex Rorke bearbeiteten mich wochenlang. Sie sagten: ›Du musst Fidel umbringen. Damit rettest du den gesamten amerikanischen Kontinent vor der kommunistischen Flut.‹« Sturgis hatte ein breites Repertoire an Argumenten: »Ich habe ihr gesagt: ›Fidel treibt es noch mit anderen Frauen. Er ist dir nicht treu.‹ Sie wurde ziemlich eifersüchtig.«

Auch die wichtigsten Führer der Exilkubaner trafen mit Marita Lorenz zusammen. Einer von ihnen hieß Manuel Artime, ein Überläufer aus den Reihen der Revolution. »Er war ein aggressiver Redner, laut, hysterisch, unkontrollierbar. Mir sagte er, er wollte mein Bruder sein. Seine Idee war es am Ende, mich für Propagandazwecke einzusetzen.« Sie versuchten es nach allen Regeln der Kunst.

Alex Rorke, ein ehemaliger Jesuitenpriester mit einem großen Kreuz am Hals, predigte die Liebe Gottes und übermittelte seine Botschaft in sanften Worten. Er besuchte mit ihr eine Kirche und entzündete dort eine Kerze für ihr »totes Kind«. Frank Nelson, ein Unternehmer und ehemaliger Geheimagent, versuchte es mit der väterlichen Masche. Auch er wusste, wo bei der einsamen und ihrer Familie entfremdeten Marita anzusetzen war.

Marita Lorenz fühlte sich »schwach, hilflos und litt an Depressionen«. In ihrem Buch erinnert sie sich später: »Die Agenten redeten beständig auf mich ein: Fidel habe meinen Körper und meine Seele misshandelt; wie glücklich ich mich schätzen könne, aus Castros Höhle gerettet worden zu sein. Ich hätte jetzt die

Chance, die Ehre meiner Eltern wiederherzustellen und zu beweisen, dass ich meines neuen Vaterlandes würdig sei.« Sie brauche dafür nur eines zu tun, den Diktator zu eliminieren, ihn »zum Schlafen [zu] bringen«. Kein einziges Mal sprachen sie davon, Castro zu töten. Klare Worte waren nicht üblich.

Nur Maritas »Bruder im Geiste«, der Ex-Jesuit Alex Rorke redete Klartext, als er den Geist der Kreuzzüge wieder aufleben ließ: »Er sagte, der Tod Castros sei Gottes Wille. Der Commandante sei die Inkarnation des Bösen.« Die Indoktrination dauerte Monate und schloss einen Aufenthalt im großen CIA-Ausbildungscamp ein, das alle nur »Farm« nannten. Als Höhepunkt wurde Marita Lorenz nach Florida gebracht und in ein Trainingslager der Exilkubaner gesteckt.

Sie erinnert sich: »Sie nahmen mich mit nach Miami und ließen mich ein militärisches Ausbildungsprogramm durchlaufen. Also zog ich einen schwarzen Trainingsanzug an, bekam einen 38er und neue Ausweispapiere. Ich wachte in einer reinen Männerwelt auf, vergaß meine Identität und fing an, wie ein Undercover-Agent zu denken, zu fühlen, zu essen und zu schlafen. Ich nächtigte in Autos auf einer Ladung von Dynamit oder auf einem Haufen gestohlener Gewehre. Ich zwang mich dazu, alles mitzumachen und legte jedes mädchenhafte Verhalten ab. Ich war auf einer Mission. Wurde extremen Belastungstest unterworfen. Sie bereiteten mich auf meinen Einsatz vor.«

In den Everglades probten die Exilkubaner zusammen mit amerikanischen und ungarischen Söldnern die Invasion ihres Heimatlandes. So lautete die Überlegung: Da Fidel Castro in jenen Tagen noch ziemlich populär war, musste er vor Beginn des Einmarsches ermordet werden. Das war die Aufgabe der geheimen Einheit »Operation 40«, die unter dem Kommando des CIA-Mannes Frank Sturgis stand. Er bekniete die naive Castro-Freundin: »Marita, du gehst zurück zu ihm, tust eine Pille in seinen Milchshake, und dann gehst du wieder. Er wird einfach einschlafen und nichts merken.«

Die Pille kam aus dem CIA-Labor, von CIA-Chef Allen Dulles ironisch »Abteilung für gesundheitliche Veränderungen« genannt. Es handelte sich um Kapseln mit einem hochwirksamen

Lähmungsgift auf Botulinum-Basis, das an Meerschweinchen getestet worden war. Zur laufenden Operation fanden mehrere Planungstreffen zwischen CIA und Mafia statt. Daran nahmen wechselweise der stellvertretende Operationschef des Dienstes, James O'Connell, sowie Robert Maheu und John Rosselli, Verbindungsleute zwischen den ungleichen Partnern, und Sam Giancana, ein Nachfolger des legendären Al Capone, teil.

Marita Lorenz behauptet, dass sie im Frühjahr 1960 zum lange geplanten Einsatz nach Havanna flog. Unmittelbar vor der Abreise sei ihr von den Instrukteuren eine Erfolgsprämie in Höhe von zwei Millionen Dollar, zahlbar auf ein Schweizer Konto, versprochen worden. Die Gehirnwäsche war erfolgreich gewesen, und deshalb redete sie sich immer wieder ein: »Ja, ich werde es tun, Fidel hat es verdient. Er hat mich verlassen. Er hat mir mein Kind weggenommen. Jetzt kommt die Abrechnung.«

Nach drei schlaflosen Nächten checkte Castros Ex-Geliebte in Miami für den kurzen Linienflug der »Cubana« ein. Mitverschwörer Alex Rorke winkte ihr ein letztes Mal zu. Dann nahm alles seinen Lauf.

Marita Lorenz erinnert sich: »Sobald das Flugzeug in der Luft war, überkam mich die Furcht, dass ich schon bei der Einreise in Havanna entdeckt werden könnte. Ich fingerte die Todespillen aus der speziell dafür eingenähten Hosentasche, nahm meinen Kosmetikkoffer und ging auf die Bordtoilette. Wo konnte ich die Pillen verstecken? In der Kamera, in den Socken, im Radio? Nein! Die Zeit bis Havanna wurde knapp. Ich schwitzte vor Angst. Kurz entschlossen wickelte ich die Todespillen in Toilettenpapier ein und drückte sie in meinen Tiegel mit Gesichtscreme. Der Effekt war, dass sie feucht wurden und sich langsam auflösten. Aber das merkte ich erst in Havanna.«

Castros »Alemanita« checkte im kleinen Hotel »Colina« ein und zog ihre maßgeschneiderte Uniform an. Dann fuhr sie in das »Havanna Libre«. Noch immer besaß sie einen Schlüssel für Fidels Suite. Die ersten Eindrücke von Havanna riefen viele Erinnerungen wach, was sich beruhigend auf die Mörderin in spe auswirkte. »Ich war wütend auf Fidel, weil er mein Herz gebrochen hatte, aber ich wollte ihn nicht wirklich umbringen. Ich nahm den Auftrag an, weil ich ihn wiedersehen wollte, und auch, weil ich verhindern wollte, das jemand anders den Auftrag ausführte.«

Kurz bevor Fidel in seine Suite kam, nahm Marita die Pillen aus ihrer Cremedose und spülte sie ins Bidet. Wegen der Feuchtigkeit hatten sie sich bereits in eine breiige Masse verwandelt. Als das Wasser rauschte, dachte sie: »Soll doch die Geschichte ihren Lauf nehmen. Es ist nicht mein Krieg.«

Fidel, der Fuchs, begrüßte sie mit einer Frage: »Was machst du denn hier. Bist du etwa gekommen, um mich umzubringen?« Nach Maritas Überlieferung, hat sie mit einem Ja geantwortet. Der Demagoge lag angezogen und erschöpft auf dem Bett, die übliche Zigarre zwischen den Zähnen. Er griff nach seinem Revolver, den er automatisch an die Lampe gehängt hatte, und reichte ihn Marita. »Na, mach schon, erschieß mich.« Marita Lorenz hatte jetzt die letzte Chance, ihren Auftrag zu erfüllen. Sie zielte mit dem geladenen 45er auf Castro. »Er wurde nicht einmal nervös, und es kränkte mich, dass er mir nicht die geringste Aufmerksamkeit schenkte. Er sagte noch: ›Du kannst mich nicht töten – niemand kann es.‹ Dann schlief er ein.«

Als er wieder zu sich kam, wiederholte er seine Version der Ereignisse. Das Kind habe überlebt, und der Arzt sei erschossen worden. Fidel Castro bot Marita Lorenz an, in Kuba zu bleiben. »Ich wusste, dass die CIA-Agenten überall waren, auch hier in Kuba. Ich wäre meines Lebens nicht mehr sicher, sollte ich nicht zurückkehren.«

Die beiden schliefen ein letztes Mal miteinander. Dann eilte Fidel Castro zur Fernsehstation, wo abends eine Rede von ihm ausgestrahlt werden sollte. Marita Lorenz flog nach Miami zurück. In ihrem Kopf rumorte es. Ihr war klar, dass sie den Auftragsmord nicht überlebt hätte. Castros Leute hätten sie geschnappt, im Zweifelsfalle aber auch die andere Seite, um eine gefährliche Zeugin zu beseitigen.

Die Ausbilder der Exilkubaner überhäuften sie mit massiven Vorwürfen und nahmen sie tagelang in die Mangel. Marita Lorenz wehrte sich mit dem Hinweis, dass die Todespillen aufgeweicht und unbrauchbar gewesen seien. »Meine Auftraggeber kamen zu dem Ergebnis, dass irgendetwas mit mir nicht stimmte, weil die Gehirnwäsche nicht gewirkt hatte. Auf die Idee, dass ich Fidel hatte leben lassen, weil ich ihn immer noch liebte, kamen sie nicht.«

Die Affäre mit dem »Maximo Lider« der kubanischen Revolution war beendet, aber Marita Lorenz steckte bis zum Hals in den Geheimoperationen, an denen vor allem CIA und Exilkubaner beteiligt waren. Daraus konnte sie sich nicht so einfach verabschieden. Für sich selbst zog sie den Schluss: »Man kommt ohne Probleme in die CIA rein, aber raus kommt man nicht mehr, es sei denn im Leichensack.«

»Ich war ein einsames Mädchen in einer dunklen Welt«, sagt sie heute, wenn sie ihre Lebensbeichte ablegt. Die Ex-Geliebte eines Diktators saß in einem Ausbildungslager, wo es nur das eine Thema gab: Wann würde die »Antikommunistische Penetrationsbrigade« stark genug sein, das eigene Heimatland anzugreifen und die verhassten Kommunisten zu verjagen.

Ihr Vater befand sich längst wieder auf See, auf der neuen »Berlin« und die Mutter meldete sich zu einer Geheimmission nach Äthiopien ab. Marita robbte mit 50 Kilogramm Sturmgepäck durch die Mangrovensümpfe und scheute sich nicht, als Mutprobe für fünf Sekunden in einen Sack mit Klapperschlangen zu greifen. Sie spürte gar keine Angst.

Die Exilkubaner waren »Happy Bandits«, und Marita Lorenz fühlte sich wohl bei ihnen. »Jeden Monat bekam ich 2000 Dollar cash von einem CIA-Verbindungsoffizier namens ›Eduardo‹. Ich wusste nicht, wie ich es ausgeben konnte. Meine Spezialität war, Yachten von reichen Amerikanern zu stehlen und damit Waffen nach Mittelamerika zu transportieren. Auf See war ich glücklich und ganz ruhig. Es war ein gefährliches Söldnerleben, und ich habe viel Spaß gehabt. Manchmal habe ich eine Yacht absichtlich auf Grund gesetzt, um Fidel zu helfen.«

Marita Lorenz und ihre Freunde trainierten in den Everglades Sabotageaktionen. Sie lernte den Umgang mit Waffen und Sprengstoff, Tarnen und Täuschen, das kaltblütige Töten. Ihre Chefs ließen Flugblätter drucken, auf denen in Spanisch geschrieben stand: »Nieder mit Fidel, fackelt die Fabriken und Brücken ab,

Brot und Freiheit für das Volk.« Manchmal flog Frank Sturgis selbst mit einer kleinen Maschine nach Havanna, um die Handzettel über der Stadt abzuwerfen. Marita begleitete ihn mehrmals und blickte wehmütig auf die Skyline, hinter der sich so viele schöne Erinnerungen verbargen.

Die Führer der exilkubanischen Brigaden redeten ihrer jungen und leicht zu beeinflussenden Mitstreiterin immer noch ein schlechtes Gewissen ein. Nachdem sie es nicht geschafft habe, den Despoten zu töten, müsse man jetzt einen Krieg gegen ihn führen.

Mitte April 1961 war es soweit. 1500 schwer bewaffnete Kubaner, an ihrer Spitze CIA-Experten, landeten im Süden Kubas, an der so genannten »Schweinebucht« (Playa Girón). Amerikanische Flugzeuge, getarnt als kubanische Luftwaffe, bombardierten strategische Ziele.

Die Invasion endete bereits nach 72 Stunden als Desaster. Ein Bomber der Angreifer wurde abgeschossen, eines der Landungsschiffe von Raketen getroffen. Die Regierungstruppen waren in der Übermacht, entschieden die Kämpfe für sich und nahmen 1180 Invasoren fest. Präsident John F. Kennedy, der das Abenteuer bereits mit Widerwillen genehmigt hatte, ließ die Bodentruppen im entscheidenden Moment im Stich. Das sollten ihm die Castro-Gegner nie vergessen.

Auch nach dem Debakel in der Schweinebucht spielte Marita Lorenz »mit 5000 Männern Krieg«, darunter viele heißblütige Verehrer, die sie sich vom Leib halten musste. Weit und breit war sie die einzige Frau. Sie entwickelte Talente beim Geldbeschaffen, und deshalb wurde Marita zunehmend zum Einsammeln von Spenden losgeschickt. Besonders großzügig war Venezuelas Diktator Marcos Pérez Jiménez, der im US-Exil lebte. Da er die Staatskasse in Caracas um etwa 750 Millionen Dollar erleichtert hatte, bereitete es ihm auch kein Problem, schnell einmal 400 000 Dollar für Castros Todfeinde lockerzumachen. Der kleine, runde Latino-General mit blutrünstiger Vergangenheit begehrte Marita, seit er sie zum ersten Mal gesehen hatte. Er hasste Castro, und deshalb war es für ihn zusätzlich eine Herausforderung, die Geliebte des Kubaners zu erobern.

Eines Tages hatte er Erfolg, und Marita zog in eine Luxuswohnung, wo sie fortan als Pérez' eifersüchtige Nebenfrau residierte. Gleich darauf war sie schwanger, obwohl ihr CIA-Ärzte wortreich erklärt hatten, nach der »Abtreibung« von Havanna werde sie niemals mehr ein Kind bekommen können. Die Tochter kam im Frühjahr 1961 zur Welt und erhielt den Namen Mónica. Der Erzeuger war begeistert und vergötterte das kleine Mädchen. Pech für alle Beteiligten, dass er Ende 1962 verhaftet und acht Monate später von den Amerikanern nach Venezuela abgeschoben wurde.

Marita Lorenz' Traum von einem unbeschwerten, unabhängigen Leben löste sich abermals in Luft auf. Sie verlor ihre Wohnung sowie ein auf ihre Tochter und sie übertragenes Treuhandvermögen. In ihrer Not kehrte sie zur Söldnertruppe in den Sümpfen zurück. Seit sich Kennedy nach der Raketenkrise von 1962 mit den Sowjets arrangiert hatte, hatten die Exilkubaner einen nicht mehr so guten Stand. Trotzdem wollten sie ihre Aktionen nicht einstellen und mussten deshalb fortwährend Geld beschaffen. Marita, tollkühn wie eh und je, half ihnen beim Transport von Waffen und Drogen.

Sie arbeitete wieder mit Frank Sturgis zusammen, ihrem Dämon, der sie ein Leben lang begleiten sollte. Der ehemalige CIA-Agent konnte zwischen Kennedy und Castro nicht mehr unterscheiden. Er hasste beide aus tiefer Überzeugung. Immer wieder kam er auf den Präsidenten zu sprechen: »Das Arschloch wird sterben, so wie er unsere Leute in der Schweinbucht hat sterben lassen.«

Zu Maritas Söldnertruppe gehörte ein schmächtiger Einzelgänger, der längere Zeit in der Sowjetunion gelebt hatte. Sein Name war Lee Harvey Oswald.

»Ich lernte ihn im Haus von Orlando Bosch kennen, einem der exilkubanischen Führer in Florida. Das war ein paar Wochen vor dem Attentat auf John F. Kennedy. ›Ozzie‹, wie wir ihn nannten, war auch bei dem Autokonvoi nach Dallas dabei, den wir wenige Tage vor dem Attentat durchführten. Ich dachte, es ginge nur darum, Waffen abzuholen. Das habe ich auch 1978 in einer nichtöffentlichen Sitzung vor dem Senatsuntersuchungsausschuss ›Politische Morde‹ ausgesagt. Ich übergab dem Komitee auch ein Foto aus den Everglades, auf dem ich, Oswald und drei andere Söldner zu sehen waren.«

Mit zwei Fahrzeugen reisten die schwer bewaffneten antikommunistischen Krieger im November 1963 von Miami nach Dallas, »ein langer und heißer Trip« (Marita). Unter ihnen der seltsame Lee Harvey Oswald und der brutale Frank Sturgis. Einige der mitgeführten Gewehre eigneten sich hervorragend für Attentate auf lange Distanz. Keiner sprach über den Zweck der Tour, und als Marita Lorenz neugierig fragte, brachte Sturgis sie mit einem energischen »Halt's Maul« zum Schweigen.

In Dallas stieg die unheimliche Gruppe in einem einfachen Motel am Stadtrand ab. Wegen der Waffen und dem martialischen Outfit deklarierte sie sich als Jagdgesellschaft. Frank Sturgis gab die Parole aus: »Keine Kontakte zu Fremden, keine Anrufe, keine Weiber, kein Alkohol.« Gegen Mitternacht kam wieder einmal Geldbote »Eduardo« und übergab Sturgis einen Umschlag mit dicken Dollarbündeln.

Als Zeugin beim Kennedy-Untersuchungsausschuss identifizierte Marita Lorenz den späten Zusteller als den Ex-CIA-Mann, Organisator der Schweinebucht-Invasion und Berater des Weißen Hauses (unter Nixon), E. Howard Hunt. Er sollte als einer der Drahtzieher der Watergate-Affäre in den Siebzigerjahren notorische Berühmtheit erlangen.

Sturgis verteilte das Geld unter den Mitreisenden. Marita Lorenz war gereizt, weil ihr immer noch keiner erzählte, was von ihnen erwartet wurde. »Ich wusste, wir sollten irgendjemanden töten. Das musste so sein. Das Geld war eine Anzahlung. Ich hasste dieses Machogebaren.«

Gegen zwei Uhr morgens klopfte es abermals. Jetzt stand ein Typ mittleren Alters vor der Tür, der meilenweit als Mafioso zu erkennen war. So waren sie 1959 in Havanna rumgelaufen, Maßanzug und Hut, irgendwie geschäftsmäßig und doch halbseiden.

»Hey, was macht diese gottverdammte Tussi hier?«, spielte sich der Besucher auf.

Sturgis tat das gänzlich Unerwartete und fing an, Marita Lorenz zu verteidigen. Beide Männer setzten das Gespräch im

Freien fort. Der Elegante schien höherrangig zu sein. Er beendete die Debatte mit einem rüden Spruch: »Du fetter Hurensohn. Mit wem, zum Teufel, glaubst du so reden zu können?« Sturgis schien ein erstes Mal nervös zu werden. »Sie ist schon in Ordnung. Sie gehört zu uns.« »Pass gut auf«, entfuhr es dem Mobster, »ich mache keine Geschäfte mit Tussen.«

Marita hielt ihren Ärger mühsam zurück. Sie hatte die Nase voll von diesem Einsatz. Langsam wurde sie richtig zornig. »Für mich ist jetzt Feierabend«, schimpfte sie lautstark, »ich fahre heim.« Sie packte ihre Sachen. Der Fremde verfolgte es mit einem gewissen Triumph im Gesicht. Er hatte allen seine Macht gezeigt.

Tage später sah sie den Mann im Fernsehen, in Zeitungen und Zeitschriften. Da hatte er auch einen Namen: Jack Ruby. Ein Nachtclubbesitzer aus Dallas, ein Mafiakiller mit praktischer Erfahrung seit 1939, und ein V-Mann des FBI seit 1959. Richtig berühmt wurde er als Mörder des mutmaßlichen Kennedy-Mörders Lee Harvey Oswald, genannt ›Ozzie‹.

Marita Lorenz wurde zum Flughafen gebracht. Unter dem Namen Maria Jimenéz kaufte sie sich ein Ticket nach Miami, holte ihre Tochter Mónica beim Kindermädchen ab und reiste weiter nach Newark. Sie war mit ihrer Mutter in New Jersey verabredet. Beim Landeanflug kam die Stimme des Kopiloten aus dem Lautsprecher: »Meine Damen und Herren, wir bedauern, Sie informieren zu müssen, dass es eventuell eine Verspätung geben wird, weil der Präsident der Vereinigten Staaten in Dallas Opfer eines Anschlags wurde, und der Flughafen möglicherweise für offizielle Starts benötigt wird.« Marita Lorenz begann leise zu weinen.

In ihren Erinnerungen schreibt sie: »›Ozzie‹ war als Sündenbock auserkoren, der aus dem Weg geschafft wurde. Ohne Zweifel hat er in Dallas geschossen. Aber selbst die abgebrühtesten Amerikaner wären schockiert, wenn sie erfahren würden, welche komplexen geheimen und illegalen Strukturen hinter dem standen.« Dabei dachte sie an »die Existenz einer verbrecherischen Geheimarmee im Dienst der Regierung«.

Wieder war ein Abschnitt im Leben von Marita Lorenz beendet. Nach dem Mord von Dallas wollte sie erst einmal ihre finanziellen Probleme lösen, und dann völlig neu anfangen. Das, so dachte sie, könne am ehesten mit Hilfe von General Marcos Pérez Jimenéz geschehen, der in Caracas inhaftiert war. Also reiste sie zusammen mit ihrer Tochter nach Venezuela.

Noch am Flughafen wurde sie festgenommen und am nächsten Tag vom Geheimdienst befragt. Der Offizier erklärte ihr, das das Vermögen des ehemaligen Präsidenten beschlagnahmt und deshalb nichts zu holen sei. Sie bekam eine Aufenthaltsgenehmigung, da man sie für harmlos hielt. Die Regierung spendierte Mutter und Tochter sogar eine längere Rundreise, in deren Verlauf sie mehrere Monate lang im Regenwald ausgesetzt wurden. Erst nachdem Maritas Mutter diplomatischen Druck auf Venezuela ausgeübt hatte, durften die »Verschollenen« wieder nach Miami zurückkehren.

Marita Lorenz zog es nach New York. Dort wollte sie leben. Erneut gingen einige Jahre ins Land, bis sie sich etabliert und von wirren Männerkontakten freigeschwommen hatte. Eine wichtige Rolle spielte dabei die Bundespolizei FBI. Marita war gerade mit Louis Yurasits liiert, dem Verwalter des Mietshauses, in dem sie lebte. Der gemeinsame Sohn Marc wurde Ende 1969 geboren.

Längst war klar, dass Yurasits für das FBI als Spitzel tätig war. Marita und Louis wurden von der Spionageabwehr der Bundespolizei in einem Luxusapartmenthaus an der 87. Straße untergebracht. In der Anlage lebten zahlreiche Diplomaten aus sozialistischen Ländern. Ihnen gegenüber sollten sie besondere Sorgfalt walten lassen. Der Kalte Krieg hatte Marita Lorenz wieder eingeholt.

Vom FBI bekam sie einen Schnellkurs in Kriminaltechnik. »Nach dieser Ausbildung war ich in der Lage, Fingerabdrücke zu nehmen und zu identifizieren, außerdem Überwachungsfotos zu machen. Unsere Wohnung hatte zwei Bäder. Eines davon war zu einem abhörsicheren Büro umgebaut worden, das auch als Dunkelkammer für das Entwickeln der Fotos verwendet wurde. Zudem besaß ich eine Standard-Ausrüstung, um Drogen testen zu können.«

Jeden Abend durchwühlte sie mit ihren Kindern den Abfall der Ostblockdiplomaten, suchte nach Dokumenten, Notizen, Codes. »Der Müll der Albaner war für das FBI am wichtigsten. Kein Mensch wusste, was sie eigentlich in New York trieben. Einer meiner größten Erfolge war daher die Entschlüsselung eines Dokuments aus dem Müll der Albaner, aus dem hervorging, dass sie eine revolutionäre Terrorgruppe der USA mit Geld und Waffen belieferten. Die ganze Gruppe wurde schließlich vom FBI verhaftet.«

In einer anderen Wohnung kam Marita Lorenz einem führenden Aktivisten der *Black Liberation Army* auf die Spur. In seinem Domizil fanden sich Waffen und Munition sowie zahlreiche Propagandabroschüren. Während dieser Ermittlungen, im Jahr 1972, traf Marita den damals stellvertretenden Polizeichef von New York, Frank X. Wieder einmal verliebte sie sich. Die Beziehung der beiden sollte 15 Jahre dauern. »Frank ist nach Fidel der Mann, den ich am meisten geliebt habe. Wir waren voneinander besessen.« In der Regel trafen sie sich jeden Mittwoch in einem Zimmer des »Marriott«-Hotels. Auf Fotos aus jenen Tagen sieht man Marita mit einer üppigen, hochtoupierten Frisur, wie sie in alten US-Fernsehserien üblich war.

Einen KGB-General namens Oleg, der unter diplomatischer Legende in die USA gekommen war, wertet Marita Lorenz noch heute als den »größten Erfolg meiner ganzen Agentenlaufbahn«. Das vermeintliche Hausmeister-Ehepaar freundete sich mit den Sowjets an. Bei kleinen Gefälligkeiten kam man sich näher, und schließlich begann Marita ein Verhältnis mit dem Ersten Sekretär der sowjetischen UN-Mission. Zwei Jahre später erklärte dieser sich bereit, zu den Amerikanern überzulaufen. Er tat es, packte bei der CIA restlos aus und wurde mit einer neuen Identität belohnt.

Marita war nicht ausgelastet, und deshalb arbeitete sie tagsüber noch als Hilfspolizistin beim 23. Polizeirevier. Auch hier durfte sie ihrer Leidenschaft für verdeckte Ermittlungen frönen. Nebenher praktizierte sie eine sehr individuelle Art der Kindererziehung. Da konnte es schon vorkommen, dass sie sich mit Sohn und Tochter und einer automatischen Schnellfeuerwaffe in die Tiefgarage begab, um dort ein bisschen Schießen zu üben.

Dass sie zwar neue Aufgaben finden, aber dennoch ihrer Vergangenheit nicht entkommen konnte, merkte Marita Lorenz erstmals 1972. Damals ereignete sich der berühmteste Einbruch in der Geschichte der USA: Watergate. Fünf Männer drangen in das Hauptquartier der Demokratischen Partei in Washington ein, um Informationen zu stehlen.

Einer von ihnen hieß Frank Sturgis. Einer seiner Auftraggeber war E. Howard Hunt, der inzwischen für das Weiße Haus des Präsidenten Richard Nixon als Berater tätig war. Die alten Boys waren immer noch in Schlüsselpositionen. Die Haupttäter wurden 1973 zu Gefängnisstrafen verurteilt, und Richard Nixon trat nach quälenden Enthüllungen 1974 zurück.

Der Ex-CIA-Mann Sturgis hatte auf rasche Begnadigung gehofft. Als dies nicht der Fall war, bereitete er seine Rache vor. Er verkaufte der New Yorker *Daily News* eine sechsteilige Serie, die sein heroisches Leben im Dienste des Vaterlandes schildern sollte. Eine Folge war Marita Lorenz und Fidel Castro gewidmet (»Ihr Auftrag: Töte Fidel!«). Auch das FBI konnte das Erscheinen nicht verhindern. Marita Lorenz erinnert sich: »Als der Artikel in der Zeitung stand, war für mich alles vorbei – die Arbeit für das FBI, meine Ehe mit Louis, die ganze Undercoveroperation. Die Mieter begriffen jetzt, was mit uns los war, und zogen fluchtartig aus dem Gebäude aus. Die Russen bauten für sie ein neues Haus – ohne Wanzen.«

Als die Zeit der Untersuchungsausschüsse kam, signalisierte Marita Lorenz Kooperationsbereitschaft. Sie wollte ihr ganzes Leben offen legen, um sich an der CIA zu rächen. Andere Zeugen waren ebenfalls bereit, auszupacken. Das sollte ihnen zum Verhängnis werden. Johnny Rosselli, einst Liaison zwischen CIA und Mafia und Kurier der Giftpillen, wurde zerstückelt in einer Öltonne gefunden. Mafia-Boss Sam Giancana starb in seiner Küche an einem gezielten Schuss. Marita Lorenz wurde in das Zeugenschutzprogramm der Polizei aufgenommen. Der Ausschuss sicherte ihr Immunität vor Strafverfolgung zu. Nun konnte sie alles berichten, was sie wusste.

Frank Sturgis kehrte in die Everglades zurück und bildete weiter antikommunistische Kämpfer aus. Vehement dementierte er seine Beteilung am Präsidentenmord. Ende 1993 starb er an Lungenkrebs. Marita war von ihm befreit.

Jahre zuvor lebte Marita Lorenz in Angst. Sie hatte mit ihrer Vergangenheit komplett gebrochen, und doch nahmen die Drohungen und vereinzelte Gewalttaten gegen sie immer mehr zu. Sie und ihre Kinder erhielten noch einmal Polizeischutz. Dann wurde sie wieder vom Staat angestellt. In Fort Indianatown Gap in Pennsylvania befand sich ein Durchgangslager für kubanische Flüchtlinge. Dort fing sie als Betreuerin an. Als das Camp aus allen Nähten platzte, wurde es nach Fort Chaffee in Arkansas verlegt. Marita ging mit. Nach eineinhalb Jahren extremer Nervenbelastung kehrte sie zurück. Der Medienwirbel hatte sich inzwischen gelegt, und deshalb konnte sie sich frei bewegen.

1983 heiratete Marita wieder und wurde eine Farmersfrau in Florida. Nun hieß sie Kirkland. Eine Weile ging auch das gut, dann brachte ihre Schwester Valerie einen New Yorker Mafioso ins Haus. Er verbrüderte sich mit Maritas Mann. Beide stiegen in Waffen- und Drogengeschäfte ein. Marita tat, was sie besonders gut konnte – sie arbeitete mit der Polizei zusammen. Das brachte den Farmer Kirkland für ein Jahr ins Gefängnis, und ihre Ehe 1985 vor den Scheidungsrichter.

Marita Lorenz und ihre Kinder kehrten nach New York zurück. Ab sofort ging es noch weiter bergab. Zuerst arbeitete sie als Sicherheitsangestellte am Flughafen La Guardia, dann bei einer privaten Sicherheitsfirma, danach als Undercover-Ermittlerin bei einer Versicherung und schließlich als Tierpflegerin. Langsam gingen ihr die Optionen aus. Das Leben bestand zunehmend aus Frust und Existenzangst. Auch das Erscheinen einer ersten Autobiografie mit dem Titel »Marita« änderte daran nichts.

»Von Zeit zu Zeit bekam ich Besuch von CIA-Agenten, damit ich nicht vergaß, dass ich zu ihnen gehörte. Sie wollten mich wieder einspannen und drohten mir mit der Steuerfahndung, damit ich spurte. Meine Absetzbewegungen ins Zivilleben gefielen ihnen ganz und gar nicht.« Marita Lorenz war, wie üblich, nicht unter Kontrolle zu bekommen. 1988 wurde sie Mitgründerin eines Vereins ehemaliger CIA-Agenten, die offen Kritik an den Praktiken des Dienstes und der Regierung übten. »Jetzt gab es für mich keinen Weg mehr zurück. Wir hatten eine unsichtbare Grenze überschritten.«

Das galt auch für ihre wirtschaftliche Situation. Nachdem ein Filmprojekt mit Oliver Stone geplatzt war, arbeitete Marita Lorenz eine Zeitlang bei ihrer Schwester Valerie, die in Baltimore eine Klinik betrieb. 1998 brach sie sich das Hüftgelenk und konnte nur noch an Krücken gehen. Erstmals musste sie das Sozialamt um Hilfe bitten. Sie hatte die unterste soziale Stufe erreicht.

Mühsam schleppte sie sich durch den Großstadtdschungel von Queens und sammelte Möbel vom Sperrmüll zusammen, um sie repariert für einige Dollars wieder zu verkaufen. Für 150 Dollar veräußerte sie sogar ihre Pistole, eine 32er Automatik mit Nickelplättchen und Silberverzierungen. Das tat ihr sehr weh, weil sie die Waffe jahrzehntelang getragen hatte. »Ich fühlte mich splitternackt, weil mich diese Pistole wie ein Kleidungsstück begleitete. Über ihren Verlust kam ich lange nicht hinweg.«

In einer Stadt wie New York konnte sie mit 444 Dollar Sozialhilfe nicht lange leben, und auch ihr Sohn Mark, der sich stets um sie kümmerte, war meistens arbeitslos. Tochter Mónica, die es wegen ihrer Schönheit zur »Miss Fitness USA« gebracht hatte, war damals reich verheiratet, mit ihrer Mutter jedoch zerstritten. 1999 sollte eine vorübergehende Besserung bringen. Nach längerer Suche stand der Bremer Autor Wilfried Huismann vor der Tür. Er überredete die vergessene Agentin, an einem Film und an dem Buch *Lieber Fidel* mitzuwirken. Gemeinsam waren sie höchst produktiv – und erfolgreich.

Zur selben Zeit übergab ihr die Jüdische Gemeinde in Queens als Holocaust-Überlebende 2500 Dollar. Aus demselben Grund traf eine Entschädigungszahlung der Bundesregierung ein. 10 000 Dollar pro Monat, den das Kriegskind im Lager Bergen-Belsen verbracht hatte, insgesamt sieben Monate. Ohne dass sie es damals wusste, war auch ihre Mutter in Bergen-Belsen eingesessen, weil sie Zwangsarbeitern Essenreste gegeben hatte. Marita Lorenz war todunglücklich, da ihr die Wärterinnen erzählt hatten, ihre Eltern seien gestorben. Alles Lüge. Auch der Vater lebte, in englischer Kriegsgefangenschaft.

Gerade in dieser äußerst depressiven Lebensphase erinnerte sie sich wieder an die traurige Kindheit in Deutschland: »In den letzten Wochen in Bergen-Belsen warteten wir nur noch auf den Tod. Es musste eine Erleichterung sein, wenn er kam. Es war bitterkalt, ich hatte schreckliche Schmerzen und in der Nase immer den Geruch von verwesenden Leichen, von Müll und Tod.«

Nun sitzt sie in einer heruntergekommenen Kellerwohnung auf der schmuddeligen Seite von Brooklyn und teilt sich das primitive Zuhause mit ihrem Sohn Mark und einer Horde von wuscheligen Straßenhunden. Das sind ihre wirklichen Freunde. Marita Lorenz hat einen schweren Herzinfarkt überstanden, leidet an fortschreitender Arthritis und bräuchte eine zweite künstliche Hüfte.

»Ich habe immer am Abgrund gelebt«, zieht sie Bilanz, »das habe ich von meiner Mutter gelernt.« Manchmal fügt sie noch hinzu, dass sie immer wieder Angst hat, vergiftet zu werden.

In ihrer zweiten Autobiografie schreibt sie: »Ich war ein kleines Mädchen in einer kalten und bösen Welt, das gelernt hat, zurückzuschlagen und zu überleben. Mein wahres Ich habe ich dabei jedoch nicht gefunden. Ich habe mich oft angepasst, wie einst in Bergen-Belsen, aber ich habe mich auch für Schmerzen, die man mir zugefügt hat, gerächt. Wirklich erwachsen geworden bin ich nie, immer war und ist mein Leben von fremden Mächten und starken Männern bestimmt worden.« Und Behörden, die ihr trotz bester Beurteilungen keine Rente zahlen wollen, weil sie einmal ungehorsam war und den Staatsfeind Nummer eins nicht getötet hat.

Jetzt möchte sie nur noch »nach Hause«, nach Bremen. Schon bei ihrer Filmpremiere hat sie gemerkt, dass sich dort – trotz 60-jähriger Abwesenheit – bei ihr am ehesten so etwas wie ein Heimatgefühl einstellt. Sie möchte gerne vor dem Ende ihrer Tage eine »gute Deutsche« sein, denn alle anderen haben ihr Leben immer wieder »versaut«. Auch Fidel. Auch die Amerikaner.

Sie lehnt sich zurück und träumt mit offenen Augen. Von einem kleinen Haus auf dem Dorf mit Rosen und einer Kuh, oder vielleicht auch von einem bescheidenen Hausboot auf der Weser. »Ein Agenten-Hang-Out«, sagt sie versonnen. Die Anträge auf Wiedereinbürgerung laufen.

»Take me to Deutschland«, bittet die wütende, in die Jahre gekommene Kronzeugin des Kalten Krieges zum Abschied, »hier gehe ich vor die Hunde.«

6
Violetta Seina
Die Honigfalle des KGB

Wenn sich Violetta Seina, die heute Kosareva heißt, den Mann ihrer Träume vorstellen soll, dann muss sie nicht lange nachdenken. Sie schließt ihre leuchtend blauen Augen für einen ganz kurzen Moment und tut so, als würde sie überlegen. Dann kommt schon, mit einem mädchenhaften Lachen, die Antwort: »David Beckham, der Kapitän.«

Violetta, 15 Jahre älter als der britische Fußballer, würde vieles dafür geben, ihn persönlich kennen zu lernen. Dabei war ihr Bild vom idealen Manne in der Vergangenheit ein ganz anderes. Mit einem, der ihr vor zwei Jahrzehnten sehr nahe stand, ging sie sogar in die Chronologie des Kalten Krieges ein. Er verkörperte aber eher das Gegenteil des Fußballprofis. Ein schmales Kerlchen mit abstehenden Ohren und – jedenfalls auf Fotos – einem vom vielen Exerzieren starr gewordenen Blick.

Sergeant Clayton J. Lonetree war amerikanischer GI. Für Frauen wie Violetta repräsentierte er ein Stück verbotenen Westens, eine in jener Zeit begehrte Öffnung in die große weite Welt.

Der erste Augen-Blick soll Frauen besonders wichtig sein. Clayton hatte die bildhübsche, 25-jährige Russin schon vorher wahrgenommen. Nun, in der Moskauer U-Bahn, sprach er sie an. Hielt er sie wirklich für ein finnisches Kindermädchen, oder sollte das im Nachhinein eine besonders intelligente Schutzbehauptung gewesen sein? War es dagegen eine Falle der anderen Seite, dann schnappte sie in diesem Moment, im September 1985, zu.

Violetta Seina wurde am 27. Oktober 1960 in Moskau geboren. Ihr Vater war Ingenieur, die Mutter unterrichtete am Staatlichen Institut für Öl. Ihr Spezialgebiet waren technische Zeichnungen. Violetta fühlte sich von Anfang an geliebt, und deshalb verkraftete sie es, als sich die Eltern während ihrer Kindheit scheiden ließen. Die Mutter ging eine zweite Ehe ein. 1976 wurde eine kleine Schwester geboren.

Woran kann sie sich aus jener Zeit noch erinnern? An Geborgenheit, sagt sie, und an diese ungeheure Hitze im Sommer 1972. »Da sind die Leute wie die Fliegen umgefallen.« Hatte sie damals Pläne, wie sie ihr Leben einmal gestalten wollte? »Wenn du Gott zum Lachen bringen willst, dann erzähl ihm von Zukunftsplänen. Ich hatte keine Pläne.«

Ihre wahre Begabung waren Sprachen, und das zeigte sich rasch. Violetta besuchte die Schule Nummer 102. Ab der fünften Klasse wurden Fremdsprachen unterrichtet. Das weckte ihr Interesse, auch Fächer wie Literatur oder Geschichte. Nicht selten bekam sie eine Fünf, die beste Note im sowjetischen Schulsystem. Am anderen Ende der Skala befanden sich Mathematik und Physik. Da konnte sie nur selten etwas gewinnen. Von 1966 bis 1977 dauerte diese Art Grund- und Hauptschule. Dann stand für die hübsche Violetta mit den langen, schwarzen Haaren die Richtung fest.

Sie belegte Aufbaukurse am damaligen Moskauer Pädagogischen Institut für Fremdsprachen. »Wir hatten ganz tolle Lehrer. Ich treffe sie zum Teil heute noch.« Ein Jahr lang war sie Teilzeitstudentin. Dann wurde sie Sekretärin des Rektors. Jeden Abend wechselte sie auf die Schülerseite und besuchte Kurse. Das währte nochmals fünf Jahre. Am Ende stand ein Diplom, und Violetta war Lehrerin für Englisch. »Britisches Englisch«, fügt sie mit Nachdruck dazu. Ihre Lieblingszeitung war der britische *Morning Star,* das Zentralorgan der Kommunisten Ihrer Majestät.

Zwei Jahre lang unterrichtete sie Englisch, zu jener Zeit ein fakultatives Fach. »Am 1. September, dem Beginn unseres Schuljahres, hatte ich 30 Schüler. Nach zwei Wochen war noch die Hälfte da. Am Jahresende saßen zwei oder drei vor mir.« Dann erzählte ihr ein ehemaliger Lehrer von einem Job in der Moskauer US-Botschaft. Die Amerikaner suchten eine Rezeptionistin für das Spaso House, ein altes Palais aus der Zeit vor der Revolution, das als Residenz des Botschafters diente.

Das Spaso House befindet sich etwa einen Kilometer von der damaligen, weitläufigen US-Vertretung entfernt. Violetta wurde über die in solchen Fällen zuständige Staatsorganisation UPDK vermittelt. Die Abkürzung bedeutet »Abteilung des Ministeriums für auswärtige Angelegenheiten der Sowjetunion für Dienstleistungen zugunsten des Diplomatischen Korps«. »Ich saß alleine in einem ganz kleinen Raum und habe mich gelangweilt. Die gute Nachricht: Mit 300 Rubel war ich gut bezahlt. Ein Universitätsdozent bekam nur 250 Rubel, ein Arzt im Krankenhaus 130 Rubel.« Im Sprachinstitut hatte die junge Lehrerin 90 Rubel verdient. Unter einigen Entbehrungen hatte sie damit auch leben können. Nun konnte sie sich jedoch, trotz Mangelwirtschaft, ein sozialistisches Luxusleben leisten. Sie war zufrieden.

Violetta Seina war eine auffallend attraktive Person. Groß, schlank und stets modisch gekleidet, dezent aber perfekt geschminkt, fiel sie so manchem männlichen Besucher des Botschafters Arthur A. Hartman angenehm auf. Die Frauen reagierten, wie immer, reservierter. Donna Hartman, die Frau des Botschafters, begegnete ihr von der ersten Minute an mit Abneigung. »Sie war so eine kühle Lady und beobachtete alles aus der Nähe, wie eine Katze, die ständig auf der Lauer liegt«, lautete das vernichtende Urteil der Hausherrin gegenüber dem amerikanischen Journalisten Ronald Kessler.

Donna Hartman wirkte auf ihren Mann ein, und Violetta Seina wurde nach drei Monaten Spaso House in die Botschaft versetzt. Ihr neues Arbeitsgebiet war die Zollabteilung im ersten Stock des Zentralgebäudes. Wenige Meter entfernt befand sich Posten Nummer eins der Marines-Wachmannschaft. Sergeant Clayton Lonetree war dort eingesetzt. Er konnte die auffällige Ortskraft nicht übersehen. Für ihn die schönste Frau in seinem Leben. Während der Dienstzeit war es schwierig, sich ihr zu nähern. Da schien es ihm wie eine überirdische Fügung, als er sie plötzlich in den prächtig ausgestatteten Katakomben der Moskauer U-Bahn sah. Sie sprachen einige Minuten miteinander, belangloses Zeug, Smalltalk. Aber immerhin, die Grundlage war geschaffen.

Clayton J. Lonetree wurde am 6. November 1961 im Mittelwesten der USA geboren. Sein Großvater Alexander Lonetree war der Häuptling der Winnebago Indianer in Wisconsin. Sein Großonkel Mitchell Red Cloud stammte vom legendären Häuptling Fighting Bull ab.

Sein Vater Spencer G. Lonetree, ein Winnebago und Sioux, engagierte sich stark in indianischen Angelegenheiten. Er hatte Claytons Mutter Sally in Chicago kennen gelernt, wo er zeitweise am American Indian Center arbeitete. Sie war 16, und er war 19 Jahre alt. Beide wollten ledig bleiben. Sally, halb Navajo und halb weiß, zog mit dem achtjährigen Clayton und seinem jüngeren Bruder Craig nach New Mexico, wo sie einen Job als Köchin bekam. Vier Monate später veränderte sie sich wieder und ließ die Kinder in einem Waisenhaus zurück, weil der Vater keine Alimente gezahlt hatte. Diesen Schock sollte Clayton nie überwinden.

Nach fünf Jahren bekam Spencer Lonetree das Sorgerecht und holte seine beiden Söhne zu sich. Er lebte inzwischen in Minnesota und hatte erneut geheiratet. Clayton beendete seine Schulausbildung im Unterschichtenmilieu von St. Paul und später in Cleveland. Der Junge war meistens mit sich selbst beschäftigt, redete wenig und zog es vor zu zeichnen.

Eines Tages reichte er bei seiner Lehrerin ein Notizbuch mit einem Hakenkreuz und den Worten »Hitler lebt« ein. Später ergänzte er diese Kritzeleien durch die Sätze »Der Holocaust ist eine Lüge« und »Juden sind unser Unglück« sowie »Hitler hatte die richtige Idee«. Zur Rede gestellt, verteidigte er seine infantilen Entgleisungen mit wirren Worten.

Clayton Lonetree ergriff die einzige Chance für viele aus seiner sozialen Schicht in den heutigen USA. Er meldete sich beim Militär. Im Sommer 1980 setzte er seinen Namen unter die Formulare des Marine Corps. Beim Aufnahmeformular hatte er seine »ethnische Zugehörigkeit« anzugeben. Er schrieb: »Keine.« Lonetrees Leistungen entsprachen dem untersten Niveau und doch, für die Streitkräfte reichte es.

Der junge Indianer brachte eine Grundausbildung in San Diego hinter sich und wurde dann nach Guantanamo Bay auf Kuba versetzt. In dieser Zeit fiel er vor allem durch extensiven Alkoholgenuss auf. Während der Freizeit kam eine Überdosis an Spiritualität dazu. Im kalifornischen Camp Pendleton unterhielt er vorübergehend eine Beziehung zu einer gewissen Nancy, die er seit seiner Kindheit kannte. Mit Machogehabe und krankhafter Eifersucht zerstörte er diese Verbindung schnell wieder. Am Ende zog er sich in die Welt der Spionagebücher und der Nazifantasien zurück.

Im Mai 1984 meldete er sich freiwillig zum »Marine Guard Security Program«, also zum Sicherheitspersonal amerikanischer Botschaften. Bei der Marineinfanterie galt seit langem die Devise, dass die Tüchtigen zu Kampfeinheiten abkommandiert und die Nieten als Wachposten eingesetzt würden. Clayton Lonetree war der geborene Underdog, seine Verwendung vorprogrammiert. Als er dabei nach seiner geographischen Präferenz gefragt wurde, nannte er »den Ostblock oder eines der beiden Deutschlands«. Er war bereit »für ein kleines Abenteuer«, wollte »unterdrückte Menschen« kennen lernen.

Bei der Aufnahmeprüfung blieb Lonetree weit unter den Mindestanforderungen. Er bekam eine zweite Chance, weil sein Vater den Heimatabgeordneten einschaltete. Nun konnte die Ausbildung im Mekka der Marines, in Quantico bei Washington, beginnen. Auf dem Lehrplan standen Etikette und Hygiene, die Abwehr von Überfällen und Geiselnahmen, feindlichen Agenten und Terroristen. Dazu gab es noch ein kleines Quantum an Länderkunde.

1400 Marines waren in den Achtzigerjahren an 140 Auslandsposten in 127 Ländern eingesetzt. Operativ gehörten sie zum Außenministerium, verwaltungstechnisch zum Militär. Die meisten von ihnen waren nur unzureichend darauf vorbereitet, was sie an den Dienstorten erwartete. Gerade die Sicherheitsprobleme einer Stadt wie Moskau, wo die Geheimdienste CIA und KGB ihren aggressiven, unsichtbaren Krieg austrugen, wurden permanent unterschätzt. Als die Konfrontation der beiden Machtblöcke in vollem Gange war, sprachen Insider im Zusammenhang mit den US-Vertretungen in Moskau und Leningrad von »Härte 10«. Und gerade hier sollte der Newcomer Clayton Lonetree die Praxis der Guards kennen lernen.

Für die meisten Amerikaner war ein beruflicher Einsatz in der Sowjetunion der Achtzigerjahre wie ein Umzug auf die dunkle Seite des Mondes. So ging es auch den Marines, die in der weitläufigen Botschaft an der Tschaikowsky-Straße lebten, einem gelbweißen, zehnstöckigen Trutzbau aus der Stalinzeit. Viele von ihnen hatten gar keine Gelegenheit, Sowjetbürger kennen zu lernen. Umgekehrt fielen die Marines zu Zeiten Leonid Breschnews nur dann in der Öffentlichkeit auf, wenn sie zum Joggen ausrückten.

Kahlköpfig und hochgewachsen keuchte der martialische Trupp die Moskwa entlang, stimmte den Singsang des Marine Corps an und brüllte das rhythmische Ho-Ho. Am Kutusowskij-Prospekt kreuzten sich die Wege der durchtrainierten Fremdlinge mit denen der zumeist älteren Nomenklatura-Damen, die ihre Schoßhunde ausführten. Die etwas überforderten Ehehälften aus der Staats- und Parteiführung beklagten sich bald an höchster Stelle. Galina Breschnewa soll schließlich diplomatische Kanäle bemüht haben, um die archaischen Rituale des US-Militärs mitten in der Sowjethauptstadt zu unterbinden.

Als Lonetree nach Moskau kam, war für ihn alles neu. »Sharkey«, so sein Spitzname bei den Guards, blieb jedoch ein Außenseiter, weil ihm die lockere Kommunikation mit seinen Kameraden schwer fiel. Vieles missglückte, da es ihn überforderte. Ihn deshalb als Tollpatsch zu bezeichnen, wäre eine echte Schutzbehauptung gewesen. Sein Chef, Master Gunnery Sergeant Joey Wingate, versäumte keine Gelegenheit, bei der vorgesetzten Dienststelle, der A Company in Frankfurt, Lonetrees Unfähigkeit darzustellen. Da es chronisch an Personal fehlte, wurde Wingates Gesuch, Lonetree abzuziehen, nicht stattgegeben.

Das Leben ging weiter. Zu den täglichen Anfechtungen für die Guards zählten die zahlreichen bildhübschen Mädchen, die im Sold des KGB standen, und den Ausländern kleine Fallen stellten. Man konnte sie in den internationalen Hotels treffen, aber auch in den wenigen Nachtclubs der Hauptstadt. Die Versuchung war immens, weil die Marines ledig und sexuell ausgehungert waren.

Sie schmuggelten die Mädchen im Schutz der Dunkelheit in ihre Botschaftsquartiere, und in der Regel blieb das unbemerkt. Kontakte dieser Art sollten eigentlich sofort gemeldet werden, auch wenn es sich um eine Variante handelte, die streng genommen zur Grauzone zählte. Die KGB-Strategen schickten immer wieder jugoslawische Frauen vor. Die Nymphen aus Titos Reich fielen nicht unter die strengen Regularien.

Dass sich allerdings ein »Honey Trap«, wie diese Versuchungen in der Geheimdienstsprache hießen, bereits im Haus befand und täglich ungehindert ein- und ausgehen konnte, für diesen Fall waren keine Verhaltensregeln vorgesehen.

Violetta Seina arbeitete im ersten Stock der US-Botschaft, seit sie von Hartmans Residenz in das Hauptgebäude umziehen musste. Sie kümmerte sich um Zollangelegenheiten. Das reichte von einer einfachen Luftfracht bis zur eher seltenen Situation, dass Amerikaner sowjetische Autos kauften und außer Landes bringen wollten. Jeden Tag fuhr sie mit der Metro zur Arbeit und kehrte abends wieder zum Wolschki Boulevard 31-1-6 zurück. Violetta fiel auf, wenn sie auf den endlos langen Rolltreppen stand oder auf die Bahn wartete. Sie war eine Ausnahmeerscheinung im tristen, grauen Moskau.

Das fand auch Clayton Lonetree. Nach der ersten Begegnung in der Untergrundbahn trafen sie auffallend häufig in der Botschaft aufeinander. Als sei es ein Zufall, nahmen sie einen Monat später noch einmal dieselbe U-Bahn. Plötzlich winkte Violetta ihm, und er konnte sein Glück gar nicht fassen. An der nächsten Station stiegen sie aus und gingen ein Stück gemeinsamen Weges. Das ungleiche Paar sprach zwei Stunden lang über amerikanische Bücher und Filme und über Fast-Food. Violetta wollte von Clayton mehr über seine Familie wissen, und darüber, wie ihm Moskau gefalle. »Es war richtig interessant«, erinnert sie sich heute, »bis dahin kannte ich Indianer nur aus dem Fernsehen.«

Wieder trafen sie sich an der Metro-Station Tschertanowskaya im Süden Moskaus. Diesmal gab sie sich schüchtern. Also musste er sich umso mehr bemühen. Dazu bestand Gelegenheit beim jährlichen Ball der Marines am 10. November. Lonetree forderte seine Traumfrau mehrmals zum Tanz auf. Im Dezember kam dann die nächste Gelegenheit – bei einer Party der Marines. Die beiden zogen sich in eine ruhige Ecke zurück und plauderten schier endlos.

Wieder verabredeten sie sich an einer U-Bahn-Station. Violetta lud ihren Verehrer zu sich nach Hause ein, stellte ihm ihre Mutter und die kleine Schwester vor. Dann erzählte sie ihm, dass sie von der US-Botschaft gefeuert worden wäre. Die Arbeitsagentur UPDK habe ihr bereits eine neue Stelle bei der irischen Vertretung beschafft. Sie studierten Fotoalben.

Clayton Lonetree kämpfte mit einem ähnlichen Problem. Er sollte turnusgemäß versetzt werden. Nachdem er sich bei Violetta echte Chancen ausrechnete, kam ihm das gar nicht gelegen. Er bat um eine Verlängerung seiner Dienstzeit. Sie wurde ihm wider alle Vernunft gewährt.

Im Januar 1986 erreichte der Navajo-Wachmann sein mittelfristiges Ziel. Violetta gab sich ihm hin. Er fühlte sich dabei auch ganz sicher, weil er gemäß einem Handbuch über Spionageabwehr eventuelle Verfolger durch mehrfaches Wechseln der Verkehrsmittel und seiner Jacken abgehängt hatte. Dass diese möglicherweise längst wussten, wo sein Ziel lag, kam dem doch recht einfältigen Menschen erst gar nicht in den Sinn.

Violetta Seina war im marxistisch-leninistischen Sinne befreit, aber deshalb noch lange nicht emanzipiert. Ihre Zeit war immer noch puritanisch und prüde, vom sozialistischen Sittenbild geprägt. So war es für sie eine echte Aufgabe, einen jungen Amerikaner zu umgarnen, auch wenn es sich dabei um einen Auftrag der Staatssicherheit handelte. »Solange wir uns kannten, haben wir vier Mal miteinander geschlafen«, gesteht Violetta Seina heute ein, »und das war genug für uns.« Es war also nicht der ungehemmte Trieb, der Clayton Lonetree ins Unglück stürzte.

Der Indianer war in die »Honigfalle« gelangt. Violetta leitete zum Familienprogramm über, indem sie ihm ihren geschiedenen Vater vorstellte. Wochen später begann sie von einem Onkel mütterlicherseits zu erzählen. Sein Name war Sascha, und er wollte zu gerne den neuen Freund seiner Nichte kennen lernen. Mit einem Bus fuhren sie zu Saschas Wohnung. Der Onkel war Mitte dreißig und ziemlich hochgewachsen. Seine Haare waren zurückgekämmt. Er hatte eine auffallend direkte Art.

Die späteren Ermittlungen der CIA ergaben, dass Sascha in Wirklichkeit der KGB-Offizier Alexei G. Yefimow war, für die Amerikaner kein Unbekannter. Seit 1983 unterhielt er einen inoffiziellen Kontakt zur US-Botschaft. Yefimow lieferte Informationen zum System und zur politischen Entwicklung seines Landes, die damals von offizieller Seite nicht bekannt gegeben wurden.

Im Gegenzug ließ er sich amerikanische Positionen erklären und gab sie an den gigantischen, hinter ihm stehenden Sicherheitsapparat weiter. Offiziell erzählte Yefimow keinem seiner Gesprächspartner, dass er für den KGB arbeitete. Er sagte, er gehöre dem »Staatskomitee für Wissenschaft und Technologie« an. Seine Kontaktaufnahme zur US-Botschaft sei vom Zentralkomitee der KPdSU angeordnet und vom KGB genehmigt worden. Mit dieser Vorgabe traf er einmal im Monat den jeweiligen Leiter der politischen Abteilung. Es war nicht ungewöhnlich, dass dann über Personalfragen im Kreml und im Weißen Haus, über das den Sowjets bedrohlich erscheinende »Star-Wars«-System und über das Schicksal von sowjetischen Dissidenten gesprochen wurde. Botschafter Hartman interessierte sich sehr für die politischen Gegner der roten Zaren.

»Onkel Sascha« war also offensichtlich der zuständige Mann des KGB für die US-Diplomaten in Moskau. So war es verständlich, dass Sergeant Lonetree vom Wachpersonal der Botschaft für ihn von Interesse war. Yefimow ließ sich über das Leben in Amerika berichten. Er fragte Lonetree nach seinem Einkommen und nahm es mit gespieltem Staunen zur Kenntnis. So viel verdiene er selbst nicht, obwohl er ein Mitglied der »Oberklasse« mit Freunden in hohen Positionen sei. Clayton Lonetree sollte später erzählen, Yefimow habe Violetta behandelt, als sei sie seine leibliche

Tochter. Der naive Junge aus dem Mittleren Westen glaubte fest an die Geschichte vom »Onkel«.

Woher kannte Violetta Seina den angeblichen Bruder ihrer Mutter? Im Januar 1986, so erzählt sie, sei sie in das rote Ziegelgebäude der UPDK am Moskwa-Ufer vorgeladen worden. Dort wartete bereits »Sascha«. »Er sagte, er hätte einen schönen, gut bezahlten Job für mich. Es sei im Interesse des Staates. Die Zeit war damals schwierig für mich, gerade was Familie und Freunde betraf. Also willigte ich ein.«

Nun trafen sie sich regelmäßig. Lonetree kam normalerweise in Seinas Wohnung. »Meistens blieben wir bei mir und gingen nirgendwo hin, vor allem nicht an Touristenplätze. Wir hatten Angst, jemandem Bekannten zu begegnen. Wir führten lange Gespräche, spielten Schach, hörten Musik. Es waren immer nur ein paar Stunden.« Violetta besteht darauf, dass es auch für sie eine »echte Liebesgeschichte« war. Clayton probte den absoluten Ernstfall. Er fragte seine Freundin, ob sie mit ihm in die USA gehen würde. Nein, sagte sie, lass uns doch zusammen hier in Moskau leben. Gelegentlich kam »Onkel Sascha« dazu, und Violetta musste dolmetschen. »Sascha« schien wirklich begabt zu sein, weil sich sein Englisch von Mal zu Mal verbesserte.

Spätestens im Februar 1986 zog »Sascha« die Daumenschrauben an. Nach Austausch der üblichen Höflichkeiten – die Sowjets versicherten stets, dass ihnen der Weltfrieden das Wichtigste sei, und Lonetree gelobte Freundschaft gegenüber dem sowjetischen Volk – bat »Sascha« um eine Gefälligkeit. Dann überreichte er Lonetree eine Liste mit ziemlich pointierten Fragen zu den CIA-Vertretern in der US-Botschaft. Das Papier, so sagte er, käme von einem Freund, der KGB-General und Mitglied des Zentralkomitees der Kommunistischen Partei sei.

Die Sowjets wollten beispielsweise wissen, ob der zweite Sekretär Michael C. Sellers von der CIA kam. Lonetree erzählte alles, was er über ihn wusste. Einen Monat später wurde Sellers nach Spionagevorwürfen des Landes verwiesen. »Sascha« interessierte sich auch für Murat Natirboff, den Stationsleiter der CIA. Dann ging er ein Stück weiter und fragte Lonetree, ob er die Büros seines Chefs, der CIA und des Botschafters verwanzen würde. Lonetree weigerte sich. »Sascha« fragte ihn, ob er die Pläne der siebten Etage beschaffen könne. Lonetree sagte, er werde es versuchen. Im siebten Stock saß die CIA.

»Saschas« Erpressung funktionierte. Lonetree wurde rasch klar, dass er Violetta nur treffen konnte, solange er dem KGB »Gefälligkeiten« erwies. Also brachte er den Etagenplan herbei und erklärte alle Büros und Sicherheitseinrichtungen. »Onkel Sascha« legte ihm 300 Fotos von Botschaftsangehörigen vor, und Lonetree musste sie identifizieren. In einem Telefonbuch der US-Vertretung ging man gemeinsam die Namen durch. Nach und nach wurde die US-Botschaft für die Sowjets zu einem Glashaus. Sie kannten das Bewachungssystem vom Haupttor bis zu den Räumen mit sensibelster Technik.

Lonetree musste eine Erklärung unterschreiben: »Ich bin ein Freund der Sowjetunion. Ich werde immer ein Freund der Sowjetunion sein, und ihr Freund bleiben.« Damit hätte man ihn kompromittieren können, wenn er die Freundschaft zur Sowjetunion aufkündigen wollte. Clayton Lonetree hatte zwar ein mulmiges Gefühl, wenn er seine Treffen mit »Sascha« Revue passieren ließ, aber er tröstete sich mit dem Gedanken, dass es einem guten Zweck dienen würde. Schließlich könne er die gemeinsame Zukunft mit Violetta sichern. Alle Aktionen kämen auch ihr zugute.

Im März 1986 wurde Lonetree an die amerikanische Botschaft in Wien versetzt. Er versprach seiner Geliebten, dass er »nach zwei Jahren wieder zurück« sein würde. Schon vor Lonetrees Abreise kündigte »Onkel Sascha« seinen Besuch für Juni oder Juli an. Das gefiel dem Wachmann gar nicht. In seiner Naivität dachte er, wenn er Violetta nicht sehen könnte, dann dürfte er auch »Onkel Sascha« ignorieren. Er stellte sich insgeheim vor, wie es wäre, wenn er ihn als KGB-Spion enttarnen würde.

Obwohl Lonetrees Verrat von »Onkel Sascha« qualitativ runtergespielt wurde, hatte sich das KGB doch an die bequeme Situation gewöhnt, jederzeit alles über den amerikanischen Brückenkopf in Moskau in Erfahrung bringen zu können. »Sascha« und seine Kollegen mussten ihren verlorenen Kundschafter wieder ersetzen. Die Wahl fiel auf den 20-jährigen New Yorker

Corporal Arnold Bracy. Er war ein Muster-Guard, und überaus angesehen in der Botschaft. Seine nicht sofort für jedermann erkennbare Achillesferse hieß Galina N. Golotina, kurz Galya. Die 28-jährige war bis vor wenigen Tagen eine der Köchinnen der Botschaft gewesen, und die alleinerziehende Mutter eines acht Jahre alten Sohnes. Bracy verehrte sie, hatte sich aber aus religiösen Gründen bislang nur zurückhaltend engagiert.

Eines Tages meldete Bracy seinem Vorgesetzten, Galya habe ihm bei einem zufälligen Treffen in einem Park erzählt, der KGB habe sie anstiften wollen, ihm eine »Honigfalle« zu stellen. Sie habe ihn in ein Appartement locken sollen. Bald darauf zeigte sich, dass die Köchin und der Marine doch etwas mehr zu verbergen hatten, und dass es eindeutige Treffen in der Wohnung eines amerikanischen Ehepaares, wo Galya als Babysitterin arbeitete, gegeben haben musste.

Irgendwie war auch von einem Onkel die Rede, der Bracy gerne kennen lernen wollte. Der Wachmann wurde rasch abberufen und in die USA versetzt. Und plötzlich war auch die Rede von »diesem Spionagezeug«, von Geheimdokumenten, die größere Dollarbeträge wert waren. Gegen Bracy wurde bald ermittelt.

Inzwischen wanderten Liebesbriefe von Violetta Seina zu Clayton Lonetree und wieder von Wien nach Moskau. Bei Violetta kamen sie in der Regel zerfleddert und unvollständig an. Das bessere Englisch fand sich eindeutig in ihren Schreiben. Bei den späteren Ermittlungen gegen Lonetree erstaunte das niemanden. »Ich habe Todesangst, dich zu verlieren. Ich kann mir einfach nicht mehr vorstellen, ohne dich zu leben. Nur die Hoffnung, dass ich dich noch einmal wiedersehen darf, hält mich aufrecht, seit du gegangen bist. Bitte gib mich nicht auf.« Das traf Lonetree bis ins Mark. Also griff er zweimal zum Telefon und rief Violetta bei ihrer neuen Arbeitsstelle, der irischen Botschaft, an.

Violetta avisierte »Onkel Saschas« Besuch in Wien. Alexej G. Yefimow war ein erfahrener Agentenführer. Lonetree konnte ihm nicht entkommen. Also wurde die Zusammenarbeit in Wien auf Biegen und Brechen fortgesetzt. Der liebestolle Navajo lieferte eifrig und wurde dafür bezahlt. Lonetree brachte

Pläne und Telefonlisten und viele Informationen über die CIA-Station in der Wiener Botschaft. Nach und nach überstieg die Spionagetätigkeit allerdings seine Kräfte. Der Indianer verlor den Boden unter den Füßen und tröstete sich mit immer mehr Alkohol.

Ende 1986 wurde Clayton Lonetree seines Postens als Staffelführer enthoben und zu den »Anonymen Alkoholikern« geschickt. Für seinen Wiener Vorgesetzten war er eine pathologische Figur, ohne Selbstvertrauen, lebensuntüchtig. Noch einmal traf er »Onkel Sascha«. Dieser stellte ihm seinen örtlichen KGB-Kollegen vor. »Sascha« nannte ihn »George«. Die Führung des Amerikaners sollte an »George« übergehen.

Unmittelbar darauf, während der Weihnachtsfeier der US-Botschaft, sprach Lonetree den Stationschef der CIA an und bat um Hilfe. Die beiden trafen sich am nächsten Tag in einem McDonald's-Restaurant. Lonetree packte aus. Sein ausführlicher Bericht endete mit einem Satz, der den CIA-Mann erschauern ließ: »Wenn Sascha wirklich Violettas Onkel ist, dann ist sie doch irgendwie verpflichtet, ihn zu unterstützen.« Zehn Tage lang wurde der Marine vernommen. Ein Observationskommando der CIA beobachtete das letzte Treffen zwischen Lonetree und »Sascha«. Die Affäre weitete sich aus.

Plötzlich erinnerte man sich bei der CIA an Wanzen, die Jahre zuvor in den Schreibmaschinen der Moskauer US-Botschaft gefunden worden waren. Dann gab es die Aussagen hochrangiger KGB-Überläufer, die bisher noch nicht so ernst genommen worden waren. Witali S. Jurtschenko, verantwortlich für Spionage gegen die Amerikaner, berichtete seinen Vernehmern, der KGB habe die Moskauer Botschaft betreten dürfen. Sein Dienst könne mit Leichtigkeit die Kommunikation der Botschaften in Moskau und Wien sowie des Konsulats in Leningrad entschlüsseln. Ein anderer KGB-Offizier erzählte einem Partnerdienst der Amerikaner, der KGB habe die Marine Guards in Moskau unterwandert. Das Läuten der Alarmglocken war ohrenbetäubend.

Am 22. Dezember 1986 eröffnete die Spionageabwehr des Marinegeheimdienstes (NIS) in Washington die Ermittlungen zu den Sicherheitspannen in der Moskauer Botschaft. Eine hundertköpfige Sonderabteilung wurde gegründet. Sie bestellte 487 Marines und 1285 andere Zeugen zur Vernehmung, leitete Verfahren gegen 136 Marines ein. Die Reaktionen von 260 Verdächtigen wurden vom Lügendetektor gemessen. Die Untersuchung allein kostete eine Million Dollar. Insgesamt wurde der Schaden später mit 20 Millionen Dollar festgesetzt.

Ein Geheimdienstskandal dieser Größenordnung konnte nicht lange geheim gehalten werden. Eine kurze Erklärung des Marine Corps gab Lonetrees Verhaftung am 2. Januar 1987 bekannt. Die ersten, vagen Informationen drangen über die *»Voice of America« (VOA)* nach Moskau. Violetta Seina hörte regelmäßig die Nachrichten der *VOA*. »Ich war geschockt. Eine solche Reaktion hatte ich nicht erwartet. Sascha rief mich an und erzählte mir: Clayton sei festgenommen worden. Er habe bereits gestanden. Das hätte er nicht tun sollen, dann wäre auch nichts passiert.«

Violetta hatte einen Jahresvertrag bei der irischen Botschaft, einer kleinen Vertretung mit nur sieben Leuten. Sie verstanden sich gut untereinander. Zur Schadensbegrenzung riet ihr »Onkel Sascha«, den Sekretärinnenjob sofort aufzugeben. »Es war noch Zeit für eine Abschiedsparty. Tage später kamen dann die Zeitungen mit großen Überschriften.«

Am 17. Januar traf »Onkel Sascha« seinen üblichen Gesprächspartner in der US-Botschaft, den politischen Attaché Sean Byrnes, zu einem Hintergrundgespräch. Nach dem Mittagessen fragte er plötzlich, ob Byrnes etwas über den Lonetree-Fall wisse. Ob Lonetree sich gestellt habe oder auf frischer Tat erwischt worden sei. Byrne antwortete ausweichend.

»Onkel Sascha« konnte sich seinen Kommentar nicht verkneifen: »Manchmal verlieben sich Leute ineinander, und das sieht hier ganz danach aus.« Wochen später lud Byrne den getarnten KGB-Offizier zum Abendessen ein. Im Auftrag von Botschafter Hartman fragte er ihn, ob er Lonetree geführt habe. »Onkel Sascha« antwortete, ohne mit der Wimper zu zucken: »Ich kannte Sergeant Lonetree nicht und hatte nie mit ihm zu tun.« Das war der letzte Kontakt zwischen den beiden.

Im März 1987 wurde Arnold Bracy verhört. Er beschuldigte Lonetree, KGB-Teams nachts in die sensibelsten Bereiche der Botschaft geführt zu haben, beispielsweise in die Fernmeldeabteilung im neunten Stock. Das bescherte dem Fall riesige Schlagzeilen. In der Folge wurden die 28 Marines der Moskauer Botschaft und ihre Kollegen aus Leningrad abgelöst. Neben Lonetree und Bracy wurde ein dritter Verdächtiger, Stabssergeant Robert S. Stufflebeam, 24, inhaftiert. Später fanden Techniker heraus, dass die Fernmeldeabteilung in eine große Abhörstation umgewandelt worden war. Nichts blieb den Sowjets verborgen.

Immer mehr Details wurden bekannt. Die *Los Angeles Times* berichtete, der KGB habe bereits seit einem Jahr alle codierten Meldungen, die zwischen Moskau und Washington ausgetauscht wurden, entziffern können. Die Sowjets hätten vermutlich auch den Nachrichtenverkehr der Amerikaner während des Gipfels von Reykjavik entschlüsselt. Gorbatschows Leute hätten ziemlich genau gewusst, was Reagans Team vorbereitet hatte. Das Nachrichtenmagazin *Time* zitierte dazu einen Beamten des Außenministeriums: »Wir spielten mit den Sowjets Poker, und sie schauten in einen Spiegel über unserem Rücken.«

Auch die Täter kommentierten den Fall mit ungewöhnlicher Ironie. Der Sprecher des Moskauer Außenministeriums, Gennadi I. Gerassimow, vor amerikanischen Kameras: »Wir können nur darüber lächeln, dass 28 standfeste Marines abgezogen werden, weil sie angeblich den Reizen blonder Spioninnen erlagen.« Hier zeige sich das Unvermögen, dem Feind zu widerstehen. Die jungen Männer täten ihm leid. »Manchmal wird befürchtet, dass unter jedem Bett ein Roter steckt.« Die Amerikaner reagierten und bauten die »Roten« ab. Sie schufen 90 Arbeitsplätze für eigene Landsleute und entließen 206 sowjetische Ortskräfte.

Am 22. Juli 1987 begann der Prozess gegen Clayton Lonetree auf der Basis der Marines in Quantico. Einen Monat später sprach ihn die Jury schuldig. Lonetree wurde zu 30 Jahren Arbeitslager verurteilt. Sein Verteidiger stellte am Ende noch einmal fest, dass Clayton wohl hereingelegt worden sei. Das ging seinem Mandanten trotz allem zu weit: »Leute, die das glauben, sollen es glauben. Ich denke, sie liebt mich.« Er bat den Anwalt und seinen Vater, nach Moskau zu reisen und Violetta zu besuchen – und ihr zu sagen, dass es ihm gut ginge.

Spencer G. Lonetree flog wirklich nach Moskau und traf Violetta Seina. »Er war sehr nett. Ich mochte ihn. Bevor er wieder abreiste, gab ich ihm Briefe für Clayton.« Im Oktober 1993 kam ein langes Antwortschreiben bei Violetta an. Sie revanchierte sich ein Jahr später. Diesmal transportierte ein Kamerateam des amerikanischen Fernsehens das Kuvert für den prominenten Häftling.

Im Februar 1996 wurde Clayton Lonetree aus der Haft in Fort Leavenworth, Kansas, vorzeitig entlassen. Er kehrte in die Stammesgründe seiner Vorfahren zurück, wo er noch heute lebt. Seine ehemalige Geliebte weiß, dass er »keinen Pass bekommt, und deshalb nicht nach Moskau reisen kann«. Sie scheint ihn auch nicht zu erwarten.

Sie ist inzwischen 45 Jahre alt. Nachdem sie die Iren verlassen hatte, war sie bei den Ungarn untergekommen, später bei einer Bank, die irgendwann Pleite ging. Stolz erzählt sie von ihren zehn Reisen nach Ungarn und einem Barcelona-Aufenthalt. Nur England, das hat sie noch nicht geschafft. Auch Violetta Seina hat sich voller Neugier und nicht ohne Lust mit der neuen Zeit arrangiert. »Man wächst hinein in die offenere Gesellschaft. Moskau wird eine immer schönere Stadt. Wie langweilig war es, als diese vielen Lichter noch nicht brannten. Es hat sich so viel geändert.«

Nur sparsam erzählt die Hochschwangere von ihrem Privatleben. Sie habe eine große Wohnung, die sie mit ihrer 27-jährigen Schwester Sweta, einer Kassiererin, teile. Auch eine zweistöckige Datscha mit viel Wohnfläche und ordentlich Grund, 30 Kilometer von Moskau entfernt, bringe ihr viel Lebensqualität. Sie müsse nicht sparen, und es sei in Ordnung so.

Clayton Lonetree und seine amerikanische Unterschichtswelt ist auch heute so weit weg wie die dunkle Seite des Mondes. »Damals, das war eine Tragödie. Vermutlich war ich ohne Absicht der Grund für die Entwicklung. Es tat mir weh, als ich es merkte.

Eigentlich mag ich heute nichts mehr davon wissen. Ich wünsche ihm Glück.«

Ihr eigenes Glück scheint bestens geregelt zu sein, der Bedarf an Abenteuern gedeckt. Es sei denn, da käme dieser David Beckham. Aber das wäre eine völlig andere Geschichte.

7
Alisa Magen
Ein Leben im Mossad

»Alisa Magen war so erfolgreich, weil sie in Wirklichkeit ein Mann ist.« Dieses eigenwillige Kompliment stammt von Rafi Eitan, dem legendären Operationschef aus der Frühzeit des Mossad, der mit einem Team hochmotivierter Agenten den weltweit gesuchten Naziverbrecher Adolf Eichmann nach Israel entführt hat.

Eitans Beschreibung seiner ehemaligen Kollegin ist keineswegs abwegig. Alisa Magen hat eine tiefe Stimme und eine maskuline Erscheinung. Sie ist mittelgroß, trägt kurze Haare, die viel Weiß angenommen haben. Sie bevorzugt praktische Hosen und kommt auch ansonsten dem Outfit der Bondgirls nicht im Entferntesten nahe. Alisa Magen war ihr ganzes Berufsleben eine Frau ohne öffentliches Gesicht. Bis heute trifft sie keine Medienvertreter, weil sie ihnen nichts zu sagen hat, weder über sich noch über den berühmtesten Geheimdienst der Welt. Sie lässt sich nicht fotografieren, da sie auch künftig anonym durch die Welt reisen möchte, unbehelligt und unerkannt.

Alisa Magen zu treffen, ist also eine Sensation, ein Ereignis, das es eigentlich nicht gibt. Deshalb reagieren renommierte israelische Journalisten auch irritiert, wenn sie davon erfahren. Sie sind beeindruckt, zumal sie selbst stets einen »Korb« bekommen haben.

Alisa Magen, deren Name bereits bei der jungen Garde im Jerusalemer Amt des Premierministers Fragezeichen auslöst, ist nur den wahren Insidern bekannt. Wer schließlich alle Hürden überwunden hat und sogar ihre Telefonnummer kennt, wird sie anfangs als reserviert freundlich, am Ende des langen Weges sogar als herzlich empfinden. Sie wird, wie die Jecken so sind, überaus pünktlich sein, ganz konspirativ in einer Hotelhalle warten oder im vollbesetzten Café eines anonymen Einkaufszentrums mitten in Tel Aviv. Alte Gewohnheiten sterben nie. Das haben sie mit alten Agenten gemeinsam.

Das ist auch das Bindeglied zwischen legendären Spionen wie Alisa Magen, dem frischgebackenen 80-jährigen Knesset-Abgeordneten Rafi Eitan und ihrem bereits verstorbenen, früheren Chef Isser Harel. Als sie in den Dienst eintrat, hatte Harel gerade den Weltruhm des Mossad begründet. Eine Operation jener Tage hieß »Damokles«, weil das Schwert über den Häuptern der Gegner hing. Dabei sah es am Anfang genau umgekehrt aus.

Die Chronologie der Ereignisse begann am 21. Juli 1962. Ägyptens Präsident Gamal Abd el-Nasser feierte das zehnjährige Jubiläum seiner Revolution. In den Straßen Kairos wimmelte es von Militär. Die Oberen des Landes nahmen eine große Parade ab. Mit dabei zwei Raketen, die irgendwann gegen den Erzfeind Israel eingesetzt werden sollten. Das Modell für Kurzstrecken hieß »Al-Zafir«, die weiterreichende Ausführung »Al-Qahira«. Beide trafen den empfindlichsten Nerv des Judenstaates, bevor sie überhaupt in den Himmel stiegen.

Mossad-Chef Isser Harel musste sich von dem beunruhigten Staatsgründer David Ben Gurion fragen lassen, warum er die Entwicklung dieser Raketen nicht rechtzeitig bemerkt habe. Das störte ihn sehr, denn Harel war eine lebende Legende, und schon deshalb konnte er keine Kritik vertragen.

1912 im russischen Witebsk geboren, kam er mit seiner Familie in jungen Jahren nach Palästina. Ein Kibbuz bei Herzliya wurde seine neue Heimat. Harel alias Halperin arbeitete bei der Obsternte und schloss sich bald der Haganah an, aus der die israelische Armee entstehen sollte. Seine wahre Berufung fand er aber erst im geheimen Flügel der Haganah, genannt SHAI, und bei Operationen gegen die Araber.

Der wortkarge, vorsichtige und grenzenlos misstrauische Aufsteiger hatte es bald geschafft. Beim ersten Nahostkrieg, 1948, gelang es ihm, den jordanischen Aufmarschplan zu beschaffen. Das öffnete ihm alle Türen. Mit weiteren spektakulären Erfolgen verhalf Isser Harel dem Mossad zu Weltruhm. In seinem privaten Leben blieb er aber stets ein einsamer Mann. Israels Politiker fürchteten seine Macht, Mitarbeiter seine puritanische und erbarmungslose Art.

Premierminister Mosche Scharet nannte den kleinwüchsigen Agentenchef einen »Teufel in Zwergengestalt«. Im Dienst kursierte der Spruch: »Nur Hunde und Kinder haben keine Angst vor seinen harten, blauen Augen.« Sätze wie diese blieben an ihm haften. Kein israelischer Geheimdienstchef war je so einflussreich, keiner so unbeliebt und umstritten wie Harel.

Seine Späher brachten rasch die Information, dass Ägypten deutsche Wissenschaftler »eingekauft« habe, um in aller Ruhe die Schraube im Rüstungswettlauf wieder ein Stückchen weiterzudrehen. Der Mossad bildete unverzüglich eine Spezialeinheit, die sich mit der neuen militärischen Bedrohung auseinander setzte. Obwohl die Beziehungen zum Militärgeheimdienst »Aman« chronisch gestört waren, entstand für diesen Fall eine enge Kooperation. Den Israelis gelang es innerhalb von Wochen, unter anderem durch ihren Topagenten in Kairo Wolfgang Lotz, erste Unterlagen zu beschaffen, die den Umfang des ägyptischen Waffenprogramms erkennen ließen.

Ein deutscher Professor namens Wolfgang Pilz hatte an einen seiner lokalen Partner geschrieben, er werde insgesamt 900 Raketen bauen. Es trafen auch Hinweise ein, dass die Ägypter überlegten, in einen Teil der Sprengköpfe chemische oder biologische Kampfstoffe zu füllen. Der Briefwechsel enthüllte auch, dass das Steuersystem der ersten 30 Raketen bei weitem noch nicht ausgereift war.

Der israelische Geheimdienst brachte außerdem in Erfahrung, dass deutsche Wissenschaftler neben der Fabrik mit der Codenummer »333« noch zwei weitere Werkstätten für Düsenjets und für Strahltriebwerke eingerichtet hatten. Um ihr Rohmaterial ungestört beschaffen zu können, hatten deutsche Techniker Briefkastenfirmen in Europa gegründet. Eines dieser Unternehmen befand sich in Köln. Mossad-Agenten besuchten es tief in der Nacht, um Pläne und andere schriftliche Unterlagen abzulichten.

Als die Situation einigermaßen überschaubar war, überlegte Israels Regierung, mit welchen Maßnahmen die ägyptischen Rüstungsanstrengungen gestoppt werden könnten. Ben Gurion verwarf den Gedanken, mit Adenauer direkt zu sprechen. Dazu, so meinte er, seien die israelisch-deutschen Kontakte noch nicht tragfähig genug.

Also wurde der stellvertretende Verteidigungsminister Shimon Peres gebeten, die unangenehme Sache mit dem deutschen Kollegen Franz Josef Strauß zu regeln. Außenministerin Golda Meir forderte einen »Krieg« gegen die deutschen Technosöldner. Zeitzeugen können sich erinnern, dass sie sich einer Rhetorik bediente, als habe man es noch immer mit den Nazis zu tun. Was Deutschland betraf, war die eiserne Lady unversöhnlich.

Die Situation verschärfte sich, als ein frustrierter österreichischer Ballistikexperte namens Otto Joklik bei den Israelis anklopfte. Agenten des Mossad trafen und überprüften ihn. Dann schleusten sie ihn unter einer Legende nach Israel. Otto Joklik informierte die Israelis über das Programm »Ibis I« der Ägypter. Dabei sollten Sprengköpfe mit radioaktivem Müll, heute bekannt als »Schmutzige Bombe«, an die Mittelstreckenraketen montiert werden. Unter dem harmlosen Decknamen »Cleopatra« sollen die Nachfolger der Pharaonen sogar schon Atomwaffen konzipieren wollen – so der Informant Joklik.

Eine beinahe identische Operation fand etwas später statt. Wieder ging es um einen Raketentechniker, der von Österreich nach Israel gebracht werden musste. Mit dabei war Alisa, damals noch eine junge, etwas schüchterne Dame von 25 Jahren, die Deutsch als Muttersprache beherrschte. Es sollte ihre erste Operation sein, bei der es um die Sicherheit des Staates Israel ging. Nach ihrer Rückkehr erntete sie ein großes Lob. Eine der ersten operativ fähigen Frauen des Dienstes hatte sich bewährt.

Nun lief die volle Kapazität des Dienstes an. Isser Harel flog selbst nach Europa, um die nächsten Schritte zu koordinieren. Ihm zur Seite stand der frühere Untergrundkämpfer Jitzhak Shamir, den Harel wegen seines Talents für so genannte »nasse

Jobs«, also Mordkommandos, zum Mossad geholt hatte. In der Politik sollte er es später bis zum Ministerpräsidenten Israels bringen.

Viele Details der Operation »Damokles« sind bis heute unbekannt geblieben. Im September 1962 verschwand beispielsweise Heinz Krug, der in München die ägyptische Deckfirma »Intra« leitete. Zwei Monate später schickten Agenten des »Aman« von Hamburg aus mehrere Briefbomben an die Adressen der verdächtigen Anlagen in Ägypten. Beim Öffnen explodierte eines der Päckchen und tötete fünf Ägypter.

Ian Black und Benny Morris, die Autoren der umfangreichsten historischen Darstellung des Mossad, beschrieben einen Einsatz vom Februar 1963, an dem Isser Harel selbst teilnahm. Demnach saß er eine ganze Nacht vor dem Haus des Elektronik-Experten Hans Kleinwächter in Lörrach. Der Veteran von Hitlers V-2-Projekt stand im Verdacht, inzwischen für die Ägypter zu arbeiten. Neben Harel wartete einer von Shamirs Killern, die Maschinenpistole versteckt. Kleinwächter hatte Glück. Er kam in jener Nacht nicht nach Hause. Ein zweiter Anschlagsversuch, diesmal mit anderer Besetzung, misslang ebenfalls. Also wurde er auf die Liste der deutschen Techniker gesetzt, die aus Ägypten abgesandte Drohbriefe erhielten.

In der Schweiz kam es zu einer Panne. Der Informant Otto Joklik und der Mossad-Agent Yosef Ben-Gal wurden von der eidgenössischen Polizei festgenommen, als sie Heidi Goerke, die Tochter des in Kairo tätigen Elektronikfachmanns Paul Goerke, bedrängten. Plötzlich stand die Affäre in den Zeitungen, und die Bonner Regierung forderte die Auslieferung von Ben-Gal. Eine von Isser Harel ausgeheckte, inoffizielle Pressekampagne sorgte für antideutsche Tiraden in den israelischen Medien. Ben Gurions vorsichtige Aussöhnung mit dem neuen Deutschland drohte an Schlagzeilen zu ersticken, die Nassers Raketen als Fortsetzung von Hitlers Endlösung darstellten.

Die Regierung reagierte mit einem Befreiungsschlag. Unter der Federführung von Shimon Peres entstand ein »Aman«-Bericht, der die ägyptische Gefahr zurückstufte. Die Rüstungsprojekte, so die Tendenz des Papiers, seien utopisch und undurchführbar. Isser Harel kochte vor Wut – und reichte seinen Rücktritt ein. Eine Geheimdienstära ging zu Ende. Der Geist Harels blieb jedoch noch lange im Haus.

Alisa, die gerade ihre Ausbildung beendet hatte, setzte in dieser Zeit zur Karriere an. Sie sollte es Jahrzehnte später beinahe schaffen, Harel zu beerben. Als in Israel noch Pioniergeist herrschte, war es immer wieder möglich, mit Talent und eigener Kraft nahezu jede erdenkliche berufliche oder gesellschaftliche Funktion zu erreichen.

Die Geschichte der jungen Alisa, die heute den Familiennamen Magen trägt, begann im Nationalsozialismus. Ihre Eltern hießen Halevy und lebten in Frankfurt/Main. Vater Gabriel war Anwalt und durfte ab 1933 nicht mehr praktizieren. Mutter Margot, blond und blauäugig, mit klassischer Tanzausbildung, war eine starke Persönlichkeit. Beide gehörten der zionistischen Bewegung an. Sie erkannten die unheilvollen Zeichen der Zeit und beschlossen sehr früh, Deutschland zu verlassen. Das Paar reiste nach Palästina und suchte eine neue Heimat in Jerusalem.

Anfangs verhandelten die Juden noch mit den Nazis und unterzeichneten das so genannte »Haawaara«(Umsiedlungs)-Abkommen, ein Pakt mit dem Teufel. Für die wohlhabenden Juden war es eine Chance, den anlaufenden antisemitischen Greueltaten zu entkommen. Sie durften einen Teil ihres Vermögens mitnehmen und mussten den Engländern 1000 Pfund Sterling geben, um sich im Mandatsgebiet ansiedeln zu dürfen. Wer sich das leisten konnte, wurde als »Kapitalist« kategorisiert. Auch wenn es die internationale Öffentlichkeit noch nicht merkte, unmittelbar nach Hitlers Machtergreifung wurden bereits Juden von der SA angegriffen und mit Berufsverboten belegt, ihre Bücher verbrannt. Die ersten Konzentrationslager füllten sich.

Von den rund 700 000 Juden in Deutschland und Österreich wanderte ein Zehntel nach Palästina aus. Dazu zählte 1935 auch der Rest der Halevy-Familie. Mutter Margot holte sie in Deutschland ab – ihren Vater, die Eltern ihres Mannes und Alisas älteren Bruder. Gerade Margots Vater konnte nichts Besseres passieren.

Er war ein frommer Jude und fand in der Heiligen Stadt die Erfüllung seiner Träume.

Alisa wurde 1937 in eine Welt geboren, die sehr viel mit der traditionellen deutschen Bürgerlichkeit zu tun hatte, und noch ganz wenig mit der sie umgebenden orientalischen Kultur. Ihrem Vater fiel es schwer, in Palästina Fuß zu fassen. Um als Anwalt praktizieren zu dürfen, hätte er alle Prüfungen nach dem englischen System ablegen müssen. Das schaffte er nicht. Also arbeitete er vorübergehend als Nachtportier eines Hotels und gründete dann eine Brokerfirma. Die geforderten Prüfungen hat er nie mehr nachgeholt. Mutter Margot praktizierte als orthopädische Gymnastin. Die beiden Kinder mussten häufig auf ihre Eltern verzichten. Sie wurden von einer deutschen Haushälterin groß gezogen.

Alisa und ihr Bruder wuchsen in Rehavia auf, dem »Paradies der Jecken«. Die »Yekkes«, so hießen die deutschen Juden. Für die einen ist dieser Begriff ein Schimpfwort, für die anderen eine klare Einordnung. Woher er kommt, das weiß keiner so genau. Deshalb ranken sich um ihn auch mehrere Thesen. Die wohl griffigste Erklärung ist die Umsetzung des Begriffes »Jacke«. Die alten Jecken trugen auch bei schwülheißen palästinensischem Sommerwetter noch eine warme Jacke. Möglicherweise hatte es damit zu tun, dass sich viele von ihnen nie an das Hebräische gewöhnten. Sie blieben »Juden, die man schwer versteht« (Yehudi Kasheh Havana). Auch aus diesem Akronym könnte das Wort entstanden sein.

Die Jecken lebten also in Rehavia, einem sehr schönen, grünen Viertel (»Jerusalems Grunewald«) am Rande des Zentrums, das in den Zwanzigerjahren des letzten Jahrhunderts entstanden war. Rehavia war stets mehr als nur eine Ansammlung von Straßen. Rehavia war ein Konzept, das Symbol einer politischen Klasse, die sich als Elite verstand. Von den tausend Familien, die dort 1936 registriert waren, gab ein Viertel intellektuelle Berufe an: Dozenten, Apotheker, Ärzte, Ingenieure, Rechtsanwälte, Journalisten, Schriftsteller und Musiker. Sie arbeiteten aber auch als hohe Beamte und Geschäftsleute.

Mit Vornamen hießen sie Alfred, Greta, Heinrich, Julius und

Felix, mit Familiennamen Bodenheimer, Blumenthal, Herlitz, Salzburger oder Lichtheim. Die meisten von ihnen waren säkular und liberal, nur wenige orthodox. Die Architekten von Rehavia orientierten sich am Bauhausstil. In den Wohnungen von »Klein-Berlin« standen Bechsteinflügel, bequeme Ohrensessel, Büfetts mit chinesischem Porzellan und meterweise Heine, Goethe, Schiller. Auf dem Boden lagen Perserteppiche. Hier lebten die besseren Deutschen, und das artikulierten sie auch, wenn sie angefeindet wurden: »Rehavia bleibt deutsch!« Mit feuchten Augen kamen Festredner immer wieder darauf zu sprechen: Wir sind »eine preußische Insel in einem orientalischen Meer«.

Alisa erinnert sich an ihre ersten Erlebnisse in dieser stillen und isolierten Nachbarschaft, die durchaus Neid hervorgerufen hat bei denen, die dort nicht leben durften. »Wir waren die Gemeinschaft mit dem höchsten IQ pro Quadratmeter, die ganze Elite des Judentums jener Zeit.« Als »braves Kind« erwarb sie sechs Jahre lang das Wissen der Grundschule und weitere sechs Jahre das Wissen des Gymnasiums.

Die wirtschaftlichen Verhältnisse waren nicht einfach, und zeitweise gab es nur wenig zu essen. Das wurde mit dem Unabhängigkeitskrieg von 1948 nicht besser. Es begann am Tag nach der Gründung des Staates Israel. Wenige Juden und viele Araber standen sich mit großem Hass gegenüber. Die Engländer waren heimgekehrt und hatten den Todfeinden das Feld überlassen.

Die Elfjährige empfand den Unabhängigkeitskrieg als großes Abenteuerspiel. Da flogen schon einmal Kugeln durch das Fenster, und hinten flüchteten alle mit der Leiter aus dem Haus. Als es richtig ernst wurde, brachten die Halevys ihre Kinder in einen sicheren Raum an der Rückseite. Wenn sie spielten, dann klebten sie die von Konserven abgelösten Etiketten an die Wand. Da waren die Eltern schon etwas peinlich berührt. Das Bildungsbürgertum machte andere Ansprüche geltend. Und nie durfte man das Mitgefühl vergessen. Alisa erinnert sich, dass es stets üblich war, »mit den Bedürftigen zu teilen«.

Die kargen Pionierjahre des neuen Staates erlebte sie als Gymnasiastin. Nach einem Jahrzehnt der Kriege zeichneten die Kinder Landkarten, um zu begreifen, wo das alles passiert war. Neben Hebräisch durften sie Französisch oder Englisch als zweite Sprache wählen. Und immer kamen noch Flüchtlinge ins Land. »Wir haben sie ohne Vorurteile aufgenommen. Dabei haben wir den Holocaust verdrängt. Leute, die in das Leben zurückgefunden hatten, haben den Holocaust ignoriert. Für uns war es ein Tabu. Heute ist das Thema selbstverständlich.«

Die Wege der jungen israelischen Mädchen waren weitgehend programmiert. Schule – Kibbuz – Militärdienst. 1956, im Jahr des zweiten arabisch-israelischen Krieges, begann Alisas Wehrdienst. Er sollte 24 Monate dauern, die erste Hälfte an der Waffe und die zweite Hälfte bei der Sozialfürsorge. Das interessierte sie, auch als späteres Studienfach.

»Dann kam alles anders. Gott sei Dank. Ich habe mich elf Monate mit den sozialen Aufgaben befasst, viele Kranke und Verwundete besucht, mit ihren Familien Verbindung gehalten. Die Probleme waren so groß, unsere Möglichkeiten zu helfen, so klein.« Sie wusste, ein Leben inmitten des Leidens anderer, das würde sie auf Dauer nicht verkraften.

Es gab längst eine andere Option, von der sie während ihrer Militärzeit erfahren hatte. Der mysteriöse, mit vielen Geheimnissen bepackte Auslandsnachrichtendienst Mossad, suchte gerade in den späten Fünfzigerjahren Nachwuchs mit deutschen Sprachkenntnissen. Zwei große Aufgaben standen an, die viel Personal binden sollten: Besonders die deutschen Wissenschaftler im Dienste der Ägypter machten Probleme, ebenso wie die Jagd auf den flüchtigen Naziverbrecher Adolf Eichmann.

Der ehemalige SS-Sturmführer war einer der Architekten der »Endlösung« gewesen. Nach dem Krieg hatte er sich nach Argentinien abgesetzt. Beinahe 15 Jahre später bekamen die Israelis von deutscher Seite einen vielversprechenden Hinweis. Der deutschstämmige Agent Zvi Aharoni wurde von Isser Harel in Marsch gesetzt, um die Identität eines Verdächtigen zu prüfen. Es gelang Aharoni, den gesuchten Eichmann zu finden. Harel flog mit einem Team von Mossad-Agenten nach Buenos Aires. Gemeinsam entführten sie Eichmann und brachten ihn heimlich nach Israel – eine Weltsensation, und einer der größten Erfolge des Mossad. Der Organisator des Massenmords wurde 1961 vor Gericht gestellt, im Jahr darauf zum Tode verurteilt und hingerichtet. Alisa Halevy wusste nicht, dass sie es mit derart spektakulären Einsätzen zu tun haben würde, als sie dem Ruf des Mossad folgte. Dann siegte doch die Neugier und wohl auch der Patriotismus. Sie bereitete sich auf ihr neues Leben vor, indem sie für eine Weile in das Land ihrer Eltern und Großeltern ging. An der Berlitz-Sprachenschule frischte sie ihre Deutsch-Kenntnisse auf. Sie belegte sogar einen Kurs in Kurzschrift.

Im Mossad, der damals noch kompakter und überschaubarer war, bemerkte auch ein Egomane wie Isser Harel die Ankunft junger Talente. Wer sich bewährte und ihn beeindruckte, hatte beste Chancen. So war es auch bei der jungen Alisa Halevy. Sie wurde nicht nur im Fall der deutschen Wissenschaftler eingesetzt, sondern auch bei der politisch wie geheimdienstlich höchst umstrittenen Affäre um Jossele Schuhmacher.

Der Achtjährige war 1960 von ultra-orthodoxen Juden entführt worden. Sie handelten im Interesse seiner Großeltern, die dem Kind eine streng religiöse und antizionistische Erziehung zugedacht hatten. Polizei und Justiz schafften es nicht, den Jungen zu seinen Eltern zurückzubringen. Ben Gurion befürchtete, der Fall werde die latenten Spannungen zwischen den religiösen und den weltlichen Juden noch verstärken. Deshalb hielt er den Mossad am besten dafür geeignet, das Problem zu lösen, auch wenn dies eigentlich keine Aufgabe für den Nachrichtendienst war. Die Operation erhielt den Namen »Tiger«. Isser Harel entsandte bis zu 40 Mossad-Agenten und nutzte alle Möglichkeiten des Dienstes. Er selbst ging für eine Weile nach Paris, um näher am Geschehen zu sein. Von den nicht eingesetzten Mitarbeitern des Inlandsdienstes Shin Bet mit Misstrauen beobachtet, suchten die Jossele-Fahnder nach V-Leuten im Bereich der tief religiösen Lubawitscher oder Samarer Chassiden. Schließlich kostümierten sie den Shin-Bet-Mitarbeiter Avraham Ahituv mit dem schwarzen Outfit der Ultra-Orthodoxen und verordneten ihm Schläfenlocken. Obwohl er einschlägig vorgebildet war, tat er sich immer noch schwer, in die abgeschlossene, geheime Welt der Chassiden einzutauchen.

Die Mossad-Agenten schwärmten weltweit aus. In den Hochburgen ihrer bigotten Gegner, also beispielsweise in London, Paris und Antwerpen, drangen sie in die Strukturen der eigenen Glaubensbrüder ein. Alisa Halevy verfolgte eine Spur, die nach Spanien führte. Sie reiste nach Bilbao und Guernica. Der Geheimdienst fand heraus, dass Jossele von einer belgischen Jüdin namens Ruth Ben-David in Mädchenkleidern als »Claudine« mitgenommen worden war. Daraufhin kidnappte der Mossad die Belgierin, als sie sich gerade in Paris aufhielt. Jossele wurde schließlich in New York gefunden, in einem Appartement fanatischer Eiferer. Das FBI leistete Amtshilfe und schickte den Kleinen nach Israel zurück. Eine fragwürdige Operation ging zu Ende.

Für die junge Agentin war es eine wichtige Erfahrung. Neben den taktischen Lehren nahm sie auch die Erkenntnis mit, daß die sture politische Vorgabe, ausgerechnet den Mossad nach einem Kind suchen zu lassen, den Nachrichtendienst durcheinander brachte. Aus dem operativen Bereich wechselte sie in die Welt der Aufklärung, intern »Revel« genannt, gehörte auch jeweils zwei Jahre den Mossad-Stationen in Bonn und Brüssel an. In der alten Bundeshauptstadt brachte sie es zur Bürochefin.

Nach ihrer Rückkehr belegte sie einen zwölfmonatigen Kurs, der nötig war für den Aufstieg in die höhere Beamtenlaufbahn. Anschließend wurde sie selbst Ausbilderin, ließ die ausgefallensten operativen Situationen simulieren und Reaktionen unter Stress durchspielen. Sie stieg bis zur Vize dieser Abteilung auf. Inzwischen hatte sie als »spätes Fräulein« geheiratet: Abraham Magen, von Beruf Reiseleiter.

Als Israel 1982 den Libanon besetzte, die PLO vertrieb und die Nordgrenze trotzdem nicht zur Ruhe kam, fand Alisa Magen eine neue Heimat bei der Hochschule für nationale Sicherheit. Unter ihrer Leitung wurde der Nachwuchs herangezogen. Von morgens bis abends waren die künftigen Mossad-Operateure unterwegs. Sie bereisten das Land, lernten seine Probleme kennen, zum Beispiel den latenten Wassermangel, Wirtschafts- und Energiefragen, politische Zusammenhänge. Jeweils dienstags übten sie den direkten, und häufig komplizierten, Umgang mit Informanten.

1984 wechselte die erfolgreiche Führungsfrau erneut und übernahm die Leitung der Kommunikationstechnik des Dienstes. 1989 wurde sie Personalleiterin. Sofort ging sie dazu über, dieses Standbein der Mossad-Administration umzubauen. Neue Management-Methoden wurden eingeführt. Dazu zählten Karriereplanung und Mitarbeiterbewertung.

»Seither gehört zu unseren Grundlagen, dass jeder einmal im Jahr zu einem Gespräch mit seinem Direktor gerufen wird. Jeder unserer Leute bekommt dabei seine Beurteilung aus der Personalakte gezeigt. Er weiß dann, wo er steht. Da breitet sich Realismus aus. Alle zwei bis drei Jahre untersuchen wir, wie weit kann ein Mitarbeiter mit seiner Leistung kommen.«

In Alisa Magens Amtszeit als Personalchefin platzte auch der spektakuläre Fall des Mossad-Dissidenten Victor Ostrovsky. Der kanadische Jude hatte bei der israelischen Marine seinen Militärdienst geleistet. Er fiel positiv auf, weil er eine schnelle Auffassungsgabe hatte und mehrere Sprachen beherrschte. Ostrovsky war längst wieder im Zivilleben, betrieb in Tel Aviv einen Videoladen, nahm an einem Computerkurs teil und eröffnete einen Laden für Buntglas. Da sprachen ihn die Talentsucher des Mossad an. Es schmeichelte ihm. Der Kandidat fühlte sich zu den Geheimen hingezogen.

Also trat er zur üblichen Testreihe an. Im Februar 1984 wurde er in der Mossad-Akademie eingeschult. Die Ausbildung dauerte bis Mitte November 1985. Israelische Insider, die selbst dem Mossad sehr kritisch gegenüberstehen, behaupten, Ostrovsky habe den schwierigen Anforderungen als angehender Führungsoffizier nicht genügt, und deshalb sei ihm zwei Wochen vor dem Ende der Kurse ein ehrenvolles Ausscheiden angeboten worden. Er konnte die Offerte nicht ablehnen. Im April 1986 verließ er Israel, da er fest daran glaubte, seine ehemaligen Kollegen würden ihn ermorden wollen.

1990 schrieb Ostrovsky das Buch *By Way of Deception (Mit Hilfe von Täuschung)*, das den Werdegang eines Mossad-Offiziers beleuchtete und Aktionen und Methoden des Dienstes bloßstellte. Autor Victor Ostrovsky bescheinigte seiner Ex-Firma einen »völligen Mangel an Achtung vor dem menschlichen Leben«, sogar »Größenwahn«. Israels Regierung unter dem Mossad-Veteranen Yitzhak Shamir reagierte hektisch und überstürzt. Zuerst flogen Ostrovskys Ex-Kollegen nach Kanada, um die unangenehmen Enthüllungen mit Drohungen, Geld und schließlich Verhandlungen zu stoppen. In Toronto siegten die Israelis vorübergehend, und in New York verloren sie den Rechtsstreit. Die Erinnerungen wurden zum Bestseller. Übersetzungen in andere Sprachen folgten, auch ins Deutsche.

Der erste Teil des Ostrovsky-Buches – die Ausbildung eines angehenden Agenten – ist relativ zuverlässig. Methodik und Zielsetzung der Führungsoffiziere werden deutlich. Teil zwei bringt Fallbeispiele, die meisten von ihnen aus dem Computer der Mossad-Akademie oder ganz einfach vom Hörensagen. Der rachsüchtige Schreiber brachte Daten und Namen durcheinander und verlor sich dabei in den Untiefen der nahöstlichen Zusammenhänge. Trotzdem wurde er zeitweilig weltberühmt. Ostrovsky war den Mossad-Oberen und Premierminister Shamir, ein Dorn im Auge. In den Monaten der Affäre wurde auch die Personalchefin rund um die Uhr in das Krisenmanagement des Geheimdienstes einbezogen. Sie sieht den Fall heute als ein Beispiel »vernachlässigter Sicherheit«. Wegen Ostrovsky wurden Abläufe der Ausbildung geändert. Erst nach einem Dreivierteljahr dürfen die neuen Kadetten jetzt auf das weitläufige Gelände des Mossad – an der Gelilot-Kreuzung.

Die zweite Hälfte der Neunzigerjahre entwickelte sich nicht zur besten Periode für das Elitepersonal des Mossad. 1995, in einer Zeit mit Pannen und unerfreulichen Schlagzeilen, wurde schließlich die resolute Alisa Magen zur stellvertretenden Chefin berufen. Dennoch erhielt sie den Spitznamen »Lieschen«, weil sie, wie immer in ihrem beruflichen Leben, das »fleißige Lieschen« im Hintergrund war. Ihr Vorgesetzter war Danny Yatom, allerdings nur für kurze Zeit, da er längst auf der Abschussliste stand. Yatom musste gehen, weil Mossad-Agenten einen Mordanschlag auf den Hamas-Führer Khaled Meshal im jordanischen Amman vermasselt hatten. Die misslungene Operation löste eine diplomatische Krise zwischen den beiden sonst eher spannungsfrei miteinander verkehrenden Nachbarländern aus.

Alisa Magen, die über solche Skandale nicht spricht, bekam einen neuen Vorgesetzten: Ephraim Halevy. Er galt als diplomatische Figur und sollte mit dieser Autorität wieder Ruhe und Stabilität innerhalb des Dienstes schaffen. Im operativen Bereich begegnete ihm »Bibi« Netanyahu mit einer Portion Misstrauen. Also verordnete er ihm einen weiteren Stellvertreter: Amiram Levine. Der bisherige Kommandeur des Nordkommandos der israelischen Streitkräfte wollte selbst Chef werden und konzentrierte sich deshalb rasch auf Intrigen und Störmanöver. Netanyahus Personalentscheidungen garantierten also auch keinen Frieden in der Führungsetage des Mossad.

Die erste weibliche Vizechefin blieb weiterhin das »fleißige Lieschen« im Hintergrund. »In den vier Jahren bis zu meiner Pensionierung stellte ich neue Arbeitspläne auf, kümmerte mich um die Langzeitplanung des Büros. Ich koordinierte alle Abteilungen und die gesamte operative Arbeit.« Alisa Magen sagt »Büro«, wenn sie den Mossad meint. Ein Begriff, den viele Hauptamtliche gebrauchen, um die Konspiration zu wahren.

Sie war keine Frau, die ins Rampenlicht oder an die Spitze der Organisation strebte. Man musste sie schieben und ziehen. Als ihr das Amt des Premierministers, die vorgesetzte Dienststelle, den Deputy-Posten anbot, war Alisa Magen schon sehr zögerlich. In einer ersten Reaktion lehnte sie die Beförderung erst einmal ab. Sie wollte später auch nicht an der Spitze des Mossad stehen. Da kam der ersehnte Ruhestand dazwischen.

Mit ihrem unaufhaltsamen Aufstieg ist sie sowieso rekordverdächtig. Der weibliche Anteil im israelischen Auslandsnachrichtendienst war lange Zeit statistisch bedeutungslos. Gleich nach dem Unabhängigkeitskrieg gab es eine starke Frau, die für das Personal zuständig war. Alisa Magen erinnert sich an Geschichten, die von Generation zu Generation weitergetragen werden: »Diese Frau hat Angst verbreitet. Sie war unbesiegbar.« Etwas später gab es eine Finanzchefin, ebenfalls deutscher Herkunft. In den Fünfzigerjahren wurde immerhin eine Abteilungsleiterin mit der Aufgabe betraut, den Kontakt zum britischen Partnerdienst MI6 zu halten.

Rafi Eitan, ein legendärer Operationschef der Sechzigerjahre, kommt aus einer Zeit, in der man sich nur auf Männer verlassen hat: »Es ist nicht leicht, gute Frauen für dieses Gewerbe zu finden. Ich habe selten Frauen benutzt, weil ich immer zuerst glaubte, es wären nicht die Richtigen.« Eitan, heute ein erfolgreicher Geschäftsmann, hat die Operation gegen Eichmann geleitet. Da gab es eine Frau: Judith Nissean. Sie war, so schränkt der alte Mossad-Stratege ein, nicht operativ eingesetzt, sondern zur Abdeckung der anderen. Frauen sind gut als Cover, für technische Operationen – wenn sie als Raumpflegerinnen Abhörwanzen installieren – und »wenn sie geschlossene Zirkel penetrieren müssen« (Eitan). Soll heißen, sie haben ein einnehmenderes Wesen als die männlichen Kollegen.

Als die kinderlose Alisa Magen den Mossad verließ, war etwa ein Drittel aller Mitarbeiter weiblich. Das sind immerhin 400 Frauen. Die meisten von ihnen verrichten natürlich Schreibarbeiten. Nur wenige schaffen es in höhere Positionen. »Das liegt aber an den Frauen selbst. Als ich Personalchefin war, habe ich immer gesagt, wir geben euch eine Chance. Ihr müsst aber dieselben Bedingungen akzeptieren wie die Männer. In den Jahren der Kindererziehung waren die guten Vorsätze meistens vorbei. Nicht alle haben einen Mann, der bereit ist, für einige Jahre das Häusliche zu übernehmen.«

Alisa Magens Leben spielt sich heute in festen Bahnen ab. Von Sonntag bis Donnerstag spielt sie jeden Tag Golf, zumeist in den frühen Morgenstunden. Für andere Disziplinen reicht häufig die Zeit nicht mehr. Deshalb kokettiert sie gerne: »Ich bin ein bisschen faul geworden seit der Pension.«

Der Abend gehört den sozialen Verpflichtungen. Sie trifft Freunde, beschäftigt sich mit historischen Studien. »Ich will dann alles wissen über die Geschichte Israels oder über die Kreuzritter. Das ist spannend.« Bei Israels Historie gibt es wohl nur wenige Lücken. Das meiste hat sie selbst miterlebt oder gar mitgeformt.

Hier teilt sie die Sorgen aller liberalen Intellektuellen des Landes. Die israelische Gesellschaft hat sich stark verändert seit jenen mystischen, fernen, zionistischen Aufbautagen. Der Zusammenhalt bröckelt, das Familiäre aus alten Kibbuz-Tagen gilt als altbacken.

Mit großer Sorge beobachtet Alisa Magen, die ihre deutschen Gene und den starken Ordnungssinn nicht verleugnen kann, die zunehmende Verrohung ihrer Landsleute – eine Auswirkung der anhaltenden Besetzung palästinensischer Landstriche. »Das sieht man auf den Straßen, und überhaupt. Wer vom Militärdienst in den Gebieten zurückkommt, der ist verändert. Jeder hat etwas Schlimmes erlebt. Das prägt.«

Ebenso wenig kann sie mit dem Übermaß an Religion im rückwärts gewandten Teil der israelischen Gesellschaft anfangen: »Ich habe die Frommen nicht so gerne und will mir von ihnen nicht sagen lassen, wie ich leben sollte.«

Die sehr zurückhaltende, gegenüber neuen Bekanntschaften beinahe scheue, ältere Dame, hat ihre Welt lückenlos eingerichtet. Gelegentlich guckt sie über den Zaun, will das Abenteuer aber kontrollieren. 1983, sie erinnert sich, sollte sie an einer Erkundungsfahrt in den Libanon teilnehmen. Dann kamen militärische Scharmützel dazwischen. Alisa Magen sagte den Trip ab und hat ihn nie mehr nachgeholt. Genauso lange liegt ihre einzige Reise nach Ägypten zurück. »Ich bin ganz inoffiziell gefahren, als Touristin. Es war alles fremd und aufregend. Mit großen Augen habe ich Kairo entdeckt.«

Dann kommt sie von ihren bescheidenen Ausflügen zurück und taucht wieder in die Umgebung ein, die sie seit 45 Jahren kennt. Alle sechs Monate treffen sich die Ehemaligen. Einmal Mossad, immer Mossad. Sie gedenken der Verstorbenen, zeichnen Jubilare aus und lauschen Vorträgen im Doppelpack. Der eine hat meistens historischen Inhalt, und der andere behandelt eine aktuelle Mossad-Operation. In der Regel steht dabei ein verantwortlicher Einsatzleiter den Alten Rede und Antwort. Gerade dieser Brauch zählt zu den besonders beliebten ehernen Traditionen des Hauses.

Manchmal trifft Alisa auch auf vertraute Veteranen aus den frühen Jahren, und wird von ihnen beinahe zärtlich »Lieschen« genannt. Spätestens dann weiß sie, dass die Großfamilie intakt ist.

8
Erika Maria Chambers
Rache für Israels Athleten

DAS ERSTE, SCHICKSALHAFTE DATUM im Leben der Erika Maria Chambers war der 5. September 1972, der Tag des Massakers von München. Sie erlebte die große, tragische Weltpolitik vorläufig noch als Zuschauerin. Sehr passiv, aber tief betroffen. Erika Chambers war eine Studentin unter vielen an der Hebrew University in Jerusalem, Fakultät für Botanik und Geographie, Campus Givat Ram. Unter Anleitung des international renommierten Professors Asher Shik, Spezialgebiete Geomorphologie und Hydrologie, begann sie an ihrem Magister zu arbeiten.

Über einen längeren Zeitraum gehörte sie zu einem Team, das Feldforschung im Sinai betrieb. Die Studenten arbeiteten im südöstlich gelegenen Wadi Muhaibila und erforschten dabei die Historie der Fluten, die etwa alle zehn Jahre steigen und dabei den ohnehin kargen Baumbestand schädigen. Wer sich für die Sinai-Feldgruppe meldete, hatte einen wahren Knochenjob vor sich. Bei 40 Grad im Schatten – soweit es einen gab – mussten die Studenten Bäume und Geröllfelder vermessen.

Viele dieser Bäume sind mit scharfen Dornen bestückt. Einmal blieb ein solcher Dorn im Auge von Erika Chambers stecken. Die Verletzung war ernst, und sie musste im Krankenhaus von Eilat rasch behandelt werden. Erika kam glimpflich davon. Sie wollte dieses Leben, trotz allem, auf die Dauer nicht ertragen und bewarb sich bei der Fakultät für Geographie an der Clark University in Worcester, US-Bundesstaat Massachusetts.

Völlig überraschend und mit einer ungewöhnlichen Begründung verabschiedete sie sich in Jerusalem. »Ich komme mit der hebräischen Sprache nicht zurecht, und auch die Pflichtarithmetik werde ich wohl nie kapieren.« Damit war sie aus dem Wissenschaftsleben verschwunden. Kein Professor, keine Kommilitonen haben sie jemals wiedergesehen.

Was geschah an diesem 5. September 1972 – dem elften Tag der Olympischen Spiele in München? An jenem Morgen überfiel ein Kommando von acht palästinensischen Terroristen der bis dahin wenig bekannten Organisation »Schwarzer September« die israelische Mannschaft und nahm neun Geiseln. Der Ringertrainer Mosche Weinberg und der Gewichtheber Yossef Romano wurden bei dem Überfall ermordet. Ein 21 Stunden dauernder Nervenkrieg begann, der schon bald zielstrebig in ein Desaster steuerte. Zunächst war noch alles offen. Die Erpresser übergaben ihre Forderungen. Israel solle 236 inhaftierte Araber innerhalb von drei Stunden freilassen, ansonsten würden die Geiseln erschossen. Die Namensliste nannte auch deutsche Terroristen: Andreas Baader und Ulrike Meinhof.

Im Laufe des Tages kam es immer wieder zu Direktkontakten zwischen deutschen Unterhändlern und den palästinensischen Fedayin. Eine israelische Delegation, an ihrer Spitze Mossad-Chef Zvi Zamir, reiste an, um das makabre Geschehen vor Ort zu verfolgen. Premierministerin Golda Meir signalisierte, dass es keinen Kompromiss mit den Terroristen geben könne. Als diese Haltung sämtliche Gespräche blockierte, forderten die Terroristen zwei Flugzeuge, um damit sich und ihre Geiseln nach Kairo auszufliegen. Mittlerweile war der Ort des Geschehens, die Connollystraße 31 im Olympischen Dorf, von Sonderkommandos der Münchner Polizei umstellt. Sie warteten auf den Befehl zum Stürmen.

Der Münchner Krisenstab entschied sich für zwei andere Möglichkeiten. Man werde den Palästinensern einreden, sich zu der gewünschten Fluchtmaschine bringen zu lassen. Sie stünde auf dem Militärflughafen Fürstenfeldbruck, um während der Transaktion für bessere Sicherheit sorgen zu können. Die Polizisten würden dann unterwegs zugreifen. Um 22.06 Uhr ging es los. Die Palästinenser samt ihrer israelischen Geiseln ließen sich mit Bussen zu den bereitgestellten Hubschraubern fahren. Das verhinderte eine erste mögliche Polizeiaktion.

Eine halbe Stunde später erreichten sie Fürstenfeldbruck. Die Terroristen merkten sofort, dass die bereitgestellte Lufthansa-Boeing völlig leer war. Sie erkannten die Falle. Eine stundenlange Schießerei begann, in deren Verlauf alle israelischen Athleten, ein deutscher Polizist und fünf der Täter ums Leben kamen. Eine Ursache der Katastrophe von Fürstenfeldbruck war die Unfähigkeit der Münchner Polizei, arabischen Terroristen zu begegnen. Eine solche Situation hatte es in Bayern noch nicht gegeben.

In Israel kochte der Volkszorn über. Während einer Serie von geheimen Regierungssitzungen flog die Luftwaffe erste Vergeltungsangriffe gegen palästinensische Ziele. Nach einer Woche waren die Weichen gestellt. Golda Meir trat vor die Knesset und erklärte, ihr Land sei sich selbst und dem Frieden schuldig, den Terroristen massive Schläge zuzufügen, wo immer sie zu finden seien. Israel habe keine andere Chance. Es werde dieser Verpflichtung mit aller Kraft nachkommen.

Hinter den Kulissen begannen emsige Vorbereitungen, Golda Meirs Auftrag in die Tat umzusetzen. Israels Sicherheitschefs überlegten, bestens motivierte und ausgebildete Killerkommandos loszuschicken, um alle Verantwortlichen für den Olympia-Überfall zur Strecke zu bringen. Der hochdekorierte General Aharon Yariv, Golda Meirs Anti-Terror-Berater, bekam den Auftrag, ein Konzept zu entwerfen. Der Mossad sollte es dann umsetzen.

Ein Geheimkomitee entstand, dem wechselweise Golda Meir und Mosche Dajan vorstanden. Mit dabei ehemalige und aktuelle Direktoren der israelischen Geheimdienste, ehemalige Minister aus dem Sicherheitsbereich und Vertreter operativer Einheiten. Es erhielt den Namen »Komitee X«. Diese höchste Ebene israelischer Entscheidungsfindung diskutierte jeden bevorstehenden Einsatz der Sondereinheiten und entschied über den Tod der Opfer.

Eines war von Anfang an klar: Keiner der Terroristen, die in das Visier von »Komitee X« gerieten, durfte überleben. Dafür musste Zvi Zamirs Mann für die Feinarbeit sorgen – Mike Harari. Ein Typ wie Humphrey Bogart. Der Karriereagent gehörte dem Mossad seit seiner Gründung an und war auch von den schwierigsten Operationen mit Erfolg zurückgekehrt. Nun sollte er die Aufgabe seines Lebens bekommen. Er übernahm ein Sonderreferat, das sich zeitweise »Kidon« nannte – »Der Speer«. Um Geld brauchte er sich nicht zu sorgen, da das operative Budget des Mossad für die Jagd auf den »Schwarzen September« rasch und unbürokratisch verdoppelt wurde.

Mike Harari wusste, dass seine Leute weltweit operieren und dem Feind direkt gegenübertreten mussten. Es durften also keine Agenten sein, die auf den ersten Blick israelisch wirkten. Die Suche nach handverlesenem Personal begann. Irgendwann im Laufe des Jahres 1973 traf die Studentin Erika Chambers auf einen »Talentsucher« des Mossad, im angelsächsischen Geheimdienstjargon »Spotter« genannt.

Diese »Spotters« wissen ganz genau, welcher Typ gefragt ist. Ein extravaganter, farbenprächtiger Paradiesvogel kommt nicht in Frage, ebenso wenig das graue, introvertierte Mauerblümchen. Befindet sich ein Kandidat in der engeren Auswahl, dann wird erst einmal der gesamte Hintergrund bis ins letzte Detail gecheckt. Der Agentenführer will wissen, wie sehr sich die Familie der Zielperson in Israel assimiliert, ob sie quer durch die Generationen ein jüdisches Leben geführt hat, wie überlebensfähig sie war und ist.

So wurde auch Erika Chambers zunächst nach allen Regeln der Kunst durchleuchtet. Musste sie sich schon einmal vor einem Gericht verantworten, möglicherweise sogar eine Strafe verbüßen? Betrügt sie bei Tests und Examen in der Uni? Belügt sie ihre Kommilitonen? Unterhält sie Beziehungen zu verdächtigen Personen? Gibt es in ihrem bisherigen Leben irgendeinen Punkt, der nicht zu klären ist? Fährt sie gerne zu schnell? Worüber spricht sie mit Freunden, mit unbekannten Anrufern am Telefon? Wie sieht ihr politisches Weltbild aus? Hat sie häufig wechselnde Partner? Wie reagiert sie auf Vorwürfe, auf psychischen Druck? Die Aufzählung ließe sich beliebig fortsetzen.

Die Abklärung von möglichen Kandidaten für den Mossad

dauert gewöhnlich Monate, und der Aspirant bekommt davon gar nichts mit. Das Ergebnis ist ein gläserner Mensch, in Tausende von Segmenten zerlegt.

Im Mossad-Hauptquartier, damals noch in einem zentral gelegenen Hochhaus, heute am nördlichen Stadtrand von Tel Aviv ansässig, wird dann aus allen Informationen ein neuer Fragenkatalog gefertigt. Die angehende Agentin bekommt eine harmlos wirkende Vorladung. Der Vorsitzende der Studentenverwaltung möchte Erika Chambers sprechen, die Ausländerbehörde, die Registratur der Universität, eine Jobvermittlung, die israelisch-britische Freundschaftsgesellschaft, wer auch immer.

Sie fährt arglos zur angegebenen, offiziell existierenden Adresse. Es erwarten sie sehr freundliche Menschen, die sich zunächst in weitem Bogen um das eigentliche Thema herumleugnen. Die Aspirantin versteht lange nicht, worum es geht. Sie reagiert unsicher, isoliert sich selbst, fühlt sich umzingelt, weiß nicht, was noch kommen wird.

Im positiven Fall wird ihr eine Stellung angeboten. Nun kommt handfeste Ideologie mit ins Spiel, der Appell an die patriotische und auch an die jüdische Gesinnung der erwünschten Agentin. »Wir haben einen internationalen Job zu vergeben, der für das Überleben und die Sicherheit des jüdischen Volkes von großer Bedeutung ist.«

Damals war es so: Wenn die Zielperson starkes Interesse zeigte, dann konnte es trotzdem noch Monate dauern, bis der Mossad konkreter wurde. Der Dienst bot einen Fünfjahresvertrag an. Das schloss ein Jahr Grundausbildung ein, ein Jahr Spezialtraining und drei Jahre aktiven Dienst. Fünf Jahre beim Mossad wurde wie 20 Jahre in den Streitkräften bewertet, acht Jahre im Geheimdienst wie 25 Jahre Militärdienst. Ein wichtiger Fakt für die Pensionsberechnung.

Erika Maria Chambers verschrieb sich dem Mossad, genauer Mike Hararis Rachetruppe »Kidon«. Es sollte die wichtigste Entscheidung ihres Lebens sein.

Wie war ihr Leben bisher gelaufen? Sie stammte aus London, wo sie am 10. Februar 1948 als erste und einzige Tochter von Marcus Chambers und seiner Frau Lona geboren wurde. Erika rundete die Familienplanung ab. Ihr Bruder Nicolas war auf den Monat genau vier Jahre vorher zur Welt gekommen. Es schien sich um eine harmonische Bilderbuchfamilie zu handeln. Die Nachbarn beobachteten das junge Glück mit ehrlicher Freude.

Der stolze Vater war Ingenieur von Beruf und kam aus der südenglischen Hafenstadt Portsmouth. Die Mutter entstammte der vermögenden Prager Familie Groß. Der jüdische Clan hatte Verwandte in Berlin und Wien, und deshalb lernte die erblühende Lona schon früh das Mitteleuropa zwischen den großen Kriegen kennen. Sie erkannte ihre Talente im künstlerischen Bereich und suchte den Erfolg auf der Bühne. Also besuchte sie eine Wiener Schauspielschule. Der Applaus für Lonas erste Erfolge war gerade verhallt, da begannen die Nazis Deutschland und dann die ganze Welt zu unterwerfen. Ein Teil der Familie wurde in Konzentrationslager deportiert und dort ermordet. Für Lona Groß muss es ein gewaltiger Schock gewesen sein. Später sprach sie nur selten darüber.

Die junge Schauspielerin flüchtete nach London. Dort bekam sie schon nach kurzer Zeit ein Engagement am »Windmill Theatre«. Bald lernte sie Marcus Chambers kennen. Sie heirateten 1944, und 1948 kamen die beiden Kinder zur Welt.

Tochter Erika wuchs in einer wohlhabenden und behüteten Umgebung auf. Es fehlte ihr nicht an materiellen Werten. Da das Hauptinteresse der Engländer in den ersten kargen Nachkriegsjahren nicht unbedingt dem Automobilsport galt, nutzte Marcus Chambers seine technischen Fertigkeiten auch auf anderen Gebieten. Ab 1949 arbeitete er bei einem Landwirtschaftsprojekt in Mauretanien mit. 1950 ging er mit Lona und den beiden Kindern vorübergehend nach Tanganjika, dem früheren Deutsch-Ostafrika und späteren Tansania. Das Land war damals UN-Treuhandgebiet und stand unter britischer Verwaltung.

Das unstete Leben und die langen Trennungszeiten wirkten sich negativ auf die Ehe von Lona und Marcus Chambers aus. Niemand war daher überrascht, als sie sich 1953 scheiden ließen. Zu dieser Zeit wurde Erika eingeschult. Bruder Nicholas befand sich bereits im Internat und schloss seine Ausbildung mit einem Jurastudium ab. Erika lebte bei ihrer Mutter, die sie zeitlebens abgöttisch verehrte. Den Vater sah sie nur noch in den Ferien – und da auch ausgesprochen widerwillig.

»Erika«, so definierte es Vater Chambers später, »war immer sehr selbständig und eigenwillig, Nicolas dagegen ein traditioneller englischer Junge.« Und sie stand in jeder Hinsicht auf Seiten der geschiedenen Mutter, konnte und wollte wohl auch nie die Trennung der Eltern akzeptieren. Unter den Fittichen der Mutter besuchte die kleine, runde Erika zuerst die nächstgelegene Grundschule und dann eine der traditionsreichen Londoner Tagesschulen, »Godolphin and Latymer« im Stadtteil Hammersmith. Jeden Morgen, von 1959 bis 1966, fuhr sie mit Bus oder U-Bahn, in eine altmodische britische Schuluniform mit Krawatte und Hütchen gekleidet, zur etwa 30 Minuten entfernten Iffley Road.

Abends kehrte sie zurück in die beschützende Zweisamkeit mit Lona Chambers, die inzwischen an den St. Olaves Court, eine ruhige Nebenstraße im Stadtteil Bayswater, gezogen war. Gleich gegenüber der Wohnung befand sich die New Westend Synagogue, ein zentraler Platz, falls Lona Chambers religiös war. Schließlich, im Sommer 1966, schaffte die nur durchschnittlich begabte Erika mit Ach und Krach ihre Hochschulreife.

Die gerade 18-Jährige war immer noch ein Mauerblümchen und vermochte der damals recht freizügigen Konkurrenz nicht viel entgegenzusetzen. So blieb sie eine absolut auf ihre Mutter fixierte Einzelgängerin, deren Energie im Sommer 1966 dem noch unsicheren Studienplatz galt. Eigentlich wollte sie im nordwalisischen Bangor höhere akademische Weihen erhalten. Meeresbiologie faszinierte sie. Das klappte jedoch nicht, und deshalb entschied sie sich für die Universität von Southampton. Ein Stipendium vom »Major Country Award« sicherte ihre Studienzeit ab.

Im Oktober packte Erika ihre Habseligkeiten aus dem Jungmädchenzimmer am St. Olaves Court und ließ die so lange genossene Nestwärme hinter sich. Es war eine Trennung für immer, die nur durch ausgedehnte Besuche in London gemildert wurde. In der ersten Zeit, als sie im Studentenheim »Chamberlain Hall« unweit der Universität lebte, war Erika traurig und verspürte so etwas wie Heimweh. Dieses Gefühl betäubte sie mit Arbeit. Später, als sie dann in eine Wohngemeinschaft im Stadtteil Swaythling umzog, entwickelte sie allmählich stärkere Bindungen an ihre Kommilitonen und gewann Freunde. Trotzdem umgab sie sich weiter mit einer Schutzschicht und bewahrte innerhalb der 4000 Studenten ihre relative Anonymität.

Erika Chambers studierte Botanik und Geographie, drei akademische Jahre lang bis zur Abschlussprüfung als »Bachelor of Science«. Einigen Professoren, auch ihrem akademischen Partner Malcolm Wagstaff, blieb Erika gut in Erinnerung: »Sie fiel immer durch ihre burschikose Art auf. Ihr Benehmen war etwas heftig und zügellos. Deshalb haben die Leute auch über sie geredet. In den Vorlesungen zeichnete sie sich durch gute Mitarbeit aus. Sie stellte viele Fragen, bat immer wieder um Einzelgespräche und um zusätzliche Hilfe.«

Mit der Zeit erwachte Erika Chambers. Sie beteiligte sich an Studentenaktivitäten, interessierte sich für Motorsport und setzte die gewonnenen Erkenntnisse um, indem sie mit ihrem Mini Cooper, zum Schrecken der Fußgänger, durch Southampton raste.

Am 2. Juli 1969 hatte sie es geschafft. An diesem Tag fand die traditionelle Abschlusszeremonie in der Guild Hall statt. Erika Chambers kam im eleganten akademischen Talar der Universität. Zu weißer Bluse und schwarzem Rock, dem so genannten »subfusc clothing«, trug sie einen knielangen, schwarzen Umhang mit separater Kapuze und blauem, nach außen gedrehtem Futter. Zwei Goldschnüre verzierten diese »Uniform« der Abschlussstudenten. Erikas Haare waren hochtoupiert. Auf einem an diesem Tag aufgenommenen Foto blickt sie mit krampfhaftem Lächeln durch ihre schwarzumrandete Brille.

Nun tat die burschikose, immer selbstbewusstere Erika etwas, was niemand von ihr erwartete. Sie vertauschte das nasskalte England für einige Jahre mit dem heißen Australien. Dort lebte John Goddard, ein alter Freund der Familie, von Beruf Bergbauingenieur. Zwischen ihnen stimmte die Chemie. Nicht, dass er sie als Mann angezogen hätte – es war die Summe vieler gemeinsamer Interessen und Gefühle.

Nach einigen Monaten bewarb sich Erika Chambers für den australischen Staatsdienst. Sie wurde genommen und ließ sich im grünen Canberra nieder. Nun arbeitete sie am Hobart Place, in der Forschungsabteilung des Ministeriums für nationale Entwicklung. Dort konnte sie ihr Wissen in Geologie und Botanik sinnvoll anwenden. Das besondere Interesse der 22-Jährigen galt den weiten Trockengebieten im Inneren Australiens und deren Erschließung. Ihr Einstiegsgehalt: 6321 australische Dollar im Jahr.

Trotzdem war Erika Chambers sehr bald unzufrieden. Sie wollte mehr erreichen, einen Doktortitel erwerben. Dazu musste sie weiterstudieren. Sparsam war sie gewesen, hatte Geld auf die hohe Kante gelegt. Ein Jahr und mehr würde sie sicherlich ohne Einkommen überstehen können. Mit diesem Argument verabschiedete sie sich von den australischen Freunden. Sie gab ihren Posten zum 29. Juni 1972 auf.

Aus Jerusalem hatte sie auf ihre Bewerbung an die Hebrew University eine positive Antwort bekommen. Als Jüdin war es für sie kein Problem, in Israel aufgenommen zu werden. Auch die klimatischen Umstände Australiens und Israels waren vergleichbar. Die Negev-Wüste und der Sinai wiesen ähnliche Werte auf wie Erikas bisheriges Arbeitsgebiet.

Am 3. August 1972 verließ sie den fünften Kontinent an Bord der Thai Airways. Nach einem Zwischenstopp in Bangkok erreichte sie Israel. Ein neuer Lebensabschnitt begann für Erika.

In München bereitete man sich zur selben Zeit intensiv auf die »heiteren Spiele« vor. Ein neues, unbeschwertes Deutschland wollte sich der Welt präsentieren.

Nur wenige Monate später hatte sich diese Welt total verändert; der Gastgeber der Olympiade von 1972 hatte seine Unbefangenheit gegenüber der noch jungen Terrorgefahr verloren. Längst waren die drei überlebenden Terroristen durch die Entführung einer Lufthansa-Maschine freigepresst und nach Libyen ausgeflogen worden. Mike Hararis »Hit Teams« waren unterwegs. Sie sollten Israels tote Sportler anhand einer vom Mossad aufgestellten »Hitliste« arabischer Terroristen rächen. Auge um Auge. Zahn um Zahn.

Einer der ersten Racheakte geschah in Rom. Dort lebte Abdel Wael Zuaiter. Für den Mossad galt er als italienischer Statthalter des »Schwarzen September«. Nach München beging Zuaiter den kapitalen Fehler, für einen Moment seine Deckung zu verlassen. Er verkündete öffentlich, die Israelis hätten den Tod der Geiseln absichtlich provoziert, um anschließend die Sympathie der Welt zu ernten. Zuaiter wurde am 16. Oktober 1972 gegen 22.30 Uhr liquidiert.

Wochen später wurde der Vertreter des »Schwarzen September« in Paris, Mahmud Hamschari, von einem anderen Kommando getötet, diesmal mit einem Sprengsatz im Telefon. Hussein Abad al-Shir, ein Verbindungsmann der PLO zum sowjetischen KGB, flog in einem Hotel in Nicosia in die Luft. Dann wurde Bassel Kubaissy, offiziell Rechtsprofessor an der American University in Beirut, inoffiziell zuständig für die Waffendepots des »Schwarzen September« in arabischen Botschaften europäischer Hauptstädte, in Paris auf offener Straße erschossen.

Noch einmal Paris: Mohammed Boudia, ein Algerier, tarnte sich als Geschäftsführer eines avantgardistischen Theaters. In Wirklichkeit soll er aber die Kontakte von Arafats geheimer Terrortruppe zu gleichgesinnten Organisationen, wie der IRA oder der Japanischen Roten Armee, koordiniert haben. Er flog in die Luft, als er in sein Auto stieg.

Innerhalb weniger Jahre wurde der »Schwarze September« spürbar geschwächt. Die Verluste kamen so schnell, dass die Terroristen ihre Reihen nicht mehr schließen konnten. Aber auch die Israelis mussten immer wieder Vergeltungsschläge hinnehmen, was eigene Leute das Leben kostete. Im norwegischen Lillehammer verloren sie darüber hinaus ihr Gesicht, als ein »Hit Team«, geführt von Mike Harari, einen harmlosen arabischen Kellner fälschlicherweise auf offener Straße tötete. Die Rächer hatten ihn für einen der mutmaßlichen Drahtzieher des Münchner Anschlags gehalten, für den damals 32-jährigen Ali Hassam Salameh.

Hassan Salameh, Alis Vater, war ein Gefolgsmann des legendären Führers der Palästinenser in der Zeit zwischen den Weltkriegen, Mufti Amin al-Husseini. Er selbst befehligte eine bewaffnete Bande, die jüdische Einwanderer, wie auch reiche Palästinenser ausplünderte. Damit ihn die Engländer nicht zu fassen bekamen, flüchtete er mit seiner Frau und Leibwächtern über die Grenze nach Syrien. In Damaskus wurde Sohn Ali Hassan 1941 geboren.

Nach der Gründung des Staates Israel kehrte Hassan Salameh zurück und setzte seinen Kampf gegen die Juden fort.

Am 30. Mai 1948 kam es zu heftigen Gefechten um das Dorf Ras al-Ein. Menachem Begins Irgun-Einheiten standen gegen Hassan Salameh und 300 palästinensische Kämpfer. Beim Rückzug der Israelis traf eine der letzten Granaten die Führungsgruppe der Fedayin. Der Anführer erlag zwei Tage später seinen Verletzungen. Mit ihm starb für beinahe zwei Jahrzehnte der bewaffnete Widerstand der Palästinenser.

Seine Familie ließ sich in Beirut nieder. Sohn Ali Hassan wuchs als reicher Flüchtling auf, da die Salamehs ihre Reichtümer mitgenommen hatten. Jeder Wunsch wurde dem Kind des großen »Revolutionärs« von den Augen abgelesen. Die Familie lebte im feinen Aschrafieh, weit ab von den Flüchtlingslagern, wo die Elenden hausten. Dadurch konnte sich Ali Hassan das Schicksal der Besitzlosen lange nicht vorstellen. Auch seine Ausbildung verschaffte ihm Privilegien. Ali Hassan besuchte zuerst das renommierte Makassad-Internat, und dann die Westbank-Universität Bir Zeit.

Anfangs wehrte er sich noch gegen seinen Familiennamen, weil dieser mit so starken Emotionen verbunden war. Gegenüber Fremden verleugnete er gerne seine Herkunft, machte oft falsche Angaben. »Der Einfluss meines Vaters wurde für mich zum persönlichen Problem. Ich bin in einer Familie aufgewachsen, die den Kampf als Erbe betrachtete, das von Generation zu Generation weitergetragen werden sollte, bin in einer politisierten Weise großgezogen worden, habe die palästinensische Sache gelebt. Als mein Vater als Märtyrer starb, wurde Palästina praktisch an mich übergeben. Meine Mutter wollte, dass ich ein neuer Hassan Salameh würde, gerade als der größte Vorzug für einen Palästinenser ein normales Leben war.«

1958 kehrten die Salamehs von Bir Zeit nach Beirut zurück,

aber schon die ersten Bürgerkriegs-Auseinandersetzungen vertrieben die Familie nach Kairo. Ali Hassan studierte in Ägypten und später in Deutschland. Er wollte Ingenieur werden. Wegen seines guten Aussehens waren die Mädchen hinter ihm her. So blieb nur sehr eingeschränkt Zeit für Studiengänge.

Der junge Palästinenser kleidete sich stets nach der neuesten Mode. Er liebte schnelle Autos und teure Restaurants. Um gutes Aussehen und Kondition zu erhalten, verbrachte er viele Stunden in Fitnessstudios. Er stählte seinen Körper, übte bis zum Äußersten den Kampfsport Karate aus. Als die künftigen Führer der palästinensischen Revolution an den arabischen Universitäten Basisarbeit trieben und radikalen, säkularen Predigern lauschten, interessierte ihn nur Luxus pur.

Ali Hassan Salameh war geschmeidig, und deshalb verschloss er sich keineswegs den Wünschen der Familie. Er heiratete eine Verwandte des Muftis – ein schüchternes Mädchen. Dann kehrte er zu den Nachtclubs am Nil zurück. Seine Frau gebar einen Sohn Hassan, und der Salameh-Clan war zufrieden.

In den Sechzigerjahren gewann der Unabhängigkeitsdrang der Palästinenser neue Dynamik. Die Salamehs forderten von Ali Hassan, in die Fußstapfen des großen Vaters zu treten. Widerwillig meldete er sich in einem Rekrutierungsbüro der neu gegründeten Palästinensischen Befreiungsorganisation (PLO). Der prominente Rekrut wurde in Kuwait stationiert. Da gab es nicht viel zu tun, und abends hatte er genügend Zeit für amouröse Abenteuer.

Es folgte Nassers letzter verzweifelter Versuch, das »zionistische Gebilde« von der Landkarte des Nahen Ostens zu löschen. Der Ägypter zettelte 1967 einen neuen Krieg an, wurde aber schon am ersten Tag von der feindlichen Luftwaffe gestoppt. Israelische Flugzeuge zerstörten in einem Überraschungsangriff 280 ägyptische Jets auf den Militärflughäfen im Sinai. Der Rest ist bekannt. Nach sechs Tagen standen Israels Panzerspitzen am Suez-Kanal, kurz vor Damaskus und Amman. Jerusalem war vollständig erobert und gehörte wieder den Juden. Sie beteten an der Klagemauer.

In Ali Hassan Salameh ging eine Veränderung vor sich, die niemand vorausgesehen hatte. Auslöser war der Schock über die erneute Schande, möglicherweise aber auch der Ruf der Familie, dem er nichts mehr entgegenzusetzen wusste. Plötzlich war die innere Sperre weg, und Ali Hassan meldete sich bei Arafat, der damals im Untergrund lebte. Der neue Führer des palästinensischen Widerstands war begeistert. Er selbst war ein Bewunderer der militärischen Leistungen von Salamehs Vater. Nichts war ihm lieber, als den 26-Jährigen in seine Truppe aufzunehmen.

Ali Hassan Salameh wurde ein Mann des »Rasd«, des Geheimdienstes der PLO. Seine erste Aufgabe bestand darin, die Infiltration der israelischen Dienste in den Reihen der PLO aufzuklären. Der junge Aktivist musste die Akten aller Fatah-Kämpfer studieren und nach Schwachstellen untersuchen. Wer dann als israelischer Spitzel enttarnt wurde, durfte sich freiwillig zu den gefährlichsten Kommandoaktionen melden. Weigerte er sich, wurde er sofort als Verräter bloßgestellt und hingerichtet. Im ersten Jahr von Ali Hassans Tätigkeit soll es zwei Dutzend Exekutionen gegeben haben.

Eines Tages schickte Arafat seine zehn besten Männer, unter ihnen Ali Hassan Salameh, zu einem ausgedehnten Geheimdienstlehrgang nach Kairo. Sie kamen mit vielen neuen Anregungen zurück. Die Grundlage zum »Schwarzen September« war gelegt. Es sollte eine streng konspirativ arbeitende Organisation werden, die keine Adresse und keine Ansprechpartner hatte. Die politisch korrekte Fatah musste immer in der Lage sein, ihre enge Verwandtschaft zu leugnen.

Seine »Weltpremiere« hatte der »Schwarze September« mit dem Mordanschlag auf den jordanischen Premierminister Wasfi Tell in Kairo. Dann ging es Schlag auf Schlag. Zunächst gegen weitere jordanische Ziele, weil König Hussein 1970 die PLO aus seinem Land vertrieb, dann gegen israelische Objekte. Salameh ließ Anfang 1972 eine Maschine der Sabena nach Tel Aviv entführen. Israelische Sondereinheiten stürmten sie und befreiten die Geiseln. Da liefen bereits die Vorbereitungen für München. Nach dem Olympia-Anschlag eröffneten die Israelis die Jagd auf Ali Hassan Salameh. Golda Meir ordnete seinen Tod an. Eine der aufwendigsten Operationen des Mossad hatte begonnen.

Erika Chambers reist mit kleinem Gepäck, als sie am 22. Mai 1975 von Tel Aviv nach London fliegt. Braungebrannt und sichtbar femininer als bei der Abreise sechs Jahre zuvor wirkt sie wie eine junge Engländerin, die von einem Badeurlaub am Roten Meer zurückkehrt. Sie reiht sich in die Schlange der Untertanen Ihrer Majestät ein und legte ihren britischen Reisepass vor. Darin befinden sich lediglich mehrere Ein- und Ausreisestempel des Staates Israel.

Erika muss sich richtiggehend zwingen, nicht auf der Stelle zum St. Olaves Court zu fahren, wo die geliebte Mutter wohnt. Ihre Ausbilder beim Mossad haben immer wieder darauf hingewiesen, dass sie sich während einer Operation nicht in Familienbindungen verstricken darf. Sie muss auf Distanz gehen, so dass sie ihr Verhalten und ihre Lebensumstände niemandem gegenüber zu begründen hat. Im Prinzip zählt nur der Agentenführer. Er ersetzt Vater, Mutter, Beichtvater, beim Mossad auch manchmal den Intimpartner.

In den ersten vier Nächten quartiert sich Erika Chambers in einem kleinen Hotel ein. Es handelt sich eher um eine Bed-and-Breakfast-Pension, typisch britisch und wie aus der Retorte fabriziert. In diesem engen Zimmer fühlt sie sich nicht wohl, muss aber dort bleiben, bis sie ein passendes möbliertes Appartement findet. Die ersten Tage sind mit Wohnungssuche und mit kleinen Stippvisiten an vertrauten Plätzen ausgefüllt. Erika Chambers versucht, ihr ganz persönliches London wieder in den Griff zu bekommen.

Dabei handelt es sich nicht nur um Picadilly Circus und Marble Arch, um Holland Park und St. Olaves Court. London, das ist viel mehr. Sie denkt darüber nach, kann es aber nicht so richtig in Worte fassen. Auf alle Fälle ist es, verglichen mit Australien und Israel, schon beinahe wieder eine fremde Welt. Der Kontrast stimmt sie traurig.

Die Mossad-Agentin wird in einem südöstlichen Vorort Londons fündig, in Richmond. Es ist eine umständliche Lage, da die öffentlichen Verkehrsmittel vom Zentrum Londons bis zum Bahnhof Richmond schon beinahe eine Stunde Fahrzeit brauchen. Weitere sechs Minuten dauert es mit Taxi oder Bus bis zum Richmond Hill Court Nummer 52. Hier handelt es sich um eine ruhige, etwas zurückgesetzte, traditionelle Wohnanlage.

Darauf spricht Erika Chambers am 30. Mai 1975 beim Londoner Passport Office vor. Sie zückt das eigentlich noch sieben Jahre gültige, von der British High Commission in Canberra ausgestellte Reisedokument. »Wie Sie sehen, reise ich sehr häufig in den Nahen Osten. In meinem Pass habe ich schon einige Stempel von Israel. Leider erlauben mir deswegen die arabischen Staaten keine Einreise. Ich brauche also einen neuen Pass, damit ich auch arabische Länder besuchen kann. Ist das möglich?« Es ist möglich, und sogar sehr schnell.

Erika Chambers, die inzwischen ziemlich selbst- und zielbewusste Ex-Studentin, bekommt ein neues Reisedokument mit der Seriennummer B 025948. Der Pass ist bis zum 30. Mai 1985 gültig, lange genug für die Jagd auf Ali Hassan Salameh. Nun muss sich Erika um ihre »Legende« kümmern, also um möglichst stichhaltige und für andere nachprüfbare Lebensumstände. Dazu reist sie im Juni nach Erlangen, wo viele junge Araber studieren.

Die junge Engländerin trifft sich mit dem angesehenen Professor Wolfgang Hütteroth vom Geographischen Institut. »Mein früherer Professor Malcolm Wagstaff hat mir empfohlen, Sie zu kontaktieren. Ich habe, wie Sie meinen Unterlagen entnehmen können, drei Jahre lang in Southampton studiert. Mein dortiger Abschluss war ein Bachelor Degree. Das reicht mir aber nicht. Ich möchte gerne bei Ihnen weiterstudieren und am Ende auch promovieren. Für Erlangen habe ich mich entschieden, weil ich hier mein Deutsch verbessern kann. Außerdem habe ich ein starkes Interesse am islamischen Orient. Dorthin unterhalten Sie ja zahlreiche Verbindungen. Das würde mir wohl auch ermöglichen, im Anschluss an mein Studium in einem der arabischen Staaten zu arbeiten.«

Der Erlanger Professor gewinnt einen positiven Eindruck von der jungen Besucherin. Da Malcolm Wagstaff aus Southampton in der Tat ein guter Bekannter und Kollege ist und auch die weiteren Argumente sehr schlüssig klingen, lässt sich Hütteroth auf ein längeres Fachgespräch ein. Erika Chambers handelt die Abflussfragen englischer Flüsse in Trockengebieten ab. Sie erzählt auch von ihrer Zeit in Canberra. Hütteroth ist beeindruckt, und so verspricht er, sich persönlich für den Studienplatz seiner Besucherin einzusetzen.

Ihr Promotionsgesuch im Fachbereich Geowissenschaften und alle erforderlichen Unterlagen treffen am 17. Juli bei der Universität Erlangen ein. Professor Hütteroth legt das gesamte Material – auch die Abschlussarbeit von Southampton – der Promotionskommission vor. Die Erlanger machen es sich nicht leicht. Sie stellen fest, dass das Bachelor-Examen nicht reicht, und dass Erika Chambers ein Masters Degree haben sollte.

Schließlich werden ihr drei pädagogische Auflagen gemacht. Die Kommission schickt ihre Antwort an die von Erika Chambers hinterlassene Adresse: Grüneburgweg 4 in Frankfurt am Main. Es handelt sich um das Hotel Meyn, eine Herberge der einfacheren Art. Das Angebot der Universität Erlangen wurde bis heute nicht beantwortet.

Die Geheimagentin hat für den Moment und für ihre scheinbar bürgerliche Existenz genug getan. Sie kehrt nach London zurück und gibt bereits Mitte Juni ihr möbliertes Appartement in Richmond wieder auf. In den folgenden beiden Monaten verschwindet sie von der Bildfläche. Möglich, dass sie diese Zeit in Israel verbrachte. Am 26. August trifft sie wieder in Frankfurt ein. Nun bleibt sie vier Wochen.

Am 1. Oktober beginnt Erika Chambers sich eine solide Existenz zuzulegen. In Wiesbaden mietet sie ein Zimmer in dem bescheidenen Hotel Albany. Schon am nächsten Morgen spricht die Engländerin beim Wiesbadener Ausländeramt vor. Sie füllt einen Antrag aus und ersucht darin um eine ordentliche Aufenthaltserlaubnis. In das Formblatt schreibt sie, dass sie »vier bis fünf Jahre« bleiben und »Forschungsarbeiten« nachgehen will. Sie fügt hinzu, dass sie die Absicht habe, an der Universität Frankfurt zu studieren. Finanzieren wolle sie das durch Ersparnisse. Eine Woche später erteilt Wiesbaden eine fünf Jahre gültige Aufenthaltserlaubnis.

Die Britin hat wieder einen festen, jederzeit nachprüfbaren Wohnsitz. Und sie ist keineswegs aus Israel, sondern aus England zugezogen. Ein wichtiger operativer Gesichtspunkt für die Ausbilder des Mossad. Erika Chambers geht erneut nach ihrem Schema vor. Wenige Tage nach der Anmeldung in Wiesbaden besucht sie die Universität Frankfurt. Bei einem Professor ihrer Fachrichtung spielt sie dasselbe Spiel wie in Erlangen, betreibt es allerdings nicht so intensiv. Im Wesentlichen signalisiert sie Interesse, in Frankfurt Geographie zu studieren. Nach der mündlichen Bewerbung meldet sie sich aber nicht mehr. Der Professor ist sicher, dass er sie Wochen später in einer seiner Vorlesungen sitzen sieht. Ihr akademischer Eifer hält sich mittlerweile jedoch in Grenzen, und so taucht sie in diesem Umfeld auch nicht mehr auf.

Am 24. November 1975 ist es für Erika wieder einmal an der Zeit, die Adresse zu wechseln. Sie hat endlich gefunden, was sie wochenlang suchte – ein Appartement in bester Lage, mit größtmöglicher Anonymität. Die neue Adresse lautet Wilhelmstraße 52. Das ist Wiesbadens teuerste und zentralste Gegend, ein Nobelboulevard. Erika zieht in eine exklusive Wohnanlage mit 250 Appartements.

Erika Chambers, inzwischen anspruchsvoll geworden, gefällt es gut in dieser Umgebung. Nun baut sie ihr persönliches Umfeld systematisch aus. Sie richtet sich ein Postfach ein, um eine gewisse Anonymität zu schaffen. Bei der Dresdner Bank und bei der Commerzbank richtet sie Konten ein, die in den folgenden Jahren immer gut gefüllt sein werden.

Die meisten Anweisungen kommen von einem angeblichen Kinderhilfswerk in Genf: »A. S. E. D. – Aide et Secours a l'Enfante Desheritee.« Eine von Mike Harari gegründete Scheinorganisation, die Erika Chambers im weiteren Verlauf der Operation als Legende dienen soll. Agenten wie Erika Chambers wurden schon damals vom Mossad gut bezahlt. Sie bekommt 3000 Dollar pro Monat für persönliche Ausgaben. 3000 bis 5000 Dollar werden auf einem Extrakonto deponiert. Alle Spesen übernimmt das »Büro« sowieso.

Im Frühjahr 1976 lässt sie sich von der Stadtverwaltung Wiesbaden einen neuen Führerschein der Klasse 3 ausstellen. Dabei wird ihre vorhandene englische Fahrerlaubnis umgeschrieben.

Im Oktober 1977 bekommt sie auf Antrag einen zusätzlichen britischen Führerschein.

Die Agentin wartet anscheinend auf das Codewort zum Einsatz gegen Ali Hassan Salameh, der mittlerweile zur rechten Hand von Jassir Arafat aufgestiegen ist. PLO-Insider glauben, dass ihn »der Alte« als Nachfolger aufbauen will.

Im Frühjahr 1978 kommt Erika Chambers zum ersten Mal nach Beirut. Die weltoffene libanesische Hauptstadt ist für sie eine völlig neue, exotische und zugleich außerordentlich gefährliche Welt. Jahrelang hat sie sich darauf vorbereitet, viel über den Libanon und seinen bereits drei Jahre andauernden Bürgerkrieg gelesen. Manches erkennt sie auf den ersten Spaziergängen durch die chronisch verstopften Straßen wieder. Nicht wenig muss sie aber dazulernen. Sie gewöhnt sich rasch ein. Schließlich hat sie genügend Zeit und Geld, und auch Mike Harari im relativ nahen und doch so unendlich fernen Israel drängt sie nicht.

Sie hat einen Auftrag zu erfüllen, und dabei ist jedes Mittel recht. Mit vorgetäuschter sozialer Anteilnahme studiert sie das Los der Zehntausenden von Flüchtlingen aus dem armen, durch israelische Angriffe verunsicherten Süden und aus den zerschossenen Lagern im Osten der geteilten Hauptstadt. Viele Palästinenser haben Wohnungen besetzt, deren Besitzer oder Mieter vor den Gräueln des Krieges geflüchtet sind. Andere wiederum sind in den ohnehin überfüllten Wohnungen ihrer Verwandten in den Beiruter Armenvierteln untergekommen. Zu zehnt und mehr schlafen sie in einem Raum. Das ist das Milieu, aus dem Milizionäre rekrutiert werden. Die Nachgeborenen des Krieges haben nie etwas anderes kennen gelernt.

Die Engländerin tritt den Marsch durch palästinensische Institutionen an. Sie studiert den Mikrokosmos sozialer Einrichtungen. Die PLO unterhält in Beirut ein eigenes Krankenhaus, Werkstätten für palästinensische Waisenkinder und zwei Waisenhäuser. Ihren Spruch hat sie schon so oft aufsagen müssen, dass sie beinahe selbst daran glaubt: »Mein Name ist Erika Chambers. Ich komme aus Deutschland und arbeite für eine Organisation, die bedürftigen Kindern hilft. Ich möchte mich bei Ihnen etwas umsehen, um herauszufinden, wie wir Ihnen und der gerechten palästinensischen Sache helfen können.«

In jenen Tagen empfängt die PLO viele internationale Besucher. Die meisten von ihnen wollen Jassir Arafat sehen. Nicht wenige gehören Solidaritätsgruppen an. Die freundliche junge Frau fällt dabei nicht weiter auf. Sie wird im palästinensischen Sozialnetz herumgereicht. Der »Rote Halbmond« führt ihr die Krankenpflegeschule, das zentrale Labor und die Blutbank vor. In einer anderen Abteilung werden Prothesen für die Opfer der Kämpfe hergestellt. Stolz präsentiert die PLO auch ihre Sozialarbeiter, die in den Flüchtlingslagern Kurse für Sekretärinnen abhalten oder über Hygienemaßnahmen informieren.

Die getarnte Mossad-Agentin kehrt nach Deutschland zurück, um das weitere Vorgehen zu besprechen. Außerdem ist es höchste Zeit, wieder einmal umzuziehen. Am 13. Mai 1978 meldet sie sich bei der Stadtverwaltung Wiesbaden nach Köln, Graeffstraße 3, ab. Tags zuvor hatte sie in der wenige Monate alten Wohnanlage Graeffstraße ein kleines Appartement gemietet. Ein unübersehbares Reich der langen, dunklen Flure auf vielen Stockwerken. Menschen, die hier leben, sind Nummern. Für Erika Chambers steht die 022. Ihr Umzug dauert den ganzen Mai über. Mehrfach fährt sie mit einem gemieteten VW-Bus vor. Dem Hausmeister fällt auf, dass sie viele Bücher besitzt, und einen komplizierten Weltempfänger.

Gleich darauf beginnt sie abermals, ihr Umfeld und ihre Abwehrmechanismen einzurichten. Beim Postamt Köln-Ehrenfeld mietet sie ein Postfach. Es folgt ein Telefonanschluss. Erika Chambers vertraut der Dresdner Bank ihr Girokonto an. Hier treffen die Gelder aus Genf ein.

Die inzwischen 30-Jährige wird 1978 mehrere Male in Beirut gesehen. Meistens bleibt sie zwei Wochen. Sie taucht überall auf und freundet sich doch mit niemandem so richtig an. Immer wieder besucht sie soziale Einrichtungen der Palästinenser, hinterlässt größere Summen. Manchmal geht sie im Umkreis der Rue Madame Curie spazieren, bleibt bei streunenden Hunden und Katzen stehen, streichelt und füttert sie. Wenn sie nach ihrem Namen und ihrer Herkunft gefragt wird, dann sagt sie, sie sei Penelope aus Deutschland. Anschließend lacht sie über den Scherz, aber das versteht keiner.

Unweit der Rue Madame Curie wohnt Ali Hassan Salameh mit seiner zweiten Ehefrau, der bildhübschen Schönheitskönigin Georgina Rizk. Er kommandiert Arafats Leibgarde »Force 17« und wird von ihr bewacht. Der ruhelose Luxusrevolutionär ist sesshaft geworden, ein Zugeständnis an seine Traumfrau. Salameh ist dabei, sich zum ernsthaften Politiker und Diplomaten der PLO zu wandeln. Das macht ihn viel verletzlicher als das bisherige Untergrunddasein. Zum ersten Mal hat der Gejagte eine Adresse. Das lockt die Jäger an. Mike Harari stellt in Tel Aviv bereits die Truppe zusammen.

1978 gibt es in Beirut mehrere Mossad-Agenten, die unabhängig voneinander operieren und dabei die Lebensgewohnheiten Salamehs auskundschaften. Erika Chambers ist am nächsten dran, weil sie sich durch ihr vorgetäuschtes Mitgefühl in seinen Kreisen bewegen kann. Und plötzlich passiert, was sie schon nicht mehr zu hoffen wagt. Er steht vor ihr. Sie erkennt ihn im Bruchteil einer Sekunde und fixiert ihn mit sicherem Blick. Erika Chambers hat starke Nerven, und das kann sie in einem solchen Moment beweisen. Der 37-jährige, etwas melancholisch gewordene Salameh, liebt seine Georgina abgöttisch. Das hindert ihn jedoch nicht daran, seine unwiderstehliche Männlichkeit an anderen Frauen zu testen.

Ali Hassan Salameh und Erika Chambers verabreden sich am Pool eines Hotels, wo die Engländerin gerne wohnt – dem »Coral Beach« im Stadtteil Jnah. Sie gefällt ihm, nicht weil sie seinem Idealtyp entspricht, sondern weil sie in ihm den Trieb weckt. Sie scheint willig zu sein. Mehrere Wagenladungen Bodyguards sichern den Parkplatz, die Hotelhalle, das Treppenhaus, den Flur. Nur im Zimmer ist er alleine mit ihr. Sie befinden sich im ersten Stock, mit Blick zum Swimmingpool. Was nun geschieht, ist spektakulär. Niemand bemerkt, dass Erika Chambers und Ali Hassan Salameh miteinander schlafen, nicht einmal, sondern mehrfach.

Nun laufen viele neue Informationen über Arafats Kronprinzen im Mossad-Hauptquartier zusammen. Er schwimmt im

»Coral Beach«, praktiziert Karate, übt jeden Tag Schießen und geht mindestens einmal pro Woche in die Sauna. Das ist es, sagt einer, die Sauna! Rasch wird eine Liste mit allen Fitnesscentern, Hallenbädern, Karateclubs und Schwitzkammern der libanesischen Hauptstadt zusammengestellt. Eine Gruppe von Agenten zieht los, aber ihr Mann ist auch noch Wochen unauffindbar.

Der Frust von Mike Hararis Agenten darüber schwindet schlagartig, als einer von ihnen seine Saunazeiten ändert. Nun besucht er das Dampfbad am späten Nachmittag. Es ist nur mäßig besucht. Der Raum verschwimmt im heißen Nebel. Als sich die Schwaden lichten, traut der Israeli seinen Augen nicht. Da sitzt ein nackter Ali Hassan Salameh. Mike Harari ist elektrisiert, als er die Details hört.

Er lässt eine größere Menge an Plastiksprengstoff bereitstellen. Ein Experte besichtigt die Sauna. Sie befindet sich im Sport-Club des »International Hotel«. Er sucht nach dem idealen Versteck für die Ladung. Andere erkunden die Fluchtwege. Im letzten Moment wird die Operation jedoch abgeblasen. Das »Komitee X« befürchtet eine unüberschaubare Zahl von zivilen Opfern.

Inzwischen hat die Agentin Erika Chambers eine passende Wohnung gefunden. Sie befindet sich im achten Stock eines Eckhauses in der Labanstraße, unweit der Rue Madame Curie. Von den Fenstern hat man einen guten Blick auf das Gebäude, in dem Ali Hassan Salameh und Georgina Rizk leben. Außerdem sind die umliegenden Straßen gut einzusehen. Erika Chambers mietet das Appartement im November 1978. Am 10. Dezember unterzeichnet sie im Namen der Kinderhilfsorganisation A. S. E. D. einen Jahresvertrag.

Sie richtet die Wohnung mit gemieteten Möbeln ein. Häufig wird Erika Chambers gesehen, wie sie vormittags alleine kommt und nachmittags gegen vier wieder alleine geht. Sie schläft in ihrem Lieblingshotel, dem »Coral Beach«. Die umsichtige Mossad-Frau meldet den jeweiligen Stand der Vorbereitungen nach Genf. Den Jahreswechsel verbringt sie in ihrer Kölner Wohnung.

In Israel fällt die Entscheidung für die lange vorbereitete Operation »Lechem Zar« am 2. Januar 1979. Am 13. Januar fliegt Erika Chambers nach Beirut. In den nächsten Tagen sitzt sie meistens am Fenster ihrer Wohnung und beobachtet regelmäßig dasselbe Fahrzeugpaar durch ihr Fernglas – ein brauner Chevrolet Station Wagon und ein Range Rover, die durch die Straßen Verdun und Madame Curie südlich in Richtung PLO-Hauptquartier im Stadtteil Fakhani preschen. Sie notiert sich Zeiten und Umstände. Insgesamt passieren die beiden Autos viermal pro Tag. Die Zielperson ist häuslich geworden und kehrt sogar zum Mittagessen heim.

Am 17. Januar trifft ein eleganter, etwa 40-jähriger Engländer namens Peter Scriver aus London in Beirut ein. Er checkt im »Royal Garden Hotel« ein. Zeitgleich erscheint auch Ronald Kolberg, ein Kanadier von Mitte zwanzig. Er hat ein Zimmer im »Hotel Méditerranée« gebucht. Beide reisen unter falscher Identität. 24 Stunden später mieten sie sich Leihwagen. Auch Erika Chambers holt bei Libna-Car einen grünen Datsun ab. In Israel wird ein Zentner TNT auf ein Raketenschnellboot verladen. Drei davon stehen zum Auslaufen bereit. Ihr Ziel ist streng geheim.

Erika Chambers beobachtet immer noch den Verkehr und befindet sich tagsüber in der Wohnung. Inzwischen hat sie eine Art Funkgerät bekommen, ein kleines Kästchen mit einem Knopf. Der Auslöser für eine ferngesteuerte Bombe. Nachts schläft die Engländerin im nahegelegenen »Hotel Bristol«, einem eleganten Vier-Sterne-Haus. Die Spannung wächst. In drei Tagen, so denkt Erika Chambers immer wieder, ist alles vorbei. Dann geht es heim. Scriver und Kolberg erkunden Beirut. Sie müssen die wichtigsten Straßen kennen lernen, vor allem die Fluchtwege.

Am Abend des 21. Januar verlassen die Raketenschnellboote ihren Stützpunkt bei Haifa. Im CIC (»Combat Information Centre«), dem Herz des Flaggschiffes, sitzt ein auffallend braungebrannter Gast von Anfang bis Mitte fünfzig: Mike Harari. Der Chef der »Hit Teams« möchte den Sieg live miterleben. Morgens um drei Uhr bringen Kampftaucher schwere Pakete an eine einsame Stelle nördlich von Beirut. Dort warten bereits Scriver und Kolberg. Sie verstauen den Sprengstoff unter den Vordersitzen und der hinteren Sitzbank eines geliehenen VW Golf. Dann stellen sie den Wagen unweit von Erika Chambers' Wohnung ab.

Am Morgen des 22. Januar zahlt Peter Scriver seine Hotelrechnung und erzählt beiläufig, dass er nach Amman fahren müsse. In Wirklichkeit nimmt er sich ein Taxi zum Flughafen und verschwindet nach Zypern. Ronald Kolberg wechselt in die Hafenstadt Jounieh und mietet sich im »Hotel Montmartre« ein. Nun liegt alles in der Hand von Erika.

Ali Hassan Salameh bekommt an jenem Morgen eine zweite Warnung der CIA, der er inzwischen freundschaftlich verbunden ist. Er solle sehr vorsichtig sein. Sein Leben sei in Gefahr. In Damaskus tagte der Palästinensische Nationalrat, und er solle daran teilnehmen. Es stehen wichtige politische Entscheidungen im Verhältnis zwischen der Fatah und der Volksfront von Georges Habasch an. Außerdem soll das gerade entstandene Camp-David-Abkommen zurückgewiesen werden.

Ali Hassan Salameh kommt nachmittags nach Hause, um letzte Vorbereitungen für seine Fahrt nach Damaskus zu treffen. Außerdem will er noch in der Wohnung seiner Mutter in West-Beirut halt machen, um seiner Nichte zum Geburtstag zu gratulieren. Es ist exakt 15.45 Uhr, als er sich von Georgina verabschiedet. Sie ist im fünften Monat schwanger, und das registriert er mit arabischem Stolz.

Der PLO-Führer nimmt auf dem Beifahrersitz seines Straßenkreuzers Platz, Jamil, der Fahrer, neben ihm. Drei Leibwächter zwängen sich auf die Rückbank. Der Range Rover mit fünf weiteren, grimmig blickenden Bodyguards aus der »Force 17« folgt dahinter. Die immer gleiche Fahrstrecke führt nach 150 Metern durch die Bekastraße, die früher Itani hieß. Beim Einbiegen in die Bekastraße mogelt sich ein fremdes Auto zwischen den Chevrolet und den Range Rover. Das verlängert den Abstand zwischen den beiden PLO-Fahrzeugen auf etwa zehn Meter.

Erika Chambers erkennt die Konstellation. Das spielt aber für sie keine Rolle mehr. Wann würde die Gelegenheit wieder so günstig sein? Mit ruhiger Hand greift sie nach dem kleinen Sender und schätzt die Entfernung ein. Noch 100 Meter ... 50 Meter ... 30 Meter ... 20 Meter. Jetzt ist der Chevrolet auf Höhe des geparkten Volkswagens. Jetzt! Fast unmerklich krümmt sie den Finger und drückt den Knopf nach unten. Sie öffnet den Mund, um die kommende Druckwelle auszugleichen.

Bruchteile von Sekunden später erschüttert eine gewaltige Detonation das Viertel. Die Straße scheint in Flammen zu stehen. Auto- und Leichenteile fliegen durch die Luft. Menschen liegen blutend und schreiend auf dem Bürgersteig. Zahlreiche Fenster sind zersplittert. Wo vorher eine Fahrbahn gewesen war, befindet sich jetzt ein gewaltiger Trichter. Es sieht aus wie nach einem Militärangriff, für Beirut eigentlich kein ungewohntes Bild.

Mike Harari befindet sich am schweren Fernrohr des Flaggschiffs der kleinen Flottille israelischer Raketenschnellboote. Schon seit einer Weile beobachtet er das nördliche Ende Beiruts. Plötzlich steigt eine große Wolke von Staub und Rauch auf. Harari kann sich gar nicht satt sehen. Auch Georgina Rizk steht auf dem Balkon ihrer Wohnung. Sie hat die Explosion gehört und beobachtet jetzt den Rauchpilz, hört die durchdringenden Sirenen der Rettungswagen. Sie weiß, was passiert ist.

In der Bekastraße herrscht Chaos ohnegleichen. Die fünf Leibwächter aus dem Range Rover sind unverletzt und drehen schier durch. Salamehs Chevrolet ist völlig zerstört. Er selbst scheint noch zu leben. Rasch wird er zum Krankenhaus der American University gebracht. Die Ärzte können jedoch nur noch seinen Tod feststellen. In seinem Gehirn steckt ein Metallstück. Außer ihm sterben bis zu neun weitere Menschen, werden 18 verletzt. Da gibt es unterschiedliche Zahlen.

Die Täterin verschwindet Minuten nach der Explosion eiligen Schrittes. Keineswegs zu spät, denn Minuten später dringen schwerbewaffnete Kämpfer des PLO-Sicherheitsdienstes in die Wohnung ein. Erika Chambers und Ronald Kolberg sind miteinander verabredet. Gemeinsam begeben sie sich zu einem entlegenen Strand, wo sie gegen Mitternacht von den Raketenbooten abgeholt werden.

Erika Maria Chambers lebt heute in der Nähe von Tel Aviv. Manchmal wird sie von Depressionen geplagt.

9

Gabriele Gast
Die mit dem Wolf tanzte

»Euer Dienst ist die Aufklärung
Namen bleiben geheim
Unauffällig die Leistungen
Stets im Blickfeld der Feind
Das Gespräch mit Genossen
Viel zu selten daheim
Für das Tragen der Orden
Bleibt oft nicht mehr die Zeit
Wachsam sein immerzu
Und das Herz ohne Ruh
Auch in friedlicher Zeit
Nie geschont
Tschekisten, Beschützer des Friedens der Menschen
Soldaten der unsichtbaren Front«

Tschekistenlied

Es war ein klarer Herbstmorgen, ideal für Bergwanderungen. Keiner der Nachbarn hätte ein anderes Ziel vermutet bei der Frau mittleren Alters, die gegen sieben Uhr ihr Reihenhaus in München-Neuried verließ. Wegen ihrer Freizeittouren mit Seil und Haken und ihrer Leidenschaft für Wintersport war sie bekannt. Also nickte man ihr nur verschlafen-freundlich zu, wenn sie den Kofferraum belud oder auch schon um die Ecke bog.

An diesem Tag waren einige Details anders. Irgendwo zwischen den zahlreichen Garagen, entlang der ruhigen Wohnstraße lauerte ein Wagen mit zwei Männern. Sie starteten ihren Motor, als die Frau den goldfarbenen Opel Ascona mit dem Deckkennzeichen M-R 481 in Richtung Hauptstraße lenkte. Dann blieben sie mit sicherem Abstand hinter ihr. Sicher, weil sie als Angehörige der Sicherheitsabteilung des Bundesnachrichtendienstes nicht erkannt werden und weil sie ihre Zielperson nicht verlieren wollten.

Das Duo von der Observationsgruppe hatte kein Problem, Schritt zu halten. Erst nach etwa einer Stunde, kurz vor dem Mittenwalder Grenzübergang nach Österreich, kam Hektik auf. Wollte die Frau eventuell fliehen, sich den bundesdeutschen Ermittlern entziehen? Das durfte nicht geschehen. Rasches Handeln war gefragt. Der Grenzposten musste sofort verständigt werden.

Im Schritttempo rollte der Ascona hinter den wenigen anderen Fahrzeugen, die ebenso früh schon unterwegs waren, zu der

Stelle, wo der bayerische Grenzpolizeibeamte stand. Er blickte kurz in das ernste Gesicht der stets ein bisschen asketisch und distanziert wirkenden Frau. »Ihren Führerschein, bitte.« Die Anweisung kam knapp und unpersönlich. Er schien es nicht eilig zu haben. »Parken Sie bitte dort drüben, und kommen Sie dann bitte mit.« Was war passiert? Eine gut versteckte Radarkontrolle? Eine Verwechslung mit einer anderen gesuchten Person?

Die Autofahrerin musste aussteigen und in die Dienststelle gehen. Dort sollte sie einen Moment warten. Man merkte es nicht an, aber zunehmend wurde sie nervöser. Die Umstände des unfreiwilligen Stopps kamen ihr seltsam vor. Außerdem wollte sie pünktlich sein. In Innsbruck wartete Karl-Heinz auf sie, ein Mann, der ihr immer noch nahe stand.

Einer der Beamten holte sie in die Einsatzzentrale. Hier lüfteten die Kontrolleure das Geheimnis: »Es liegt ein Haftbefehl gegen Sie vor. Er ist aber noch nicht ausgestellt. Genaueres wissen wir auch nicht. Sie müssen schon warten, bis wir Antwort aus München haben.« Alle Alarmglocken schrillten. Warum gerade jetzt, wo ohnehin alles vorbei war? Die DDR gab es nicht mehr, die Staatssicherheit war aufgelöst. Warum jetzt?

Die Ungewissheit dauerte mehr als eine Stunde, dann betraten zwei Männer in Zivil den Raum. Einer der beiden zückte seinen Dienstausweis vom Bundesnachrichtendienst und kündigte mit wichtiger Miene eine Amtshandlung an, zu der er nicht befugt war: »Ich verhafte Sie wegen Landesverrats und geheimdienstlicher Tätigkeit für eine fremde Macht!« Dabei wirkte er ausgesprochen wütend. Er konnte sich kaum beherrschen. Die Frau schwieg und folgte den Männern wortlos zu ihrem Auto. Gemeinsam fuhren sie nach München zurück, diesmal zum bayerischen Landeskriminalamt.

Die Frau stand unter Schock. »Ich fühlte mich unendlich leer und unendlich allein. Was war bloß passiert, dass ich nun in diesem Auto saß und einem ungewissen, auf jeden Fall bösen Schicksal entgegenfuhr?«

In der *Welt* vom 3. Oktober 1990 war eine kurze Meldung der *Deutschen Presseagentur* zu lesen: »Eine 47-jährige Regierungsdirektorin des Bundesnachrichtendienstes (BND) ist unter dem dringenden Verdacht der Agententätigkeit für das frühere Ministerium für Staatssicherheit der DDR festgenommen worden. Nach Angaben der Bundesanwaltschaft hatte der Ermittlungsrichter bereits am Montag Haftbefehl gegen die Frau erlassen. Generalbundesanwalt Alexander von Stahl geht von einem ›schwerwiegenden Verdachtsfall‹ aus. Nach den bisherigen Ermittlungen war die aus dem Großraum München stammende Regierungsdirektorin 1973 in den BND eingetreten. Bereits im Juni 1968 soll sie sich gegenüber dem MfS zur Mitarbeit verpflichtet und diese Tätigkeit bis November 1989 ausgeübt haben.«

Die Verhaftete heißt Gabriele Gast, BND-Name Leinfelder, MfS-Deckname »Gisela Gehlert«. Sie arbeitete 21 Jahre lang für die Ostberliner »Hauptverwaltung Aufklärung« (HVA), den Auslandsnachrichtendienst der DDR. Damit war sie erfolgreichste Spionin des anderen Deutschland. 17 Jahre lang kletterte sie auf der Karriereleiter des Bundesnachrichtendienstes nach oben. Dabei wurde sie zu einer der mächtigsten Frauen des westdeutschen Auslandsdienstes. In ihrem beruflichen Umfeld, Referat 31 C, entstanden generelle Lageberichte für »politische Entscheidungsträger« und den Bundeskanzler. Dieser Fall erschütterte den BND in seinen Grundfesten.

Gabriele Gast wurde im Zweiten Weltkrieg geboren. Für ihren Vater, Fahrlehrer Albert Gast, war es bereits der zweite Waffengang, und das ließ ihn keineswegs lebensfroher werden. Die Mutter Irmgard verkörperte eher den Frohsinn der Rheinländer. So war ein gewisser Ausgleich geschaffen. Die Kinder, insgesamt drei, lernten das beschwerliche Leben der frühen Nachkriegsjahre beim Spielen in den Trümmergrundstücken von Remscheid kennen. Solange sich Gabriele Gast erinnern kann, hatte sie Verpflichtungen. Zuerst im Haushalt, dann in der Schule. Den Unterricht aber liebte sie, er war für sie nur eine mäßige Belastung. Sie war eben begabt und hatte auch Geschick für häusliche Aufgaben. Auf einer Frauenoberschule bestand sie 1962 das Fachabitur. Mit einer Zusatzprüfung durfte sie ihr Studium mit dem Ziel Berufsschullehrerin beginnen. Sie wechselte an die Rheinisch-Westfälische Technische Hochschule in Aachen. Schon damals, gerade 20 Jahre alt, zweifelte sie nicht an ihrer späteren Rolle. Die Grundlage sollte eine solide Ausbildung sein.

»Auf keinen Fall wollte ich in einer Ehe vom Mann finanziell abhängig sein, so wie es das Schicksal der Frauengeneration meiner Mutter war, die aufgrund der althergebrachten, längst verfassungswidrigen Frauengesetzgebung in der Adenauer-Zeit in einer fatalen Abhängigkeit vom Ehemann und Unterordnung unter dessen Bestimmungsgewalt stand.«

Auch die Universitätsjahre bewältigte sie sozusagen auf der Überholspur. Eigentlich wollte Gabriele Gast nach dem Studium der Lebensmittelchemie in den Schuldienst gehen. Dann spürte sie plötzlich die Faszination ihres Nebenfachs Politische Wissenschaften. Das hatte sehr stark mit dem zuständigen Professor zu tun. Der bekannte Ostexperte Klaus Mehnert unterrichtete an der TH Aachen. Er war ein Idol der Studenten.

Die von Haus aus konservative Gast geriet ins Fahrwasser der 68er. Sie litt unter der Teilung Deutschlands und konnte nicht verstehen, dass sich die Bonner Regierung vom Osten zugunsten ihrer Westallianzen abgewandt hatte. Mit Bitterkeit bemerkte sie, dass die Bundesrepublik vor Selbstmitleid zerfloss, wenn es um die Kriegsfolgen für das eigene Volk ging. Das Leid der anderen, der Opfer Hitler-Deutschlands, wurde dagegen verdrängt.

»Oft schien es mir, als würden die Rollen von Tätern und Opfern auf makabre Weise vertauscht. Sosehr mich auch der Verlust der Heimat und allen Hab und Guts berührte, den unzählige Deutsche erlitten hatten, berührte es mich nicht minder, dass so vielen Menschen anderer Nationalitäten dieselben Verluste zugefügt worden waren.«

Als sie 24 Jahre alt war, gab es die Berliner Demonstrationen gegen den Schah von Persien, den toten Benno Ohnesorg, den mörderischen Anti-Kommunismus der Amerikaner mit dem Vietnamkrieg als Höhepunkt. Trotzdem ging sie zur CDU, anfangs ein Zugeständnis an die Eltern, und später ein Element des Täuschens und Tarnens. Die Karteileiche Gast trat erst 1990, nach der Verhaftung, wieder aus. Da war sie aber parallel längst in die SED aufgenommen worden. Eine Kombination mit hohem Seltenheitswert, vergleichbar der gleichzeitigen Mitarbeit bei Bundesnachrichtendienst und Stasi.

Die Studentin Gast beobachtete mit Missbehagen das frauenpolitische Konzept der CDU. Dass Frauen zwischen Familie und Beruf wählen sollten, sah sie als antiquiert an, weil Männer auch nicht vor dieser Alternative standen. Gleichzeitig spornte es sie an, ihre Akzente in der Berufswahl zu setzen. Als die Lehrtätigkeit immer näher rückte, nahm das Interesse der jungen Frau daran diametral ab. Sie wollte sich einfach nicht von der hochpolitischen Atmosphäre verabschieden und sich auf Jahrzehnte hinaus mit »lernunwilligen Halbwüchsigen« beschäftigen.

Deshalb wechselte sie ins Team von Professor Mehnert und konzentrierte sich nun auf die Forschungsbereiche Sowjetunion und DDR. Mehnert wurde ihr Doktorvater. Gabriele Gast entschied sich für ein Thema, das ihr seit den negativen Erfahrungen bei den Christdemokraten nicht mehr aus dem Kopf gegangen war – die vergleichende Analyse der politischen Rolle der Frau in beiden deutschen Staaten. Dazu gab es noch keine ernsthafte Untersuchung. Mehnert war begeistert und ermutigte seine Schülerin, das Vorhaben umzusetzen. Er bot ihr jegliche Unterstützung an.

Im sächsischen Industriezentrum Karl-Marx-Stadt lebten Verwandte väterlicherseits, die Gabriele Gast schon einmal problemlos besucht hatte. Dort wollte sie mit ihren Recherche-Objekten auf Tuchfühlung gehen. Als die Einladung zu einer Taufe Remscheid erreichte, war es wieder soweit. Im Mai 1968 reiste Gabriele Gast zum zweiten Mal in den »unheimlichen« Osten.

Da sie ihre Verwandten bereits brieflich informiert hatte, waren diese nicht untätig gewesen und hatten einen Termin mit dem »Demokratischen Frauenbund Deutschlands« (DFD) vereinbart, einem verlängerten Arm der SED. Dieses Treffen war auch von einem ominösen »Institut für Auslandsbetreuung« abgenickt worden, einem getarnten Ableger der Staatssicherheit.

Kurz vor Ende der Reise kam es zu einem Gespräch mit der DFD-Bezirksvorsitzenden. Überraschenderweise nahmen daran auch zwei Herren teil. Der eine hieß angeblich Müller und wurde als frauenpolitischer Experte der Gewerkschaft vorgestellt. Sein Begleiter Schmidt sollte den Freund anschließend nach Dresden chauffieren. Schmidt, offenbar »ein untersetzter Poseur mit Meckifrisur und Bauchansatz, schon rein äußerlich keine Glücksnummer« *(SZ-Magazin)*. Vorläufig saß er noch abseits und wirkte völlig unbeteiligt. Nach zwei Stunden angeregter Unterhaltung über das Frauenthema, meldete er sich plötzlich zu Wort und erinnerte an die Tour nach Dresden.

In der neugierigen Studentin begann es zu arbeiten. Ein Ausflug nach Dresden war zu jener Zeit außergewöhnlich und selten. Keck fragte sie, ob sie mitfahren dürfe. Kein Problem, und so setzte sich die Diskussion im VW Käfer des Herrn Schmidt fort. Er stellte sich durchaus ehrlich als Kraftfahrzeugmeister vor. Dass er aber auch »Offizier im besonderen Einsatz« (OibE) der Stasi war, sagte er nicht.

Die beiden verbrachten einen Teil des Nachmittags miteinander. Das intellektuelle Fräulein war zwischen den beeindruckenden Sehenswürdigkeiten der Elbstadt und ihrem ausgesprochen belesenen Begleiter hin und her gerissen. Der Abend endete in der Bar des »Chemnitzer Hofes«.

Die Westfrau und der Ostmann schoben zu den Klängen der kleinen Kapelle über die Tanzfläche. Die Kellner servierten preisgünstigen Krimsekt, und die Stimmung wurde immer anheimelnder. Beim Abschied im Morgengrauen küssten sie sich, und Gabriele Gast versprach ihrem Galan, bald wieder zu kommen. Schließlich müsse sie noch mehr Frauen sprechen und die tags zuvor versprochene Fachliteratur abholen. Schmidt wollte sich um eine neue Einreisegenehmigung kümmern. Kein Problem, sagte er, er arbeite ja beim Rat des Bezirks.

So kam es auch. Ende August 1968, wenige Tage nach dem Einmarsch der Warschauer-Pakt-Truppen in die Tschechoslowakei, fuhr die verliebte Westdeutsche wieder nach Karl-Marx-Stadt. Schmidt war zur Stelle und gab vor, sich Urlaub genommen zu haben. Gemeinsam erlebten sie das Erzgebirge, ein Standardausflug zur Anbahnung »nachrichtendienstlicher Verbindungen«. Die deutlich sichtbaren Spuren der sowjetischen

Panzerkolonnen hinterließen bei der idealistischen Besucherin einen »Touch Stalinismus«.

Das angehende Liebespaar stritt um die reine Lehre. Karl-Heinz und Gabriele, nun duzten sie sich, waren keinesfalls einer Meinung, wenn es um die gestürzte Prager Reformregierung ging. Sie war allem Neuen gegenüber aufgeschlossen, er verschanzte sich hinter dogmatischen und wenig flexiblen Positionen.

Diesmal blieb die Studentin drei Wochen lang. Das Frauenthema lieferte die Rechtfertigung. So bestand nun genügend Zeit, Karl-Heinz besser kennen zu lernen. Die Nächte in der »Kosmos«-Bar waren lang. Das junge Paar wollte die Tanzfläche nicht mehr räumen, als wäre es das letzte Mal. Es gab viele Gesprächsthemen, nur nicht die Rolle der Frau im Sozialismus.

»Unerbittlich kam der Tag des Abschieds. Ich hatte mich mittlerweile in Karl-Heinz verliebt. Auch zweifelte ich nicht an seinen Gefühlen für mich. Inzwischen hatte er mir gestanden, dass es, bevor wir uns kennen lernten, eine andere Frau in seinem Leben gegeben hatte, doch dass er längst entschlossen war, diese Beziehung zu beenden. Dass er aus dieser Verbindung auch einen Sohn hatte, sagte er mir damals nicht. Das erfuhr ich erst ein gutes Jahrzehnt später, als ich ihm meinen Entschluss mitteilte, ein Kind in Adoptionspflege zu nehmen.«

Karl-Heinz verschwieg auch, dass er eigentlich Schneider hieß. Das kann die spätere BND-Mitarbeiterin verstehen, nicht jedoch die Angabe des falschen Geburtsdatums, mit dem beide bis zum gemeinsamen Strafverfahren lebten. Ohne ersichtlich schlechtes Gewissen, feierte er mit ihr 20 Jahre lang seinen Geburtstag am 24. November, genau einen Monat zu früh. Es ist pure Höflichkeit, dass sie diese Lüge heute nur als »schlechten Stil unter Freunden und Genossen« bezeichnet. Immerhin erfuhr sie seinen Spitznamen: Karlicek.

Das deutsch-deutsche Liebespaar wechselte sehnsüchtige Briefe und traf sich wieder im November 1968 bei einem Tagesbesuch in Ostberlin. Nun brachte Karl-Heinz seinen »besten Freund« Gotthard Schiefer ins Spiel, der angeblich im Innenministerium arbeitete. Gabriele Gast taxierte ihn gleich als »ungemein warmherzigen und einfühlsamen Menschen«. Er hatte Wichtiges zu sagen. »Es gibt durchaus Möglichkeiten, die euch ein Wiedersehen erleichtern. Wir sollten uns in Ruhe darüber unterhalten. Nicht hier. Ich schlage vor, dass Sie morgen früh wieder nach Ostberlin kommen und mit Karl-Heinz nach Karl-Marx-Stadt fahren. Abends treffen wir uns dann bei ihm und überlegen, was wir tun können. Ich gebe Karl-Heinz eine Reiseerlaubnis des Innenministeriums für Sie.«

Das war sensationell, weil die Reisegenehmigungen von den DDR-Behörden stets extrem restriktiv gehandhabt wurden. Nur Sicherheitsbehörden konnten Ausnahmen zulassen. Bei einer Tageserlaubnis für Ost-Berlin musste man kurz vor Mitternacht wieder die Zonengrenze passiert haben. Sonst gab es handfeste Strafen. Gabriele Gast wusste, dass dieses Angebot nicht koscher war. Sie tröstete sich aber mit dem Gedanken, »mit aller Entschiedenheit und Entrüstung« nein zu sagen, wenn die Stasi versuchen würde, sie anzuwerben. Dann willigte sie ein, am nächsten Tag nach Karl-Marx-Stadt zu fahren.

Am kommenden Abend war es soweit. Als sie bereits einigen Alkohol getrunken hatten, legte »Schiefer« die Karten auf den Tisch. »Es gibt eine Möglichkeit, wie Sie öfters mit Karl-Heinz zusammensein können. Das geht aber nur, wenn Sie uns ein bisschen entgegenkommen.« Sie könne ihnen beispielsweise immer mal über ihr Studium in Aachen berichten, die Hochschule, die Professoren.

»Schiefer« räumte freimütig ein, dem Ministerium für Staatssicherheit anzugehören. Er ging aufs Ganze: »Sehen Sie mal, Sie lieben doch Karl-Heinz, und er liebt Sie. Ihr wollt doch beide, dass ihr zusammen sein könnt. Das geht eben nur, wenn Sie mit uns zusammenarbeiten. Nicht viel. Nur ab und zu mal. So ist es uns möglich, euer Zusammentreffen zu begründen. Wenn Sie das jedoch nicht wollen, werden Sie Karl-Heinz nicht wiedersehen. Das ginge einfach nicht, es würde ihm verboten.«

Gabriele Gast saß in der Honigfalle. Zögerlich sagte sie zu, »nur über mein Studium und die Hochschule« zu berichten. Die beiden Männer blinzelten sich zu und stießen wieder mit ihr an. Es herrschte ausgelassene Stimmung. Karl-Heinz nahm seine

Westfreundin in den Arm: »Danke, meine Liebste. In Zukunft wird es für uns leichter sein, uns zu sehen. Ich liebe dich. Das darfst du nie vergessen.« Die Anwerbung war vollzogen.

Schon bei den nächsten Treffen in Karl-Marx-Stadt spürte Gabriele Gast »den Reiz, Zugang zu einer verschlossenen Welt zu haben«. Sie bekam einen gefälschten westdeutschen Reisepass und passierte ab sofort als »Gisela Gehlert« den »antifaschistischen Schutzwall«. Hier handelte es sich um den Familiennamen des lokalen Stasi-Chefs Siegfried Gehlert. Eine reine Schutzmaßnahme gegen Kontrollen des Bundesgrenzschutzes, erläuterte Schiefer, der eigentlich Schramm hieß. Dazu gab es auch noch eine neue Handtasche mit einem Geheimfach für den zweiten Pass. Bei Nachrichtendienstlern heißt das Container.

Schließlich wurde ihr der Empfang des verschlüsselten Agentenfunks und das Dechiffrieren der geheimen Nachrichten erklärt. Dafür kaufte sie sich in Aachen einen handelsüblichen Radioempfänger mit gespreiztem Kurzwellenband vom Typ Grundig »Ocean Boy«. Für sie bestimmte Informationen wurden fortan dienstags um 21 und 23 Uhr ausgestrahlt. Später kam noch der Mittwoch dazu. Dann setzte sie den Kopfhörer auf und notierte »ihre« Zahlen. Auf der Stereoanlage lief eine Oper, um mögliche Mithörer abzulenken.

Zur nachrichtendienstlichen Schulung der Gabriele Gast zählten auch die Praktiken beim konspirativen Treff. Sie sollte erkennen, ob sie beobachtet wurde, und im Falle eines Problems denselben Ort eine Stunde später erst wieder aufsuchen. Die Techniker des MfS unterrichteten sie darüber hinaus im Umgang mit unsichtbaren Schriften und dem Fotografieren von Dokumenten. Nun war sie eine vollwertige Kundschafterin des Friedens an unsichtbarer Front. Die nötige Selbstsicherheit kam im Laufe der Zeit auch hinzu. Gabriele Gast war eine überaus begabte Spionin, zeigte »zupackenden Arbeitsstil und hohe Einsatzbereitschaft«. So sollte es ihr später auch der BND in die Personalakte schreiben.

Gabriele Gast alias Gisela Gehlert reiste in der Regel alle zwei Monate zu ihren neuen Freunden. Vom MfS wurde sie stets in Gästehäusern des Dienstes untergebracht. Dabei handelte es sich um abseits gelegene Objekte, die Familienpensionen ähnelten. Die Besucher wurden von Personal betreut und freundeten sich meistens mit diesen Leuten an. Mit Karl-Heinz durchwanderte sie die Landschaft um Karl-Marx-Stadt und Plauen, aber auch die Wälder am Werbellinsee, wo die Sachsen ein weiteres Gästehaus betrieben. In langen Gesprächen lernte sie die politische DDR kennen, aber auch die Staatssicherheit – unmittelbarer als später aus den Papieren des BND.

»Vieles war dringend verbesserungsbedürftig, übrigens auch im westdeutschen Staat. Aber ich sah eine Chance zu Verbesserungen in dem Maße, wie es der DDR gelänge, sich wirtschaftlich zu konsolidieren, sich von ihrem Unterlegenheitsgefühl gegenüber der Bundesrepublik zu befreien und innenpolitisch souverän zu werden, so dass sie auch Widerspruch verkraften und nicht mehr dem Zwang erliegen würde, ihn als vermeintliche politische Häresie verfolgen zu müssen. In den Tagen der Wende hatte sie für einen kurzen Augenblick diese Chance. Doch dann fegte die Macht des Geldes sie hinweg.«

Der Sachse und die Rheinländerin diskutierten auch über ihre eigene Zukunft, über eine gemeinsame Ehe etwa. Für eine wirklich enge Verbindung hätte sie in die DDR ziehen müssen. Das konnte aber nicht im Sinne der Stasi sein, die gerade dabei war, weit in die Zukunft zu investieren. Auch Karl-Heinz Schmidt wollte das nicht. Sein weitestes Zugeständnis war eine Verlobung. Das belastete die Romanze.

»Er war, wie mir auf Dauer nicht verborgen blieb, zu sehr Eigenbrötler, als dass er sich in eine Lebensgemeinschaft hätte einfügen und Verantwortung für einen anderen Menschen hätte übernehmen wollen. Im Grunde war er zu einer Eheschließung, mit wem auch immer, weder bereit noch fähig. Nicht zufällig hat er deshalb auch jene Frau, mit der er vor unserer Bekanntschaft zusammen war, im Stich gelassen, als sie ein Kind von ihm erwartete, so wie er mich nach meiner Verhaftung im Stich ließ. Bekanntlich ist ein solches Verhalten von Männern, das Abtauchen vor persönlicher Verantwortung, nichts Ungewöhnliches. Und ein Geheimdienstler ist, wenn es denn zum Schwur kommt, zuallererst ein Mann.«

Das gesamtdeutsche Paar bewegte sich bald wieder »schleichend auseinander«. Aus der großen Liebe wurde eine stabile Freundschaft, die weiter existierte, bis alles in Stücke fiel.

Nun kam »Schiefer« mit dem Vorschlag, die neue »Inoffizielle Mitarbeiterin« (IM) sollte sich beim Auswärtigen Amt in Bonn bewerben. Sie hatte Bedenken, weil sie lieber zuerst promovieren wollte. Ihr war inzwischen klar, dass die DDR sie an einem politisch interessanten Arbeitsplatz sehen wollte. Der Leiter der HVA, Markus Wolf, war mit dem Fall Gast von Anbeginn vertraut. Er wollte über Bande spielen. Wolf wusste, dass Professor Mehnert enge Kontakte zum BND unterhielt. Da müsste es doch möglich sein, IM Gisela dort unterzubringen. Außerdem hätten Bewerber, die nicht beim Außenministerium unterkämen, eine gute Chance in München-Pullach. Der Gedanke löste bei Gabriele Gast »maßloses Erschrecken, gepaart mit einem Gefühl prickelnder Erregung« aus. Nun waren alle Optionen im Raum.

Im Februar 1972 promovierte sie zum Dr. phil. Das Thema ihrer Dissertation war inzwischen auf die Rolle der Frau in der DDR geschrumpft, weil der westdeutsche Aspekt von anderen schon ausführlich behandelt worden war. Außerdem hatte die Doktorandin inzwischen genügend Material gehortet, um die Situation der Ost-Frauen umfassend und überzeugend darzustellen. Zum Doktorexamen organisierten die Freunde in Karl-Marx-Stadt ein rauschendes Fest.

Einen Moment lang sah es so aus, als sei die Karriere von Dr. Gabriele Gast zum abrupten Stillstand gekommen. Bereits nach Bonn umgesiedelt, hatte sie eine Absage des Auswärtigen Amtes erhalten. Auch sämtliche Bemühungen, auf den Radarschirm des BND zu geraten, so genannte »Blickfeldarbeit«, schienen zum Scheitern verurteilt zu sein. Da kam ihr der Zufall in Form eines früheren Kommilitonen zu Hilfe.

Dieser ehemalige Kommilitone arbeitete inzwischen bei der Konrad-Adenauer-Stiftung und hatte erfahren, dass sie noch nichts Passendes gefunden hatte. Also schlug er ihr eine Bewerbung beim Münchner »Institut für Sicherheit und internationale Fragen« vor, einer Neugründung der Konrad-Adenauer- und der Hanns-Seidl-Stiftung. Es klappte. »Habe Job in München angenommen«, teilte IM Gisela der MfS-Bezirksverwaltung Karl-Marx-Stadt auf einer Notiz mit unsichtbarer Tinte mit. Sie zog nach München und konzentrierte sich ab sofort auf drängende Fragen der inneren und äußeren Sicherheit. Das war spannend und aktuell Anfang der Siebzigerjahre.

Und doch, richtig zu Hause fühlte sie sich bei diesem rechten Think Tank nicht. Sie gehörte mehr denn je zu den vielen Idealisten, die ohnmächtig mit ansehen mussten, wie wenig sie bewegen konnten. »Der NATO-Doppelbeschluss«, sagt sie heute nach kurzem Überlegen, »das war doch ein handfestes Motiv, für den Osten zu arbeiten.« Und dann Reagan. Damit sei doch alles zu erklären. »Wer ihm widerstand, der leistete Friedensarbeit.«

Eine ihrer grundlegenden Überzeugungen lautete: Wer rechtzeitig die Absichten und Ziele des Gegners kenne, der könne sich vor unliebsamen Überraschungen schützen und ihnen auch entgegensteuern. Rechtzeitiges Wissen fördere die Sicherheit – beider Seiten. Die Kundschafterin konnte den Verrat zu jeder Zeit vor sich selbst rechtfertigen, und das ist psychologisch wichtig.

Schon nach wenigen Monaten kündigte das Münchner Forschungsinstitut seinem gesamten Personal und stellte alle Aktivitäten ein. Es fehlte an den nötigen Mitteln. Über Nacht kehrte die Unsicherheit zurück. Da geschah etwas, was Gabriele Gast als Wunder bezeichnen würde, wenn sie daran glaubte. Ein unbekannter Mann meldete sich etwas betulich am Telefon:

»Mein Name ist Grafrath. Ich habe gehört, dass Sie sich beruflich verändern wollen. Ich könnte Ihnen ein interessantes Angebot machen. Ich hatte schon einmal im vorigen Jahr versucht, Sie zu erreichen. Aber da waren Sie gerade von Bonn nach München gezogen. Haben Sie schon eine neue Arbeitsstelle angenommen?«

Am nächsten Tag kam er selbst und zückte seinen Dienstausweis. Darauf stand in fetten Druckbuchstaben »Bundesnachrichtendienst«. Gabriele Gast bemühte sich, nicht zu nervös zu wirken. Grafrath erklärte ihr, dass seine Behörde eine Fachkraft

für die DDR-Auswertung suche. Man wisse, dass sie sich hiermit beschäftigt habe. Sie käme auch für die Beschaffung in Frage, als Verbindungsführerin zu DDR-Quellen. Verhalten zeigte sie ihr Interesse an dem Angebot und nahm die Bewerbungsunterlagen ohne Gier entgegen. Innerlich triumphierte die Frau von der anderen Seite. Es war ein »Wechselbad der Gefühle«.
Nachdem sie die Fragebögen zurückgeschickt hatte, traf sie Karl-Heinz ein erstes Mal im Ausland – in Rimini. Sie besprachen das weitere Vorgehen. Zu ihrer großen Enttäuschung kündigte er an, seine Organisation werde erst einmal für längere Zeit jeden Kontakt einstellen. Die Gefahr, dass ihre Verbindung vom BND enttarnt würde, sei zu groß.
Vier Wochen später wurde sie zum Einstellungsgespräch geladen, einem längeren Frage-Antwort-Spiel mit Vertretern der BND-Auswertung und der Haussicherheit. Nach weiteren vier Wochen folgte das so genannte Auswahlverfahren. Die Bewerber wurden im Kleinbus in den Münchner Vorort Pullach gebracht, um erneut auf Herz und Nieren geprüft zu werden. Dort mussten sie sich wieder vorstellen. Wissens- und Sprachtests sowie ein spontanes Kurzreferat rundeten das Verfahren ab.
Es sollte nochmals drei Wochen dauern, bis das positive Ergebnis vorlag. Gabriele Gast war glücklich, nicht zuletzt, weil sie bereits von ihren Notgroschen lebte. Der Agentenfunk aus Karl-Marx-Stadt gratulierte so herzlich, wie es ein nüchterner Zahlencode ermöglicht, und stellte den Kontakt bis auf weiteres ein.
Am ersten Arbeitstag beim BND bekam Gabriele Gast noch einen Tarnnamen: Dr. Gabriele Leinfelder. Bestehende akademische Titel werden beim Auslandsdienst-West mit großer Akribie in den Falschnamen integriert, gemeinhin auch die echten Vornamen.
Es war, als hätte die HVA Regie geführt. Gabriele Gast wurde der Abteilung Auswertung zugeteilt, und da wiederum dem Sowjet-Referat. Als erste praktische Maßnahme musste sie Russisch lernen. Vier Stunden am Vormittag in der Zentrale, und nachmittags zu Hause. Gleichzeitig galt es, die vielen bürokratischen Modalitäten des BND zu verinnerlichen – die Aufberei-

tung von Quellenmeldungen, die hausinterne Zusammenarbeit, Dienstwege in allen Richtungen, wann welches Formular erforderlich ist. Stapelweise holte sie Fachliteratur zum Kommunismus nach.

Erstmals bekam sie Meldungen in die Hände, die als »Verschlusssache« eingestuft waren, »amtlich geheim gehalten«. Es dauerte nicht lange, dann wusste sie, dass auch beim BND nur mit Wasser gekocht wurde.

»Ernüchtert musste ich feststellen, dass die Informationen weit davon entfernt waren, streng gehütete Geheimnisse der sowjetischen Politik offen zu legen. Sie besaßen kaum Neuigkeitswert und gaben im Wesentlichen nur die bekannten sowjetischen Argumentationen und Sprachregelungen wieder, wie sie ohnehin vom Moskauer Politapparat verbreitet wurden und in der Presse nachgelesen werden konnten.« Trotzdem, auch hier bestätigten positive Ausnahmen die Regel. Und darauf kam es an, gerade in der Tätigkeit für die HVA.

Bald musste die Neue ihre Zeit den grundlegenden Lehrgängen widmen. Nach sechs Wochen war ihr klar, wie der BND funktionierte und wie man sich selbst einbringen konnte. Der Grundkurs fand in einem schlossähnlichen Anwesen des BND südlich von Seeshaupt statt; Gabriele Gast war die einzige Frau unter den Teilnehmern, eine Situation, die sie noch oft erleben sollte. Dabei öffnete sich der BND, in der Frühzeit ein Hort konservativer und antikommunistischer Militärs, gerade in jenen Jahren den Frauen.

Als in Bonn die sozialliberale Koalition das Ruder übernahm und Horst Ehmke für seinen Chef Willy Brandt den BND beaufsichtigte, wurden mehr Akademiker an Bord geholt – unter ihnen auch Frauen. Zuerst fanden sie sich in der Verwaltung und bei der Auswertung wieder, schließlich sogar im operativen Sektor. Gabriele Gast kann sich an die Anfänge erinnern: »Die beiden ersten Referatsleiterinnen scheiterten. Es lief nicht gut, und überall herrschte Widerstand gegen Frauen in Führungspositionen. Frauen, so lautete das eherne Dogma, können das nicht!«

Auch beim BND kristallisierten sich frauen- und männertypische Aufgabenfelder heraus. Das vermeintlich schwache Geschlecht hatte bessere Sprachkenntnisse, besaß eine größere Fähigkeit zum Schauspielern und sich neuen Situationen anzupassen. Lange stellte die militärische Auswertung keine Frauen ein, weil die Männer dabei keine Frau neben sich duldeten.

Gabriele Gast über ihre ersten Schritte beim Nachrichtendienst: »Man lügt nicht! Mit der Zeit greift aber die Routine. Man kann es lernen.« Gewöhnungsbedürftig war auch der Umgang mit dominierenden »älteren leitenden Mitarbeitern, die meinten, sie müssten sich der jungen Kolleginnen in ganz besonderer Weise annehmen. Es war ein ständiger Eiertanz, weil beide Seiten künstliche Fassaden errichteten.« Die eher biedere und unauffällige Gabriele Gast in ihren Erinnerungen: »Diese Gratwanderung hat mich weit mehr belastet, als es das Doppelleben, zu dem meine Kundschaftertätigkeit mich zwang, je vermochte.«

Als Gabriele Gast es längst zur Regierungsdirektorin gebracht hatte, bestand der höhere Dienst im hermetisch abgesicherten Pullacher »Camp Nikolaus« bereits zu 10 bis 15 Prozent aus Frauen. Der weibliche Anteil des BND im Jahre 2005 wird erstaunlicherweise geheim gehalten. Damit unterscheidet sich die als liberal gepriesene Öffentlichkeitsarbeit des Dienstes nicht von den restriktiven Zeiten des Kalten Krieges.

Das Manko wird auch nicht beseitigt, indem der BND dem Frauenmagazin *Brigitte* ein Interview mit einer Mitarbeiterin namens Dorothee Schmidt (»Ich bin für 24 Stunden am Tag zu 100 Prozent eine andere.«) gestattet. Interessant ist dabei vor allem die Motivation der Agentin, diesen ungewöhnlichen Beruf gewählt zu haben: »Das Abenteuer. Das Theaterspielen. Der Nervenkitzel. Das hat es mir leicht gemacht, beim BND einzusteigen. Ich mag die Herausforderung, an Informationen heranzukommen, an die andere nicht herankommen. Weltweit tätig zu sein. Selbständig und eigenverantwortlich zu arbeiten. Und die Vielfalt der Themen ist sehr interessant: internationaler Terrorismus, organisierte Kriminalität, politische und militärische Entwicklungen. Mit meiner Tätigkeit helfe ich indirekt der Bundesregierung bei ihren Entscheidungen.« Ein Text wie aus einer Werbebroschüre.

Gabriele Gast erklomm die Karriereleiter, weil sie fleißig und in ihrem Sachgebiet bestens informiert war. Auch ihr letzter Chef, Hans-Georg Wieck, Präsident des BND von 1985 bis 1990, kann ihr viele Jahre nach ihrer Tätigkeit die Anerkennung nicht versagen: »Sie war eine gute Analytikerin und sehr ambitiös. Nur manchmal schien sie mir bei der Beurteilung der Vorgänge in der Sowjetunion übertrieben vorsichtig zu sein.« Warum sollte sie sich zu sehr exponieren und damit ins Rampenlicht des Dienstes geraten?

Gabriele Gast arbeitete emsig an ihrem Erfolg, und das lässt sich ganz sicher nicht nur mit den Verpflichtungen gegenüber den Kollegen in Karl-Marx-Stadt erklären. Zu Beginn wertete sie politische Informationen zur sowjetischen Westeuropa-Politik, Ende der Siebzigerjahre die Politik der Sowjetunion gegenüber den USA und die Bemühungen Moskaus um Herz und Verstand der muslimischen Staaten aus.

Mehrere Jahre gehörte sie dem Lagereferat an, das Berichte für Kanzleramt, Außenministerium und weitere hochrangige Abnehmer fertigte.

Von 1987 bis zur Festnahme an der deutsch-österreichischen Grenze untersuchte sie als stellvertretende Leiterin des Referats 32b die »Grundsatzfragen sowjetischer Politik« und die Beziehungen zwischen der Sowjetunion und den Staaten des Warschauer Paktes. Ab Dezember 1978 arbeitete sie für sieben Monate im Bonner Bundeskanzleramt.

Im Tagesgeschäft verwandelte die Auswerterin einzelne Informationen in Meldungen. Das tat sie in eigenen Worten, ohne den Inhalt der Vorlage zu verfälschen. Die Herkunft der Daten musste weitgehend verschleiert werden. Den Fakten folgten kommentierende Ergänzungen, die diese in das allgemeine Lagebild einordneten, deren Glaubwürdigkeit und den politischen Wert beurteilten. Dabei durfte natürlich kein persönlicher Kommentar einfließen. Die Meldungen wurden mit Noten von eins bis sechs bewertet, analog den Schulnoten. Die Qualität der Quelle äußerte sich in Buchstaben von A (Dokument) bis F (neu, noch unerprobt).

Es war ein hochkomplizierter Drahtseilakt, diese hochwertige und anstrengende Aufgabe beim BND zu erfüllen und darüber hinaus die nachrichtendienstliche Gegenseite in gleicher Weise zufrieden zu stellen. »Ich habe mit Engagement meine Arbeit im BND verrichtet, und mit dem Herzen für die DDR«, so Gabriele Gast. In Pullach verdiente sie als Regierungsdirektorin netto 5500 DM im Monat. Von der Stasi dagegen ließ sie sich häufig nicht einmal die Reisespesen ersetzen. Geld war ihr nie besonders wichtig. Schon in der Jugend glaubte sie, dass es Abhängigkeit schafft. Und später? »Ich brauchte nicht die HVA, um mir einen Urlaub leisten zu können.«

Viel wichtiger war ihr die Anerkennung der Staatssicherheit und das Gefühl, ein besseres Deutschland mit aufzubauen. Nachdem sie sich fast immer aus dem Vollen bedienen konnte, stand sie nicht selten vor der Qual der Wahl, welche Geheimpapiere der Osten bekommen sollte, besonders im Gesamtlagereferat – einem Schlaraffenland für die Spione der anderen Seite.

»Ich habe immer diagonal gelesen und überlegt, was gebe ich weiter. Meine wichtigste Aktion war vielleicht, einen enttarnten KGB-Offizier zu warnen. Nachdem ich selbst dieses Prozedere mitgemacht habe, bin ich froh, ihn davor bewahrt zu haben. Dann erinnere ich mich an einen Brief Reagans an Pakistans Zia ul-Haq zum Thema Atomrüstung. Wir hatten ihn durch unsere elektronische Aufklärung bekommen.«

Die Kundschafterin der DDR zeigte, als sie 1990 zum Umfang des Verrats vernommen wurde, beträchtliche Erinnerungslücken. »Das diente seinerzeit meinem Selbstschutz, war aber auch im Interesse des BND, der sich weigerte, alle Geheimberichte, die über meinen Schreibtisch gegangen waren, dem Gericht vorzulegen.«

In der späteren Anklageschrift füllt die Auflistung der Lieferungen an den Osten jedoch immerhin 13 von 63 Seiten. Da ging es um Analysen zur inneren Situation der siechen Sowjetunion und des gesamten Ostblocks, um das Chemieprojekt im libyschen Rabta, die gefährliche Entwicklung in Pakistan und Afghanistan, Rüstungsdeals im Nahen Osten, die Contras und Nicaragua, die Beziehungen zwischen Moskau und Berlin »im Spannungsfeld sowjetischer Reformpolitik«.

Die Bezirksverwaltung der Staatssicherheit in Karl-Marx-

Stadt konnte die Menge des eingehenden Materials kaum bewältigen, und musste sich mehr denn je mit der Zentrale der HVA in der Ostberliner Normannenstraße abstimmen, die Quelle schließlich teilweise abgeben. IM Gisela war überaus wichtig, und so wurde für sie eine Residentur des MfS im westfälischen Hagen für eine Weile als Kurier einbezogen.

Das Ehepaar Bruno und Margitta Scheffler nahmen die Dokumente entgegen, wenn Gabriele Gast ihre Mutter im benachbarten Remscheid besuchte, und schaffte sie in die DDR. Der Münchner Angestellte Lothar Müller trat später an ihre Stelle. Zumeist übergab Gabriele Gast belichtete Filme, die in einer präparierten Spraydose oder einem Luftkompressor versteckt waren. Kurier Müller deponierte sie in den Toiletten der Interzonenzüge – in einem RTBK, dem rollenden toten Briefkasten.

Relativ häufig traf sich Gabriele Gast mit ihrem »Verlobten« Karl Heinz Schneider, zumeist in österreichischen und italienischen Urlaubsorten. Seit sie hauptamtlich beim BND arbeitete, war die ganz private Beziehung zu ihm erkaltet.

Sehr bald flüchtete »Gabriele Leinfelder« in die Arme eines Lehrgangskollegen, der – Ironie der Geschichte – für die Sicherheitsabteilung arbeitete und hauptamtlich nach »Maulwürfen« fahndete. Das stürzte sie in einen »tiefen Gewissenskonflikt«. Einen Moment lang dachte sie daran, ihr Doppelleben zu beichten, aber nur einen Moment lang. Dann erledigte sich das Problem von selbst. Der Freund trennte sich von ihr. Er fühlte sich vernachlässigt, nachdem Gabriele Gast ein Kind angenommen hatte.

Diese Adoption konnte kein noch so perfekter Geheimdienst-Stratege voraussehen. Die Schwester von Gabriele Gast hatte ein behindertes Kind in Pflege genommen, als Spielkameraden für den eigenen Sohn, war mit ihm nicht zurechtgekommen und wollte es ins Heim zurück geben. Der Junge war fünf und hieß Harry. Mit »tiefen inneren Konflikten« sorgte sich die Agentin wochenlang um den Kleinen. Dann entschied sie kurzerhand, ihn zu adoptieren. Die HVA reagierte mit verhaltenem Entsetzen.

»Es war der höchste Preis, den ich zu bezahlen hatte, in dieser zweiseitigen Tätigkeit – auf ein eigenes Kind zu verzichten. Ein eigenes Kind wäre aber auch unverantwortlich gewesen. Schließlich stand ich immer mit einem Fuß im Gefängnis. Nun schuf ich vollendete Tatsachen. Im ersten Augenblick wollte ich sogar die politische motivierte Arbeit für die DDR einstellen. Später, als ich vor den Trümmern meiner Existenz stand, dachte ich spontan, hättest Du damals aufgehört, dann würdest du mit einem blauen Auge davonkommen.«

Sie hörte nicht auf, konnte den Mechanismus nicht stoppen. Längst hatte sie höchste Weihen erhalten, den »Mann ohne Gesicht« kennen gelernt: Markus Wolf, Chef der DDR-Auslandsspionage, um den sich im Westen viele Legenden rankten. Der elegante, hochgewachsene Charmeur, trat im Frühjahr 1975, nach monatelangen Vorbereitungen, in ihr Leben. Es geschah im jugoslawischen Rabac. Gabriele Gast war neugierig auf ihn. Sie hatte ihre Hausaufgaben gemacht und wusste, dass seine Mutter in Remscheid geboren war und dass er als Großmeister seines Fachs galt.

Trotz seines Freizeitlooks empfand sie ihn sofort als »imposante Erscheinung«. »Er hatte ein einnehmendes Wesen, war hochkommunikativ und leutselig. Ich kam mit ihm leicht in Kontakt und merkte rasch, dass er die Menschen benutzte, um seine herausragende Stellung zu unterstreichen. Er war sehr belesen, hatte Interesse an Kunst, eine politisch ausgewogene Sicht der Dinge, ein differenziertes Weltbild.«

Gabriele Gast erinnert sich, dass sie mit dem beinahe überirdischen Spionagechef auch kritisch diskutieren konnte, zum Beispiel über die Reformresistenz des Ostblocks, und gerade auch der DDR. Er beantwortete jede ihrer Fragen, obwohl er vielfach nicht mit ihrer Meinung übereinstimmte. Dennoch schwärmte er von ihr in der deutschen Ausgabe seiner Erinnerungen: »Diese Frau war ein weißer Rabe, eine Ausnahmeerscheinung in einer von Männern dominierten Welt.«

Im folgenden Jahr sahen sie sich wieder, und dann regelmäßig – insgesamt siebenmal. Zwischen den beiden entstand ein »guter menschlicher Kontakt«, der sogar dazu führte, dass Wolf sich an den Küchenherd stellte und russische Pelmeni kredenzte. Zu den letzten Verabredungen reiste sie sogar mit einem Diplomatenpass der DDR, als Botschaftssekretärin Angelika Weise.

Heute ist auch die weithin bekannte Medienfigur Markus Wolf für ihre einstmals beste Agentin eine Unperson. »Ich gehe ihm aus dem Weg. Nach der Lektüre der US-Ausgabe seiner Memoiren habe ich mit ihm gebrochen. Da habe ich mich von ihm verraten gefühlt. Es war miesester Boulevardstil. Heute habe ich mehr denn je Schwierigkeiten, mit der Art und Weise umzugehen, wie Markus Wolf sich in die neue politische Situation gefügt hat. Er gesteht keine Fehler ein, sitzt zu hoch auf dem Sockel. Ich hätte es begrüßt, wenn er viel geradliniger und offensiver zu seiner Biografie gestanden hätte.«

Wie erlebte Gabriele Gast den Fall der Mauer? »In London, bei Partnergesprächen mit MI6. Wir saßen zum Abendessen in einem Restaurant. Da kam einer der Residenten und sagte: ›Haltet euch fest, die Grenze ist offen.‹« Zu diesem Zeitpunkt glaubte die erfolgreiche BND-Frau noch nicht, dass es für sie gefährlich werden könnte. Im Januar 1990 wurde die MfS-Zentrale vom »Volk« gestürmt. Nun schlichen nachts die Dämonen heran und stellten unheilvolle Fragen: Wer kennt mich dort? Wer kann mich zuordnen?

Mit der Wendezeit kam auch die Zeit der Verräter. Bei der Abteilung IX der HVA, zuständig für Abwehr und Aufklärung gegnerischer Dienste, gab es den so genannten »kleinen Großmann«, nicht zu verwechseln mit Markus Wolfs Nachfolger Werner Großmann. Der Nachgeordnete hieß Karl-Christoph Großmann, auch Charly genannt. Rechtzeitig informierte er sich über die persönlichen Erkennungszeichen mehrerer Topquellen wie Gabriele Gast. Das würde seine Lebensversicherung sein. Als die Zeit reif war, packte der HVA-Oberst in München aus (»40 bis 45 Jahre alt, ledig, Brillenträgerin, Reiterin, etwas zickig, überdreht, mit einem sozialen Tick«) und soll dafür eine beträchtliche Belohnung kassiert haben.

Als Gabriele Gast am 30. September 1990 in Scharnitz festgenommen wurde, war sie auf dem Weg zu Karl Heinz Schneider, der in Innsbruck auf sie wartete. Er war inzwischen arbeitslos und wurde von ihr finanziell gestützt. Die beiden sollten sich aber erst ein Jahr später vor dem 3. Strafsenat des Bayerischen Obersten Landesgerichts wieder sehen, wo er sich auf ihre Kosten aus der Affäre zog. »Karlicek« ließ seine einstige Geliebte fallen und kümmerte sich auch während ihrer Haftjahre nicht um sie. Karl Heinz Schneider kam mit 18 Monaten auf Bewährung davon, während Gabriele Gast sechs Jahre und neun Monate einsitzen sollte, davon 15 Monate Isolationshaft.

»Isolationshaft, insbesondere über einen längeren Zeitraum vollzogen, ist Folter. Sie deformiert die Psyche, verändert die Persönlichkeit. Sie hinterlässt bleibende seelische Schäden. Isolationshaft schränkt die Fähigkeit zur Verteidigung ein – sie verletzt damit die Rechte der Verteidigung und das Unschuldsprinzip.

Sie ist Strafe in ihrer primitivsten Form: der nackten Rache. In den 15 Monaten der Isolationshaft habe ich zwei Arten psychischer Folter erfahren und durchlitten: in der ersten, etwa ein halbes Jahr dauernden Phase die Qual, die Gegenwart von Menschen entbehren zu müssen.

Irgendwann nach etwa einem halben Jahr kehrte die Gewöhnung an die Einsamkeit diese krampfhafte Suche nach menschlicher Nähe um. Nun begann die Qual, die Gegenwart von Menschen nicht mehr ertragen zu können, aber ertragen zu müssen, ihre Schritte, ihr Reden, ihr Lachen, die Geräusche von Leben und Geschäftigkeit. Nach etwa einem Jahr setzte eine innere Erstarrung ein, die mir die Fähigkeit zur Selbstbeschäftigung, zur Arbeit nahm. Das war die Zeit, wo ich zu ersticken meinte, wo ich mich lebendig begraben fühlte. Aber es war auch eine Zeit, wo ich zu begreifen begann, dass die Justiz Unrecht tat, und aus dieser Erkenntnis die Kraft zum Durchhalten schöpfte.«

Nach der Halbzeit wurde sie mit 1000 Mark Nählohn in der Hand in eine ungewisse Zukunft mit einem Schuldenberg von 130 000 Mark Anwalts- und Prozesskosten entlassen. Freunde verhalfen ihr zu einer Stellung in einem Ingenieurbüro. Auch diese materielle Sicherheit konnte ihr den größten Verlust nicht ersetzen – ihren spastisch gelähmten Adoptivsohn Harry.

»Der jahrelange Kontaktverlust hat alles zerstört. Der Junge wurde psychologisch betreut und mir bewusst entfremdet. Das hat unsere Basis erschüttert. Auch jetzt, da er längst erwachsen ist, sind wir uns fremd.«

Gabriele Gast hatte Karl-Heinz Schneider flehentlich um Hilfe gebeten. Sie hatte gehofft, er würde sich des jungen Mannes annehmen. Vergeblich. »Karlicek« reagierte nicht mehr. Er hatte wieder ein neues Leben begonnen, das mit seinem Tod Anfang 2005 endete.

Eines Tages stand Gabriele Gast vor der Wohnung von »Charly« Großmann. Der Ex-Oberst leugnete seinen Verrat, bis sie ihn mit der entsprechenden Aussage beim BND konfrontierte. Des Stasi-Rentners letzte Schutzbehauptung: »Ich bin davon ausgegangen, dass der BND die Sache unter den Teppich kehrt und Ihnen nichts passieren wird.« Damit war auch dieses Kapitel abgeschlossen.

Gabriele Gast lebt wieder in ihrem Reihenhaus mit den schweren Stilmöbeln und dem Flügel im Wohnzimmer. Das Reiten musste sie aus Gesundheitsgründen aufgeben. Aber immer noch klettert sie in steile Felswände und frönt ihrer Leidenschaft für den Wintersport. Gelegentlich liest sie ein politisches Buch, kümmert sich intensiv um ihre alte Mutter.

Dreimal im Jahr trifft sie sich mit den am Rande der bürgerlichen Existenz lebenden zwei Dutzend ehemaligen DDR-Spionen, die 1995 eine »Initiativgruppe Kundschafter des Friedens« gegründet haben. Gemeinsam kämpfen sie gegen ihre Verurteilung (»ein politischer Rachefeldzug«) und fordern Rehabilitation. Eine gegenwärtige Form des Kampfes mit gewaltigen Windmühlen.

Was würde sie tun, wenn sie noch einmal ganz vorne anfangen dürfte? Gabriele Gast muss nicht überlegen: »Dasselbe, wenn die gleiche Konstellation besteht.« Nicht sie hat Verrat begangen, gibt sie dem Besucher mit auf den Weg, sondern sie wurde verraten. Sie ist absolut sicher: Ihr Pakt mit der DDR-Staatssicherheit hat keine Opfer gefordert. Und das lässt sie ruhig schlafen.

10
Das Romeo-und-Julia-Prinzip

»Der Mensch ist nicht gern allein. Aber viele Menschen sind einsam. Denn es ist schwer, jemanden zu finden, der zu einem passt. Eines Tages hat man das Glück. Irgendwo. In einem Café. In der Disco. Im Urlaub. Man kommt sich näher – und nahe. Schön, wenn man einander vertrauen kann. Übrigens haben viele Spionage-Fälle ganz genauso begonnen. Weil Agenten wissen, dass Liebe blind macht. Und gesprächig.« *Warnplakat des Verfassungsschutzes*

IRENE GEHT BEI SONNENUNTERGANG gerne ins Wasser, und auf dem Rasen kuschelt sie sich an ihren gut aussehenden Freund. Idyllische Orte und romantische Umstände, das liebt Irene. Als Sekretärin ist Irene etwas schusselig. Sie verlässt ihr Büro, ohne abzuschließen. Auf ihrem Schreibtisch liegen geheime Unterlagen, achtlos hingeworfen, und auch die dicke Tür des Panzerschranks steht weit offen. Da kann es schon passieren, dass ein zwielichtiger Kollege die Gelegenheit nutzt und Unterlagen einfach abfotografiert.

Irene führt ein umtriebiges Privatleben. Kaum hat sie sich einen neuen Freund geangelt, lässt sie sich von ihm zu einer teuren Reise einladen. Es sollte sie nicht wundern, wenn er plötzlich käme und Gegenleistungen forderte. Eine Fotokopie des Berichts über das jüngste NATO-Manöver, zum Beispiel, oder jenes Protokoll über die Regierungsgespräche in Washington. Irene muss einen Moment nachdenken, und dann entscheidet sie sich für ihren Freund. Einmal, sagt sie sich, ist keinmal. Er wird mit den Papieren schon keine Dummheit machen.

Das ist Irene, Wunschkind bundesdeutscher Geheimdienste. In den Achtzigerjahren war Irene der Star in den Vorführräumen der Verfassungsschutzämter und auch des Bundesnachrichtendienstes. Sie ließ sich gehen und tat alles, was eine pflichtbewusste und umsichtige Schreibdame oder Sachbearbeiterin tunlichst vermeiden sollte. Irene war einfach zu gutmütig und zu naiv. Deshalb wurde an ihrem Ruhm auf Warnplakaten und in Sicherheitsbelehrungen gestrickt: »Es gibt ein Codewort zum Öffnen von Tresoren: Liebe.«

Irene ist nur eine Kunstfigur, und doch steht sie für eine damals spektakulär und häufig angewandte, ziemlich menschenverachtende Form der Ost-West-Spionage. Heribert Hellenbroich, lange Zeit Präsident des Bundesamtes für Verfassungsschutz und ganz kurz Chef des Bundesnachrichtendienstes, hat den Nutznießer aller Irenes, den »Romeo« definiert. Das sei der »Einsatz eines Junggesellen mit dem Ziel, alleinstehende Sekretärinnen unter Vortäuschung einer Liebesbeziehung für eine nachrichtendienstliche Tätigkeit zu gewinnen«.

Gabriele Gast hat ihren »Romeo« getroffen, lange bevor sie für ihn überhaupt in den offenen Panzerschrank greifen konnte. Durch eine zeitlich begrenzte Liebesgeschichte mit Karl-Heinz aus dem Vogtland wurde sie zur lukrativen Langzeitinvestition der DDR-Staatssicherheit. Romeo hin und Romeo her, für die ehemalige Regierungsdirektorin aus Pullach ist die gleichnamige Methode »ein besonders schäbiges Täuschungsmanöver und durch nichts zu rechtfertigen, auch nicht durch den politischen Zweck«.

»Spionage aus Liebe« hat der Generaloberst a. D. Markus Wolf das Kapitel seiner Memoiren überschrieben, in dem er das Prinzip der »operativen Betten« verteidigt. Mit viel Chuzpe bestreitet er, dass es beim »Romeo«-Einsatz eine Gesetzmäßigkeit gab. Er sieht es vielmehr als Produkt zufälligen Kennenlernens. Das klingt so, als sei es für Ost-Männer alltäglich gewesen, West-Frauen zu treffen. Markus Wolf in eigenen Worten:

»Alleinstehende, die sich für die HVA in die Bundesrepublik aufmachten, waren in den meisten Fällen Männer und nicht Frauen. Dass sie im Westen Freundinnen kennen lernten, war von unserer Seite aus nicht untersagt, und wenn sich dabei Bekanntschaften ergaben, die für unseren Dienst lohnende Aussichten beinhalteten, sahen wir es nicht als geboten an, unsere Leute davon abzuhalten. Das aber bedeutet noch lange nicht, dass wir ›Agenten mit spezieller Auftragsstruktur‹ in Herzensdingen in die Bundesrepublik entsandten, damit sie dort den ledigen Fräulein den Kopf und den Verstand verdrehten.«

Damit täuschte und tarnte er sogar dann noch, als das MfS

längst der Geschichte angehörte. Tatsache ist, dass das Zielobjekt Frau in der Bonner Republik immer interessanter wurde, je mehr Damen in geheimnisträchtige Positionen gelangten. Häufig war es für die fremden Nachrichtendienste Ost lukrativer, die Sekretärin anzuzapfen als den Chef.

Schon bald nach dem Krieg begannen die Frauen, Männerdomänen einzunehmen. Spätestens in den Sechzigerjahren griff die Emanzipation um sich. Frauen peilten Führungspositionen an, und auch die Sekretärin arbeitete sich in komplizierte Zusammenhänge ein. Sie wollte »Assistentin der Geschäftsleitung« oder auch des Ministers werden. In vielen Fällen wurde die Ehe der Karriere untergeordnet, und so nahm die Zahl alleinstehender Damen mit interessanten Arbeitsstellen immer mehr zu. Fehlte also an der passenden Stelle nur noch der »Romeo«, um die Operation in Gang zu bringen.

Auch der mittlerweile verstorbene Klaus Wagner, Vorsitzender Richter bei zahlreichen Spionageprozessen am Oberlandesgericht Düsseldorf, beschrieb seine Erfahrungen mit den so genannten »Romeo«-Fällen: »Mit der nachrichtendienstlichen Tätigkeit ihrer Männer konfrontiert, blieb den Frauen im Grunde nur die Wahl zwischen Gefährdung der Ehe und Verlust des Gatten, Verlobten oder Lebensgefährten und entweder eigener aktiver Mitarbeit oder Tolerierung seiner Spionagetätigkeit. In fast allen dem Senat unterbreiteten Fällen ist die Rechnung der Geheimdienste aufgegangen, hat die Liebe im Widerstreit mit Bedenken und Angst vor Strafe den Sieg davongetragen.«

Die strafrechtliche Aufarbeitung der »Romeo«-Fälle bescherte den bundesdeutschen Medien viele reißerische Schlagzeilen und Berichte voller Boulevard-Dramatik.

Im Jahre 1977 wurde der erste einschlägige Fall angeklagt. Im Mittelpunkt stand die damals erst 33-jährige Gerda. Sie war mit 18 Jahren vor ihrer extrem dominanten und ultrareligiösen Mutter an die Pariser Sprachenschule »Alliance Française« geflüchtet. Dort hatte sie den 17 Jahre älteren Herbert kennen gelernt, und sich in ihn verliebt. Durch Herbert erhielt Gerda politisches Bewusstsein. Die beiden zogen zusammen. Sie wurde von ihm in jeder Hinsicht abhängig.

1964 erwies er sich als Mitarbeiter der DDR-Staatssicherheit und überzeugte seine Freundin von den damit verbundenen »redlichen Motiven«. Ein Besuch in Ostberlin beseitigte ihre letzten Zweifel, da Herberts Kollegen besonders nett zu ihr waren. Der eigenen Verpflichtungserklärung und einer nachrichtendienstlichen Ausbildung stand nichts mehr im Wege. Gerda (Deckname »Rita«), kam beim Auswärtigen Amt in Bonn als Fremdsprachenstenotypistin unter. 1968 heiratete sie Herbert. IM Rita beschaffte die Unterlagen von etwa 500 Vorgängen, die sowohl mit der Zentrale als auch mit den Botschaften in Washington und Warschau zu tun hatten. Herbert fotografierte alles und lieferte die Beute nach Berlin-Ost.

Bei einem Führungstreffen in Brünn bekamen Gerda und Herbert hohe Orden der DDR, was schon wegen der damit verbundenen markigen Zeremonie nicht in Gerdas Weltbild passte. Zudem war die Ehe bereits zerrüttet. Herbert wollte nicht nur als »Briefträger« fungieren. Die hübsche, schwarzhaarige Gerda verabschiedete sich von allen Illusionen, und zugleich von Herbert. Sie verliebte sich in einen deutschen Journalisten, der in Warschau stationiert war. Die Scheidung ihrer Ehe sollte der nächste Schritt sein.

Nervlich äußerst angespannt, offenbarte sie sich im Mai 1973 ihrem neuen Lebensgefährten und danach dem deutschen Botschafter. Gerda kehrte in die Bundesrepublik zurück, nachdem sie Herbert mit einem letzten Liebesdienst telefonisch zur Flucht verholfen hatte. In ihrem späteren Verfahren wurde sie vom Oberlandesgericht Düsseldorf zu drei Jahren Haft verurteilt. Seit ihrer vorzeitigen Entlassung lebt sie im Ausland.

Herbert war unermüdlich. Der DDR-Agent entdeckte bereits im August 1973 sein nächstes Opfer. Im bulgarischen Burgas lernte er die 26-jährige Dagmar kennen. Durch Zufall kam er genau im richtigen Moment. Dagmar, eine attraktive Blondine, hatte sich gerade von ihrem Ehemann getrennt und war mit der siebenjährigen Tochter an das Schwarze Meer gefahren, um alles vergessen zu können. Umgeben von Familien hatte sie jedoch noch keinen Anschluss gefunden. Herbert zeigte sich von seiner charmantesten Seite. Im Eiltempo eroberte er zuerst die Tochter, und dann die Mutter. Und wieder schaffte es der 20 Jahre ältere »Romeo«, sein Opfer von der Notwendigkeit einer Mitarbeit bei der HVA zu überzeugen.

Von Herbert (Deckname »Kranz«) gesteuert, bewarb sich Dagmar (Deckname »Inge«), bei mehreren Bundesbehörden. Schließlich bekam sie im Dezember 1975 eine Stelle als Sekretärin im Bundeskanzleramt. Die lästige Tochter wurde auf Stasikosten in ein Schweizer Internat abgeschoben. Dagmar lieferte vertrauliche Unterlagen aus der politischen Abteilung II. Zur Belohnung wurde sie im Mai 1976 im Standesamt Berlin-Lichtenberg »geheiratet«. Die Trauzeugen kamen aus der nahegelegenen Zentrale der Staatssicherheit. Dagmars »glücklichster Tag« konnte später trotz intensivster Suche nicht mehr im Register des Standesamtes gefunden werden.

Markus Wolf in seinen Memoiren: »Obwohl Inge wusste, dass eine Ehe mit Kranz in der Bundesrepublik nicht möglich gewesen wäre, wollte sie ihn unbedingt heiraten, wenigstens in der DDR. Trotz unserer Bedenken ließen wir ihr Papiere auf ihren Mädchennamen ausstellen, und in einem Standesamt in Lichtenberg gaben die beiden sich das Jawort. Was sie nicht wussten, war, dass die Seite im Heiratsregister mit ihrem Eintrag nach der Veranstaltung entfernt und vernichtet wurde. Erst Jahre später, als Inge ohne eigenes Verschulden enttarnt und verurteilt wurde, erfuhren die beiden zu ihrer Empörung, dass ihre Ehe bislang null und nichtig gewesen war.«

Dagmar wurde zu vier Jahren und drei Monaten Haft verurteilt. Da sie nicht nur Täterin, sondern auch Opfer war, kehrte sie schon nach 17 Monaten in die Freiheit zurück.

Herbert lebte wieder in Ostberlin und heiratete 1980 eine andere Frau. Nach der Wende zogen die beiden nach Chemnitz.

Margarete arbeitete im Herbst 1961 im NATO-Hauptquartier von Paris-Fontainebleau, ihre Schwester in einem Bonner Ministerium. In Wien verabredeten sie sich mit dem gut aussehenden Roland, von Beruf Schauspieler und – was sie nicht wussten – DDR-»Romeo«. Er stellte sich in seiner Tarnung als dänischer Journalist vor. Rasch funkte es zwischen Roland und Margarete. Die beiden verlobten sich. Danach gestand er ihr, er sei in Wirklichkeit Agent des dänischen Nachrichtendienstes. Sein Land benötige Informationen, die ihm von den anderen NATO-Partnern vorenthalten würden, weil Dänemark in ihren Augen zu unwichtig sei. Margarete glaubte das und half ihm mit geheimen Dokumenten der NATO aus.

Nach einer Weile erkannte sie die Unrechtmäßigkeit ihres Tuns. Also kündigte sie ihm beim Winterurlaub in der Schweiz die Gefälligkeits-Spionage. Im Übrigen, versicherte sie, müsse sie als gläubige Katholikin ihre Sünde beichten. Roland gelang scheinbar Unmögliches. Er überredete seine Verlobte, sich einem dänischen »Militärpfarrer« in Kopenhagen anzuvertrauen.

Die Maschinerie der Stasi lief an. Aus der Ostberliner Normannenstraße wurde jemand in den Kopenhagener Beichtstuhl gesetzt. Er könne ihr Verhalten zwar nicht billigen, versicherte der falsche Pfarrer, aber doch respektieren. Sie solle sich keinesfalls an Behörden wenden. Margarete war wieder stabilisiert und arbeitete weiter für den Osten.

Das »Romeo«-Schema wiederholte sich permanent. Die 24-jährige Sekretärin Helge wurde von einem Mann namens »Peter Krause« angesprochen. Bald erzählte er ihr unter dem Siegel der Verschwiegenheit, dass er für den britischen Geheimdienst MI6 arbeiten und Informationen über Deutschland sammeln würde. Im Übrigen habe er eine Art Vermächtnis gegenüber seinen Eltern, ehemaligen NS-Opfern.

»Peter« warb Helge per Verpflichtungserklärung für den »englischen Dienst« an. Nun brachte sie ihm Unterlagen des Auswärtigen Amtes, dem deutschen Handelsbüro in Warschau und der Botschaft in Paris. Unter anderem lieferte sie vorab die deutschen Positionen für die Verhandlungen mit Polen im Rahmen der Ostverträge. Als Helge im Mai 1976 festgenommen wurde, war »Peter« längst geflüchtet. 1977 wurde sie zu fünf Jahren Haft verurteilt. Nach der Verbüßung von zwei Dritteln ihrer Strafe kam sie wieder frei.

»Hans Joachim Heisinger« gab vor, in Kanada zu leben. Seine Aufgabe war es, eine junge, ledige Sekretärin zu finden, um diese dann bei der NATO einzuschleusen. Er traf auf die Fremdsprachensekretärin Ingrid, die beim Auswärtigen Amt beschäftigt war. Hans erzählte ihr, er würde für ein schweizerisch-kanadisches Marktforschungsinstitut arbeiten. Später wurde daraus eine Studiengruppe der kanadischen Regierung. Ingrid glaubte das und lieferte ihm Akten der Rechtsabteilung ihres Ministeriums aus.

Die HVA scheute keinen Aufwand. Sie spielte einen weiteren »Kanadier« an Ingrid heran. Er stellte sich als Universitätsdozent vor und bestätigte die Legende »Heisingers«. Dieser hatte sich inzwischen angeblich von einem Onkel adoptieren lassen und hieß plötzlich Klaus Scheller. Als er und Ingrid sich mehr und mehr entfremdeten, stellte ihr der zweite »Kanadier« einen dritten vor – Christoph. Ingrid verliebte sich auch in Christoph, der ein Blumengeschäft in Dortmund führte. In seiner Freizeit, so erklärte er ihr, verfasse er politische Analysen für die kanadische Regierung.

1976 schaffte Ingrid den Sprung an die deutsche NATO-Vertretung in Brüssel. Nun saß sie im Vorzimmer des Leiters der Rüstungsabteilung. In Ostberlin knallten die Korken. Ingrid kam immer mehr ins Grübeln. Sie hatte längst einen konkreten Verdacht, wo ihre drei »Kanadier« in Wirklichkeit zu Hause sein könnten. Das bestätigte sich während einer Einladung nach Ostberlin. Ingrid arbeitete trotzdem weiter für die Stasi. Dabei lernte sie »Martin« kennen, einen neuen Führungsoffizier. Nun wurde sie immer unverhüllter erpresst.

Christoph werde abgezogen, drohte der Neue, wenn sie ihm keine NATO-Dokumente besorge. Christoph wurde zurückgeholt. Die Lage komplizierte sich. Ingrid wollte keinen anderen Verbindungsführer akzeptieren, und ihr Christoph konnte aus Sicherheitsgründen nicht nach Belgien zurückkehren. Im Februar 1979 wurde sie schließlich in Brüssel festgenommen. Ende 1980 stand sie in Düsseldorf vor Gericht. Klaus Wagners Senat ging davon aus, dass sie für einen östlichen Geheimdienst gearbeitet und dafür Geld bekommen hatte. Das brachte Ingrid für vier Jahre ins Gefängnis.

»Genaue Angaben über die Anzahl der nach der Romeo-Methode angeworbenen inoffiziellen Mitarbeiterinnen der Staatssicherheit lassen sich nicht ermitteln. Nach 1989 leitete die Bundesanwaltschaft gegen rund 3 000 Westdeutsche Ermittlungsverfahren wegen des Verdachts der Spionage für die DDR ein. Die meisten Verfahren wurden wegen Verfolgungshindernissen, Geringfügigkeit und anderem wieder eingestellt. Nur rund 500 inoffizielle Mitarbeiter aus der Bundesrepublik wurden in den Neunzigerjahren wegen Spionage für die DDR angeklagt. Unter ihnen waren 110 Frauen. Sieben von ihnen wurden eindeutig nach der Romeo-Methode angeworben und geführt.« (aus der Berliner Sonderausstellung der Gauck-Behörde »Verrat aus Liebe/Die Romeo-Methode der Stasi«)

Vorsitzender Richter Klaus Wagner vom Oberlandesgericht Düsseldorf sah im Begriff »Romeo« eine »irreführende Bezeichnung«. Denn: »Romeo liebte, wie bei Shakespeare nachzulesen ist, seine Julia und ging wegen ihres Verlustes in den Tod. Die Sendboten der Geheimdienste gaukelten dagegen den von ihnen umworbenen Frauen wahre Liebe in den meisten Fällen nur vor. Eine dauerhafte Bindung und ständiges Beisammensein scheiterte häufig schon an Sicherheitsbedenken. In mehreren von der HVA gesteuerten Fällen kam es allerdings auch zu Eheschließungen. Ob und inwieweit dem auch auf Seiten der Männer echte, auf Dauer angelegte Zuneigung oder nüchternes Kalkül zugrunde lag, ist schwer abzuschätzen.«

11
Margret Höke
Agentin aus Liebe

DIE KLEINE MARGRET WUSSTE BEREITS seit frühester Kindheit, was ein Eisenbahnknotenpunkt ist. Ihre Heimat, das ostwestfälische Städtchen Löhne, zum Beispiel. Auf sieben Kilometer Länge zog sich der riesige Personen- und Rangierbahnhof durch Löhne. Oder war es gar umgekehrt, dass sich diese vielen, unsystematisch in die Landschaft gesetzten Häuser zusammen mit dem Bahnhof vermehrten? Tag und Nacht gab es typische Geräusche. Die bremsenden Züge quietschten, und die durchfahrenden Waggons verbreiteten ein gleichmäßiges Tak-tak-tak-tak-tak-tak. Dabei zitterte der Boden etwas. War eine Dampflok dabei, dann stieß sie die charakteristische weiße Wolke aus, die sich ganz langsam über Löhne ausbreitete.

Für die kleine Margret war das alles aufregend. Schließlich hätte sie ja auch ein Junge werden sollen. Die Eltern – Vater Ernst, Tischler in einer Möbelfabrik, und Mutter Elfriede, die alles dominierende Hausfrau – hielten ihr das bei jeder passenden Gelegenheit vor.

Als Margret neun war, erfuhr sie aus heiterem Himmel, was ein strategisch wichtiger Personen- und Rangierbahnhof ist. Am 14. März 1945, zwischen 15.17 und 15.32 Uhr ließen britische Bomber 2200 Spreng- und 20 000 Brandbomben auf den Eisenbahnknotenpunkt fallen. Der Boden zitterte wie bei einem starken Erdbeben. Immerhin, der Angriff stoppte die Wehrmachtstransporte im Herzen Deutschlands während der letzten Kriegswochen.

Für die Alliierten war es ein großer Erfolg. Als die Bomberflotte nach einer Viertelstunde wieder abdrehte, loderten 200 Brände. Die doppelte Zahl an Gebäuden war beschädigt oder ganz zerstört, darunter 30 kleine Betriebe und fünf Industrieanlagen. 114 Menschen waren tot, 136 verletzt. Die kleine Margret hat überlebt, weil sie an diesem Nachmittag im Keller saß. Als sie wieder herauskam, hatte sich der gepflegte Garten der Hökes in einen großen Trichter verwandelt.

Margret Höke war eine begabte Schülerin. Sie hätte gerne das Gymnasium besucht und danach studiert. Die wirtschaftlichen Verhältnisse ließen es nicht zu, und deshalb blieb es bei der Realschule. Von dort wechselte sie als Sekretärin in das Kreissozialamt von Herford. Die Zeit war hart, und im ländlichen Ostwestfalen gab es wenig Alternativen. Dazu kam ein Familienleben, an dem auch Stärkere gescheitert wären.

»Mein Elternhaus war evangelisch, pietistisch, sehr konservativ. Mutter hatte immer Recht. Da kam auch Vater nicht zum Zuge. Er war sensibel, und sie bestimmte alles. Meine Schwester war klein, zart und kränklich, wurde deshalb verwöhnt. Ich war still und zurückhaltend, lief meistens unbeachtet mit. Meine Freunde und Bekannten waren an einer Hand abzuzählen. Da gab es nie jemanden, mit dem ich wirklich reden konnte.

Das änderte sich, als ich 17 wurde, einen Arbeitsplatz und eine eigene Meinung hatte. Nun kam ich aus dem Haus und war plötzlich nicht mehr so lieb. Ich lernte einen jungen Mann kennen. Mutter mischte sich ein. Ich sollte ihn heiraten. Das betrieb sie intensiv, und ich wehrte mich dagegen. Eigentlich übertrug sie nur ihren lebenslangen Frust auf mich. Sie selbst hatte ihre große Liebe nicht geheiratet, mit Rücksicht auf ihre Mutter. Der Stachel steckte tief.«

Elfriede und Margret Höke waren wie Feuer und Wasser, und das lebenslang. Bei der Jüngeren löste es psychosomatische Störungen aus, die in Stresssituationen immer wiederkehrten. Der besorgte Hausarzt riet der Tochter eines Tages, fortzugehen. Ein Bekannter erzählte, dass das Auswärtige Amt in Bonn neues Personal suchte. Ein glücklicher Zufall, der Margrets ganzes Leben veränderte. Kurz vor Weihnachten 1957 stellte sie sich vor, und bald darauf kam die Zusage. Das Schreiben aus der Hauptstadt lag abends geöffnet auf dem Tisch. Margret wurde wegen ihrer Geheimniskrämerei gescholten. Mit 22 brach sie die Brücken ab und zog in die Welt hinaus. Im Vergleich zu Löhne war Bonn bereits eine internationale Metropole.

Dort mietete sie sich zuerst ein möbliertes Zimmer, dann eine Mansardenwohnung. Wenn sie zum Telefonhörer griff, um sich aus Löhne fernmündlichen Zuspruch zu holen, wurde sie mit Schimpftiraden bedacht. Nach der ersten Prise Freiheit kamen ihr kühne Gedanken. Wie wäre es, als Au-pair nach Paris zu gehen? Das verscheuchte sie sofort wieder. Es fehlte ihr der Mut, und zudem wollte sie zu Hause kein Öl ins Feuer gießen.

Bonn war stets die Ersatzhauptstadt, das kleinbürgerliche Bundesdorf, das katholische Bollwerk, ein übersichtliches, wohlstrukturiertes Symbol der langsam an Fahrt gewinnenden Nachkriegsrepublik. Eine Stadt der Stehempfänge, der diplomatischen Gesellschaften, der parteipolitischen Rituale. Das beschauliche Bonn war auch eine Stadt der Sekretärinnen – 20 000 in der letzten Phase als Bundeshauptstadt – und der Spione.

Was tat also ein junges Provinz-Mädchen wie Margret Höke, nachdem es die Vorlagen des Außenministers für das Bundeskabinett und alle möglichen Protokolle getippt hatte? Es besuchte einen Französischkurs. Beim Club der evangelischen Kirche lauschte die Neubonnerin Vorträgen, kochte zusammen mit anderen Stenotypistinnen und verpasste keines der Tanzfeste. Schon der Stenoverein mobilisierte ihre Glückshormone – wenn sie 150 Silben schaffte. Ihren Urlaub verbrachte sie gemeinhin in Deutschland, aber auch mal auf einer Sprachenschule in Bornemouth.

Margret Höke war adrett, sympathisch, neugierig – und schüchtern. Sie trug die schwarzen Haare auf Kragenhöhe, häufig hochgesteckt, und orientierte sich durchaus an modischen Vorgaben. Trotzdem lernte sie vor allem Frauen kennen, nie jedoch eine wirkliche Freundin. Nur einmal vertraute sie sich einem Kollegen im Auswärtigen Amt an und fuhr mit ihm zum Karneval nach Köln.

Margret Höke nutzte eine günstige Gelegenheit und wechselte

in den letzten Monaten Theodor Heuss' ins Bundespräsidialamt. Gleich darauf, am 15. September 1959, übernahm der glanzlose Heinrich Lübke als dessen Nachfolger die Villa Hammerschmidt. Auch er sollte, wie Heuss, zehn Jahre im Amt bleiben.

Aus jener Zeit haben sich zwei Ereignisse in ihr Gedächtnis eingebrannt, die Kubakrise und ihre »große Liebe«. Den Nervenkrieg um die sowjetischen Raketen empfand sie als »prekäre Sache«. Sie hatte Bereitschaftsdienst und musste im Büro übernachten. Die »große Liebe«, das war der Student Manfred aus Offenbach, der Journalist werden wollte. Sie hatte ihn im Urlaub kennen gelernt. Ziemlich schnell stellte sich heraus, dass sie mit allem überfordert war.

»Ich habe alles falsch gemacht, da ich zu schüchtern und zu wenig selbstbewusst war. Vielleicht war ich auch unfähig zu einer Bindung, weil ich noch nichts erlebt hatte. Jedenfalls besaß ich nicht den Mut, zu ihm zu stehen. Ich hatte Angst vor einer Bindung, und deshalb trennten wir uns wieder. Ich zog mich, wie immer, zurück.«

Margret Höke war voller Widersprüche und keineswegs perfekt. Sie interessierte sich nur für Themen, die unmittelbar in ihre Zuständigkeit fielen. Geheimakten waren ihr von Anfang an unbequem, weil sie größere Sorgfalt erforderten und außerdem vor Unbefugten geschützt werden mussten. So erklärte es einer der Sicherheitsbeauftragten des Bundespräsidialamtes, Johannes Ottinger. Vor Gericht wurde später auch erörtert, dass sie Überstunden verweigerte, zu spät kam, zu früh ging. Zu Unrecht, sagt sie heute. »Ich habe viel geschuftet, mehr als die Leute anerkennen wollten.«

Die introvertierte Margret Höke hatte viele Interessen, aber diese waren fast ausschließlich privater Art. Schon damals war sie von religiösen und esoterischen Zusammenhängen fasziniert.

Dann kam es am 2. Juli 1968 zu einer weiteren schicksalsvollen Begegnung in Margret Hökes Leben. Sie wohnte im Norden Bonns, am Sigambrerweg 5. Um zu Hause, in Löhne anzurufen, musste sie sich zu der Telefonzelle in der Römerstraße begeben. Mehrmals wählte sie die Nummer der Eltern, und stets ertönte das Besetztzeichen. Da kam ein gut aussehender junger Mann vorbei und fing ein Gespräch an. Er sagte, er bewohne gleich gegenüber ein möbliertes Zimmer und habe das Klappern ihrer Absätze gehört. Deshalb sei er nochmals herausgekommen. Übrigens, er heiße Franz Becker und sei Student.

In den nächsten Wochen lernte sie den angenehm zurückhaltenden, 27-jährigen Mann kennen. Natürlich präsentierte er ihr eine geschönte Biografie. Er verschwieg, dass er in der DDR als Lehrlingsausbilder in einem Glühlampenwerk gearbeitet hatte und mit dem Ingenieurstudium gescheitert war. Er erzählte nicht, wie ihn die Hauptverwaltung Aufklärung der Stasi angeworben und er aufgrund guter Bezahlung und abenteuerlicher Einsätze zugesagt hatte. Franz erwähnte mit keinem Wort, dass er in Ostberlin unlängst eine Lehrerin geheiratet hatte.

Franz Beckers Spur reicht zurück ins Jahr 1966 nach Detmold. Bei der Pädagogischen Hochschule Bonn legte er im März 1967 das gefälschte Zeugnis einer Schule in der DDR vor. Die Echtheit des Dokuments war von einem Züricher Notar beglaubigt worden. Dann begann er zu studieren. Er wollte Hauptschullehrer werden. Seine Leistungen sind nicht überliefert, jedoch sein Engagement in der Studentenmitverwaltung. Und sein reges Privatleben. In kurzer Zeit brachte er es zu zahlreichen Damenbekanntschaften. Zum einen hatte er es auf ältere Frauen, zum anderen auf Sekretärinnen ausländischer Botschaften abgesehen.

Auch das Alleinsein der Margret Höke war nun zu Ende. Der fünf Jahre jüngere Student veränderte ihr Leben völlig. Was war das Besondere an ihm? Margret Höke muss heute, 37 Jahre später, angestrengt überlegen. »Er war immer da und bemühte sich.« Das stimmt nur zum Teil. Gleich, nachdem sie sich kennen gelernt hatten, war er einige Wochen weg – bei einem »Ferienjob« in der Schweiz. Dann stand er plötzlich wieder vor der Tür, mit einem Strauß roter Rosen in der Hand. »Das fand ich übertrieben.« Aber, es gefiel ihr dann doch.

Der Lehramtsaspirant feilte an seiner Diplomarbeit. Margret Höke tippte sie für ihn. Er beantragte Studienförderung nach dem Honnefer Modell, 290 DM im Monat. Margret Höke bürgte für ihn. Franz Becker war eine präsentable Erscheinung. »Er sah ordentlich aus, stets gut gekleidet, war sehr höflich, auch sehr pingelig.« Wenn Margret im Dienst war, dann stand er in der Küche. Er liebte es zu kochen. Rinderzunge in Madeira gehörte zu seinen Spezialitäten. Franz überraschte seine Freundin auch mit frisch geputzten Fenstern. Abends spielten sie Schach und hörten Beethoven.

Manchmal gingen sie ins Kino. »Da war ein Film, der handelte von der großen Liebe. Dem Franz gefiel er nicht. ›Große Liebe‹, sagte er, ›das gibt es heute nicht mehr.‹« Margret war anderer Meinung.

Immer wieder fuhren sie zusammen in Urlaub, an typische Urlaubsziele der Deutschen. Gardasee, Ischia, Tessin, auch nach Holland. »Unsere Urlaube waren nie sehr harmonisch. Da waren wir uns dann viel zu nahe. Franz war mir gegenüber unehrlich. Irgendwo spürt man das.« Irgendwann präsentierte Franz Becker die Legende von Südamerika. Er würde für eine rechtsgerichtete, deutsche Organisation in Südamerika arbeiten. Diese Leute hätten ein starkes Informationsbedürfnis. In Zürich seien sie mit einem Büro vertreten, und deshalb müsse er so oft dorthin. Margret Höke: »Da gab es eine kleine Wohnung in Zürich. Darin wohnte eine Dame von der Swissair. Franz hatte nur seine Sachen reingestellt.«

Ihre Liebesbeziehung hing an einem seidenen Faden. »Ich habe mehrfach versucht, mich von ihm zu trennen, auch schriftlich. Er hat es dann immer wieder geschafft, mich zu überreden.« Sie ist sich ganz sicher, dass sie ihn nie heiraten wollte. Das, sagt Margret Höke, wäre nie gut gegangen. War doch die kameradschaftliche Verbindung schon mühsam genug.

Franz interessierte sich für das Auswärtige Amt und für den atombombensicheren Regierungsbunker Marienthal an der Ahr. Das Bundespräsidialamt schien ihm anfangs gleichgültig zu sein. Dann klärte ihn einer seiner Professoren über die Strukturen und Aufgaben des Präsidialamtes auf. Der Bundespräsident repräsentiere nicht nur sein Land. Er müsse sich auch informieren. Deshalb liefen die wichtigsten Informationen aller Ministerien und Schaltstellen bei ihm zusammen. Das Bundespräsidialamt kenne Einzelheiten der Terrorismusbekämpfung, werde mit Erkenntnissen des Verteidigungsministers, der Geheimdienste sowie des Bundessicherheitsrates versorgt und kümmere sich um die Ernennung und Entlassung wichtiger Repräsentanten des Staates. Der Präsident unterzeichne neue Gesetze und spiele auch eine Rolle in der Tagespolitik, wenn die Bundesregierung vorzeitig wechsle. Da gäbe es Informationen, die für ausländische Nachrichtendienste von Interesse seien.

Vor diesem Hintergrund wurde Margret Höke für Franz immer wichtiger. Er fing an, Fragen zu stellen. Zuerst interessierten ihn Margrets Kollegen, dann die Akten. Sie wertete das zunächst als ehrliches Interesse an ihrer Arbeit. Die Sekretärin, zeitweise sogar im Vorzimmer des Bundespräsidenten tätig, händigte dem externen Interessenten viele vertrauliche Unterlagen aus, vor allem Durchdrucke von Vermerken. Genau ließ sich das nicht ermitteln. In den Medien war großzügig die Rede von 1700, sogar von 1800 Verschlusssachen. Margret Höke bezeichnet das als hemmungslos übertrieben.

In drei Fällen soll es sich um echte Staatsgeheimnisse gehandelt haben. Dabei ging es um Dokumente über die Modernisierung der nuklearen Bewaffnung Europas und um die Heranführung amerikanischer Reserven im Falle der konventionellen Verteidigung des Kontinents. Andere Unterlagen hatten mit den beiden Wintex-Manövern zu tun, mit Schwächen beim Schutz gefährdeter Objekte und dem Fernmeldewesen.

Meistens raffte die verliebte Sekretärin wahllos Papiere zusammen, weil Franz seinen Besuch kurzfristig angekündigt hatte. Sie wollte Gutes für ihn tun und auch seine immer selteneren Reisen nach Bonn begründen helfen.

Das Ausmaß des Verrats, so stellten die Experten fest, übertraf den des wesentlich spektakuläreren Falles Guillaume. Dabei hätte Margret, auch da sind sich die Sicherheitsbehörden einig, jederzeit mehr und Besseres liefern können. Dazu fehlte es ihr aber an krimineller Energie.

Als sie sich später vor dem Oberlandesgericht Düsseldorf verantworten musste, gab es, wie so oft, eine gute und eine schlechte Nachricht. Positive Gesichtspunkte wurden von der Verteidigung auf 92 Seiten zusammengestellt. An einer herausragenden Stelle hieß es:

»Unselbständig, vom Elternhaus her an Abhängigkeiten gewöhnt, einsam, blauäugig, an einem Defizit an Anerkennung, Zärtlichkeit und Liebe leidend, war sie ein leichtes Opfer für Franz Becker. Dieser nutzte seine Chance auf raffinierte Weise und skrupellos. Mit großem Geschick verstand er es, Margret Höke an sich zu binden und die Hoffnung auf eine gemeinsame Zukunft in ihr zu erwecken. Margret Höke liebte diesen Mann.

Margret Höke war nicht mehr allein und einsam; aus der besonderen Konstellation ihres bisherigen Lebens hat sie es eigentlich gar nicht recht fassen können, dass da plötzlich jemand war, der sie ernst zu nehmen schien, auf sie einging, ihr zuhörte und jedenfalls immer wieder – wenn auch nur auf Zeit – für sie da war.«

Das räumte die Anklage durchaus ein. Die schlechte Nachricht dagegen war außerordentlich belastend. Margret Höke, Deckname »Doris«, später »Vera«, hatte sich seit der Anlaufphase zu einer perfekten Agentin entwickelt. Sie arbeitete mit Geheimschriftverfahren, verschlüsselte wichtige Informationen und versteckte sie zur Tarnung in Zeitungen. Mit ihrer handelsüblichen »Agfamatic 6008« lichtete sie Dokumente ab. Haarbürsten benutzte sie als Container für unentwickelte Filme. Eine rote Handtasche mit verstecktem Innenfach und eine Kleinstkamera im Lippenstift wurden ihr übergeben, kamen aber nie zum Einsatz.

Ihr gesamtes Verhalten passte in die Schablone östlicher Dienste. Wenn etwas nicht in Ordnung war, trug sie eine Plastiktüte in der Hand. Als Erkennungszeichen diente die jeweils aktuelle *Spiegel*-Ausgabe. Ein Kreidezeichen an einem Laternenpfahl bestimmte das nächste Treffen. K stand für Köln, Z für Zürich, S für Salzburg und C für das Carlsberg-Museum in Kopenhagen. Gab es Probleme, dann wurden sie mit einem Q verschlüsselt, war das Problem erledigt, folgte ein E.

Wenn der schöne Franz einen seiner seltenen Besuche angekündigt hatte, kontrollierte er zunächst den Briefkasten seiner Bonner Freundin. Hatte sie einen roten Punkt angebracht, dann tauchte er sofort wieder ab. Sie musste auch darauf eingestellt sein, sich von Unbekannten in einer einsamen Telefonzelle am Bayenthalgürtel ansprechen zu lassen, während sie dort ein Gespräch simulierte. In diesem Fall lautete ihr Deckname »Frau Günter«. Im Ernstfall hätte man sie nach der Vorwahl von Herford gefragt, und sie hätte antworten sollen, sie kenne nur die Vorwahl von Löhne. So überprüfen Geheimdienste den Gehorsam ihrer Agenten.

Margret Höke traf ihre Kontaktleute regulär am ersten Dienstag eines Monats, um 20.30 Uhr in Köln-Bayenthal. Wenn der Termin platzte, dann wurde er zu einem festgesetzten, anderen Zeitpunkt wiederholt. Die Kuriere kamen aus der Schweiz angereist, wo sie seit 1962, nach fünf Jahren Bundesrepublik, als Johann und Ingeborg Hübner lebten. Das waren Decknamen, und Ingeborg nannte sich während des Einsatzes vorsichtshalber »Renate«.

Wenn Becker selbst nicht kommen konnte, dann waren die Hübners zur Stelle und übernahmen die Unterlagen aus der Villa Hammerschmidt. Als alles professionell ablief, wurde Margret Höke nach den üblichen Sätzen mit 500 DM im Monat entlohnt. Die Bundesanwaltschaft errechnete später 33 000 DM Agentenlohn. Kleine Geschenke, wie Schmuck und Münzen, erhielten die Freundschaft zu Franz Becker, obwohl diese auch aus eigener Kraft krisensicher funktioniert hätte.

1985 sollte das nächste Schicksalsjahr im Leben von Margret Höke werden. Franz Becker war inzwischen im Schleppnetz der »Aktion Anmeldung« des Bundesamtes für Verfassungsschutz hängen geblieben. Hier handelte es sich um eine Rasterfahndung nach Ostagenten, die sich vor allem in den Einwohnermeldeämtern abspielte. Dabei stellten die Ermittler fest, dass der echte Franz Becker 1965 von Köln nach Detmold und dann in die DDR verzogen war und ein »neuer« Franz Becker 1966 mit den Daten des Personalausweises A 2322340 seines Vorgängers in Detmold eintraf.

Dann studierte er in Bonn bis zum ersten Staatsexamen und siedelte schließlich in die Schweiz über. Dort verlor sich seine Spur. Die Ermittlungen gegen Margret Höke ergaben überraschend, dass Franz Becker und das Ehepaar Hübner nicht für die DDR-Staatssicherheit, sondern für den KGB arbeiteten. Ein Sonderfall, den es auch bei den »Romeos« nicht häufig gab.

Die Sekretärin an der Bonner Schlüsselstelle wäre vielleicht nie enttarnt worden, hätte sie nicht für ihren Freund gebürgt. Hierdurch wurde sie aktenkundig. Ihre Überprüfung führte zum Amt des damaligen Bundespräsidenten Richard von Weizsäcker. Die Verfassungsschützer waren »elektrisiert«. Am 4. März 1985 stellte ihr Chef Heribert Hellenbroich den Antrag 0658/0 zur Überwachung von Hökes Post und Telefon. Dieser wurde, laut Zeitungsberichten, durch den Innenstaatssekretär Siegfried Fröhlich abgelehnt. Das Beweismaterial, so seine Begründung, sei zu dünn. Ein zweiter Antrag scheiterte Ende März.

Im Februar informierte der BfV-Präsident den Bundespräsidenten von seinem Verdacht, im März den Innenminister Friedrich Zimmermann. Margret Höke fiel nicht weiter auf. Sie lebte ihr zurückgezogenes Leben. Im Büro diktierte ihr der Bundespräsident seine historische Rede zum 40. Jahrestag des Kriegsendes. Darin Sätze, die 1985 noch nicht selbstverständlich waren: »Der 8. Mai war ein Tag der Befreiung. Er hat uns alle befreit von dem menschenverachtenden System der nationalsozialistischen Gewaltherrschaft ...«

Die Kölner Abwehrexperten gaben nicht auf. Sie behielten die alleinstehende Westfälin im Auge. Für sie passte Margret Höke in das Schema, nach dem feindliche Agenten ihre Opfer ermittelten. Aus einer extra angemieteten Wohnung beobachteten sie, wie ihre Zielperson am 26. Juni auf der Straße vor ihrem Haus in Bonn-Oberkassel eine unbekannte Frau traf und mit ihr etwas zu besprechen schien – »Renate«. Ehemann Hübner sicherte das Treffen im Hintergrund ab. Das Paar übernachtete in einem Kölner Hotel und fuhr am nächsten Tag in die Schweiz zurück. Dort wurde es im August 1985 verhaftet und Monate später wegen seiner Arbeit für das KGB zu je sechs Jahren Zuchthaus verurteilt.

Nach der mysteriösen Begegnung vom 26. Juni konnten die Fahnder einen Monat lang Post und Telefon der verdächtigen Sekretärin kontrollieren.

Margret Höke sollte zu Franz Becker reisen. Er war inzwischen sehr vorsichtig geworden und setzte keinen Fuß mehr in die Bundesrepublik. Sie musste ihn aber noch etwas warten lassen, da sie einen Urlaub gebucht hatte. Die Österreich-Tour einer vegetarischen Wandergruppe. Dabei lernte sie Georg kennen, der ihre privaten Neigungen teilte.

Widerwillig flog Margret Höke in der ersten Augustwoche nach Kopenhagen. Franz Becker, zur Abwechslung mit Schnauzer, wartete bereits im »Carlton«-Hotel. In den zwei Jahren, die sie sich nicht gesehen hatten, hatte er sich kaum verändert, rauchte immer noch wie ein Schlot.

Der schöne Franz jammerte herzzerreißend. Er habe keine Freundin und sei sehr einsam. Die Kollegen hätten sogar schon angekündigt, sie würden ihm eine Frau beschaffen. Nach langem Gefeilsche vereinbarten sie für Anfang 1986 ein nächstes Treffen in Barcelona. Zum Abschied überreichte er ihr 4000 DM in bar. Sie stopfte das Bündel in ihren Kosmetikkoffer.

Am 24. August 1985, ein Freitag, kam sie spät nachmittags nach Hause. Minuten später zwängten sich zehn Mann vom Bundeskriminalamt hinter ihr in die Wohnung Bei der Durchsuchung fanden sie unter anderem einen Koffer mit Kleidung von Franz Becker und Utensilien für die Dokumentenfotografie. Margret Höke heute: »Sie hatten Angst, dass ich abhauen würde. Also wollten sie vor dem Wochenende alles erledigt haben.«

In Wahrheit waren die Verfassungsschützer, denen der eigentliche Erfolg gebührte, in jener Woche völlig paralysiert. Einer ihrer leitenden Beamten, zuständig für die Abwehr von DDR-Spionen, hatte sich »nach drüben« abgesetzt. Fünf Tage vor Margret Hökes Verhaftung war Hans-Joachim Tiedge mit dem Zug bei Marienborn über die Grenze gefahren. Die Gründe: ein massives Alkoholproblem, hohe Schulden und der Tod seiner Frau. Tiedge hatte sehr viel zu erzählen, deshalb nahm man ihn in Ostberlin mit offenen Armen auf. In Köln hinterließ er einen Scherbenhaufen.

Auch Margret Höke gestand alles. Nach 17 Verhandlungstagen wurde sie im September 1987 wegen Landesverrats zu acht Jahren Haft verurteilt. Ihre Mutter nutzte die Gelegenheit, während einer Sitzungspause auf die verlorene Tochter einzureden. Wenn sie den von ihr vorgeschlagenen Mann geheiratet hätte, so die Mutter, dann wäre die ganze Misere nicht passiert.

Sie wusste es noch nicht, aber zu diesem Zeitpunkt hatte sie bereits die Hälfte der Zeit ihres »Exils« hinter sich gebracht. Die unfreiwilligen Jahre in Köln-Ossendorf hatten mit Einzelhaft im Jugendhaus begonnen. Die Untersuchungsgefangene Höke machte sich mit den jungen Beamtinnen bekannt und unterhielt sich angeregt mit ihnen. Es gab aber auch missgünstige Wärterinnen und viele Schikanen. In der Haft durfte Margret Höke die Bücherei betreuen. Da sie mit den männlichen Wärtern besser zurechtkam, backte sie ihnen gelegentlich einen Kuchen.

Von Zeit zu Zeit erreichte sie ein unfreundliches Schreiben, in dem sie um die Rückgabe des ihr verliehenen Bundesverdienstkreuzes gebeten wurde. Bei Staatsbesuchen in Finnland, Italien und Spanien hatte man ihr auch Orden angeheftet. Diese durfte sie behalten.

Die konservative, kulturell vielseitig interessierte Verliererin blieb eine Außenseiterin, die nicht wirklich in den Kölner Knast passte. Das änderte sich auch nicht, als sie die RAF-Frauen Angelika Speitel, Sieglinde Hoffmann, Verena Becker und Adelheid Schulz kennen lernte. »Alle hatten Katzen zum Überleben. Das hat geholfen.« Diese Erinnerung kommt ihr heute in den Sinn. Politisch haben die Terroristinnen keinen Eindruck bei ihr hinterlassen.

Erst als die Protestantin einen katholischen Pfarrer traf, da spürte sie wieder Boden unter den Füßen. Regelmäßig besuchte sie den Gottesdienst und durfte irgendwann stundenweise in die Freiheit. Im Sinne der Kirche machte sie sich sogar nützlich. »Ich tippte die Predigten des Pfarrers auf der Schreibmaschine und bekam dafür ein bisschen Geld.«

Die freudlose Zeit endete, als das Dahinsiechen der DDR sogar auf Häftlinge wie Margret Höke auszustrahlen begann. Im Dezember 1989 meldete sich der Ost-West-Vermittler Wolfgang Vogel »aus gegebenem Anlass«. Die Spionin aus dem Präsidialamt sollte Teil des letzten deutsch-deutschen Häftlingsaustausches werden. Am 21. Dezember wurde sie auf Wunsch des Ostens von ihrem früheren Chef, dem Bundespräsidenten, begnadigt, und mit drei anderen KGB-Spionen entlassen. Im Gegenzug öffneten sich die Gefängnistore für die letzten politischen Häftlinge der DDR. Anwalt Vogel lieferte sie im Westberliner Bundeshaus ab.

In Köln-Ossendorf gab es keine Journalisten, weil die Aktion kurzfristig und von den Medien unentdeckt anberaumt war. Margret Höke wurde von einem früheren Kollegen abgeholt und während der ersten 24 Stunden betreut. Dann fuhr sie heim zu ihrer Mutter, die sie sehr kühl empfing. Der Vater war im selben Jahr gestorben.

Der 54-Jährigen gelang es noch einmal, in ihrer näheren Heimat beruflich unterzukommen. Ein Jahr lang frischte sie in Herford das Stenografieren auf. Danach unterrichtete sie an einer Sprachenschule. Mit sechzig wurde sie in den Ruhestand geschickt.

Margret Höke, um die es ruhig geworden ist, interessierte sich all die Jahre dafür, was aus ihrem »Franz Becker« geworden war. 1995 erfuhr sie als Zeugin in einem Prozess wegen Landesverrats von einem Strafverfahren gegen ihn. Die Polizei hatte ihn nach längerer Fahndung geschnappt. »Romeo« hatte ganz besonderes Pech. Als Angehöriger des MfS wäre er unter die Amnestie der Wiedervereinigung gefallen. Da er aber für den sowjetischen KGB spioniert hatte, für eine fremde Macht, wurde er am Ende mit 80 000 DM zur Kasse gebeten.

Zum Vergleich: Mit der Urteilsverkündung schuldete Margret Höke dem bundesdeutschen Staat 300 000 DM. So viel hatte ihr Verfahren gekostet. Deshalb wurden ihre Konten beschlagnahmt, das Auto und die Bonner Eigentumswohnung unter Preis verkauft. Noch heute überweist sie der Justiz in Karlsruhe Monat für Monat 150 Euro.

»Beckers« Frau und die 1971 geborene Tochter fielen aus allen Wolken, als sie die vielen unangenehmen Details erfuhren. Sie hatten immer gedacht, ihr Ernährer sei in Moskau beschäftigt. Dass er jeweils von Ostberlin über Moskau nach Bonn oder Zürich reiste, konnte in der alten DDR keiner aus seiner Umgebung ahnen. Als alles aufgeflogen war, soll seine Frau sogar versucht haben, sich umzubringen.

Margret Höke wollte ihn noch einmal sehen. Sie wusste, er wohnte in der Nähe des Roten Rathauses in Berlin und besaß eine Datsche bei Oranienburg. Bis 1990 hatte er weiter für das KGB gearbeitet, war nach seiner Rückkehr in den Osten in leitender Position bei einem Verlag untergekommen. Erst Jahre später hatte er die Altersgrenze erreicht.

Es gelang ihr, ihn aufzuspüren. Sie telefonierten mehrmals miteinander, sehr vorsichtig, »nach den Regeln seiner Geheimdiensterziehung«. Als sie schließlich Ende August 2004 nach Berlin fuhr, hinterließ sie vorher eine Nachricht in seiner ehemaligen Firma. Sie sei im Hotel »Excelsior« zu finden. Noch am gleichen Tag rief er zurück, unwillig und misstrauisch. Er stimmte aber einem Treffen zu.

»Es war ein Freitagabend. Ich traf Hans-Jürgen Henze, so hieß er wirklich, im Mövenpick Europa-Center. Er beschwerte sich, dass er seinen ganzen Besitz verloren hatte und auch seinen Job. Die Schulden würden ihn sehr einengen. Nach einer Weile kam seine Frau dazu. Sie wusste Bescheid, sie zeigte Fotos von der Tochter und vom Enkelkind. Dann fragte sie, ob sie mich umarmen dürfe. Beide erzählten, sie hätten alles unternommen, um mir zu helfen, mich herauszuholen. Sie hätten immer wieder einen Austausch angeregt.«

Hans-Jürgen Henze, KGB-Deckname »Hagen«, war an Krebs erkrankt und sollte bald nicht mehr sprechen können. Seine ehemalige Bonner Geliebte, die seinetwegen ihre ganze bürgerliche Existenz verloren hatte, empfand Mitleid und Sympathie: »Nach zwanzig Jahren hat er mir besser gefallen als vorher. Es war kein Wunder, dass er bei dieser psychologischen Belastung an Krebs erkranken musste.« Margret Höke versuchte, ihm Heilmittel zu beschaffen. Es war zu spät. Hans-Jürgen Henze starb am 13. Januar 2005.

Für Margret Höke, deren einst schwarze Haare heute immer stärker aufhellen, war die Fahrt nach Berlin keine nostalgische Tour in die Vergangenheit, sondern ein lebensnotwendiger Schlussstrich. Jetzt kann sie viel ruhiger leben.

Die Welt, in der sie fest verwurzelt ist, bietet ihr dafür Freiräume. Sie glaubt an »Optimismus und Zuversicht«, an Seelenwanderung und Naturheilkunde. Ihren Urlaub verbringt sie in vegetarischen Häusern und mit langen Wanderungen. Sie befasst sich mit Yoga, Zahlenmystik, Anthroposophie und anderen Ideen, wie die der »Rosenkreuzer«.

Der innere Frieden könne nur auf dem spirituellen Schulungsweg gefunden werden, so ihre Auffassung heute. Dafür bekämen die Mitglieder monatliche Lehrbriefe mit spirituellen Übungen. In der nächsten Stufe folgten die geheimnisvollen, mystischen Riten der Tempelsitzungen.

Das allein ist wichtig für Margret Höke. Keine Männer mehr und nicht der KGB. Nur noch Ruhe und Spiritualität. Die Abenteuerspielplätze der Geheimdienste und der konkurrierenden Staatsschützer hat sie weit hinter sich gelassen. Eine größtmögliche Form von Befreiung.

12
Ulla Kirmsse
Die Kundschafterin

> Die Arbeit:
> verstellen,
> verstecken,
> erkunden,
> übermitteln,
> täuschen
> und schweigen.
> Der Lohn:
> Jahre Frieden.
>
> *»Wir über uns.*
> *Anthologie der Kreisarbeitsgemeinschaft*
> *›Schreibender Tschekisten‹«*

»Verpflichtung!
Ich, Ulla Kirmße, geboren am 5. 3. 08 in Hamburg, wohnhaft Burgstädt, Damaschkestraße 4, verpflichte mich hiermit, das Ministerium für Staatssicherheit in der Erfüllung seiner Aufgaben tatkräftig zu unterstützen und den Anweisungen der Beauftragten des M. f. S. tatkräftig Folge zu leisten. Ich verpflichte mich des Weiteren über das heute geführte Gespräch mit den Vertretern des M. f. S. sowie über meine weitere Zusammenarbeit mit dem M. f. S. gegenüber jedermann strengstes Stillschweigen zu bewahren. Mir ist bekannt, dass ich bei Nichteinhaltung dieser Verpflichtung nach dem § 353 Abs. II des StGb. zur Rechenschaft gezogen werde. Ulla Kirmße«

In den Fünfzigerjahren lebte Ulla Kirmße mit ihrem Sohn Joachim, geboren 1935, im kleinen, stillen Burgstädt an der Peripherie von Karl-Marx-Stadt, das heute wieder Chemnitz heißt.
1945 waren amerikanische Truppen in Burgstädt eingerückt, zogen sich aber Wochen später wieder zurück und überließen der Sowjet-Armee das Terrain. Schon 1946 wurden die wichtigsten Betriebe verstaatlicht. Die Stadt war voller Flüchtlinge und Umsiedler, nicht wenige aus dem zerbombten Dresden. »Hungerzeit« ist das Stichwort des Jahres 1947 in der Stadtchronologie. Nicht mehr und nicht weniger.
Ein knappes Jahrzehnt später hatte sich die DDR eingerichtet. Originalton 1954, dem »Jahr der großen Initiative«: »Unsere

vornehmste Aufgabe ist es, unser werktätiges Publikum zu bewussten Kämpfern für den Frieden, für die Einheit Deutschlands und den Aufbau des Sozialismus zu erziehen.« Wichtige Impulse kamen dabei von der Ortsgruppe der Gesellschaft für Deutsch-Sowjetische Freundschaft und vom »Kulturbund zur demokratischen Erneuerung Deutschlands«. Der Jugendclub hieß »Ernst Thälmann« und die Freilichtbühne befand sich im »Karl-Liebknecht-Hain«.

Das war die Welt der Ulla Maria Alwine Kirmße, die als ihren erlernten Beruf »Strickerei« angab und am Burgstädter Leninplatz ein selbständiges Textilgeschäft führte. Obwohl sie mehrere Jahre in dieser Stadt lebte, blieb sie eine Fremde. Sie sprach mit unverkennbar norddeutschem Akzent, und das fällt auf in Sachsen. Burgstädt war nur eine Station ihres Lebens, die ruhigste, auch wenn sie dort die kargen Aufbaujahre der DDR erlebte.

Geboren wurde sie in Hamburg als Tochter eines leitenden Angestellten der Vereinigten Reedereien. Ulla Garbers, wie sie mit Mädchennamen hieß, erhielt eine gute Ausbildung: Grundschule – höhere Töchterschule – Lyzeum – Kunstgewerbeschule. Das war während des Ersten Weltkriegs und auch später nicht selbstverständlich. Sie lernte Englisch und Französisch, was später ihr Leben in unerwartete Bahnen lenken sollte. Das kleine, protestantische Mädchen entschied sich, Bank- und Handelskauffrau zu werden. Später bemerkte sie spitz, das habe ihren Blick für die Macht des Geldes und die menschliche Habgier geschärft.

Die Eltern zogen nach Stuttgart, und sie arbeitete als Handelsreisende für einen Berliner Verlag. 1934 heiratete Ulla und zog mit ihrem Mann nach Dresden. Sie genoss das pulsierende Leben der Elbmetropole. Im Jahr darauf wurde der Sohn geboren. Als Joachim neun war, starb sein Vater im Krieg. Mutter und Kind erlebten die verheerenden Luftangriffe auf Dresden hautnah mit. Dabei verloren sie ihren gesamten Besitz. Joachim wurde schwer verletzt. Ulla Kirmße versicherte später, dass der 13. Februar 1945 ihr Leben verändert habe: »Von dieser Nacht an war ich ein anderer Mensch.« Wem das zu ungenau war, für den fügte sie kraftvoll hinzu, man müsse »imperialistische Kriege um jeden Preis verhindern«.

Noch vor Kriegsende zog sie nach Delmenhorst. Die junge Witwe arbeitete als Dolmetscherin, kehrte aber bald über Chemnitz und Leipzig wieder nach Sachsen zurück. 1946 schloss sie sich der Kommunistischen Partei an, später der Sozialistischen Einheitspartei des Ostens. Im März 1948 eröffnete sie eine mechanische Strickerei in Burgstädt.

Die Stasi beschäftigte sich mir ihr ein ganzes Jahr, testete sie, studierte ihre Reaktionen. Dann wurde die Zielperson in den Stand eines »GI« übernommen und musste die einschlägig vorgeschriebene Verpflichtungserklärung handschriftlich abgeben. »GI« lautete die Abkürzung für »Geheimer Informator«. Ein GI sicherte in der Regel genau definierte Bereiche ab.

Es ist nicht überliefert, wie freiwillig sich die selbstbewusste Geschäftsfrau in die Obhut des MfS begab. Im Protokoll der Werbung findet sich nur der stereotype Hinweis des Unterleutnants Werner, ihre Mithilfe trage »zur Erhaltung des Friedens und zur Festigung der DDR« bei. Ulla Kirmße versicherte bald, dass sie sich in die Zusammenarbeit mit den Geheimen »so eingelebt habe«, dass es ihr »jetzt tatsächlich Freude bereite«. Sie arbeitete unter dem Decknamen »Ursel«.

Die Inoffizielle Mitarbeiterin (oder auch IM) wurde für einen Einsatz im Westen ausgebildet. In der Anfangszeit erledigte sie probeweise konkrete Aufträge in ihrem eigenen Umfeld. Ihre Führungsoffiziere erkannten rasch, dass sie sich in der Bundesrepublik gut bewegen könnte und die feindlichen Dienste sie nicht sofort als DDR-Agentin enttarnen würden. Sie entwickelten ein Konzept, das ihren ersten Einsatz im rheinischen Mönchengladbach vorsah. Ulla Kirmße in einem 1971 verfassten Bericht: »Im März 1957 war es endlich soweit, auf meinen Wunsch hin wurde ich vom MfS als Kundschafterin in Westdeutschland eingesetzt.«

Sie sollte alles herausfinden über die britischen Einrichtungen und ihre Mitarbeiter in Mönchengladbach. Besonders wichtig waren dem MfS eventuelle Kontakte in die DDR. In der Arbeitsanweisung hieß es: »Stellen Sie vor allem die Dienststelle des englischen Geheimdienstes im englischen Hauptquartier fest. Davon ist eine genaue Skizze anzufertigen. Ihre Hauptaufgabe ist dabei, festzustellen, was der englische Geheimdienst gegen die DDR, Volksdemokratien und die Sowjetunion plant, welche Personen er dabei benutzt und in welche Gebiete diese geschickt werden.« Kundschafterin »Ursel« sollte sich beim englischen Nachrichtendienst anstellen lassen, als Dolmetscherin oder Schreibkraft.

Vor dem Einsatz hatte sie sich mit Helene aus Burgstädt angefreundet, deren Nichte Waltraud für die britische Rheinarmee arbeitete. Nach ihrer angeblichen Republikflucht, wandte sie sich an Waltraud und bat um Hilfe. Rasch bekam Ulla Kirmße einen Job im Schwimmbad des englischen Hauptquartiers. Sie arbeitete am Büffet. Dann verschaffte sie sich eine zweite, weitaus interessantere Tätigkeit. Sie betreute die Kinder eines hochrangigen englischen Offiziers. Als das Ehepaar für einige Tage in Urlaub fuhr, musste die Nanny das Haus hüten. Sie nutzte das und durchwühlte die Schränke. Dabei fand sie jede Menge vertraulicher Akten des englischen Dienstes.

Jetzt passierte der Super-GAU, die größtmögliche Peinlichkeit: »Durch die sehr kurze Ausbildung ist versäumt worden, mir zu sagen, wie ich die Verbindung nach hier (in die DDR, d. A.) herstellen muss. Mir wurde nur ganz kurz erklärt, jedes soundsovielte Wort im Brief bedeutet die Benachrichtigung. Dies hätte man aber hier mit mir mehrmals üben müssen, damit sich das besser einprägt, aber so habe ich das nur ein- oder zweimal gesagt bekommen. Durch die ganze Umstellung habe ich dann nicht behalten, welches Wort ich genau herauszuziehen hatte. Ich war todunglücklich, weil ich einfach nicht wusste, wie ich nach hier Verbindung bekomme.

Ich hatte zwar einen Brief vom MfS bekommen, aber den konnte ich nicht entziffern. Ich habe gegrübelt und Versuche angestellt, aber ich kam zu keiner Lösung. Ich war auch nicht im Fotografieren ausgebildet, außerdem besaß ich keinen Fotoapparat, und hatte auch kein Geld, mir einen zu kaufen, sonst hätte ich alles fotografiert. Ich habe weiter gearbeitet und habe gedacht, sie werden sich schon irgendwie um dich kümmern. Das

MfS weiß ja, dass ich hier bin. Sie ließen aber nichts von sich hören. Ich hatte die Vermutung, dass das MfS dachte, ich sei umgekippt.«

Immerhin lieferte sie später eine Liste mit Namen von 50 Offizieren, die sie als Mitarbeiter des englischen Geheimdienstes bezeichnete.

Ulla Kirmße wechselte den Arbeitgeber und die Stadt. Nun kümmerte sie sich um einen deutschen Haushalt in Koblenz. Bald darauf traf ein Brief für sie ein. Die Zentrale in Ostberlin hatte sie ausfindig gemacht. Sie wurde in die DDR zurückgeholt, noch einmal gründlich geschult und psychologisch aufgerichtet. Ihren Codierungsschlüssel bekam sie diesmal schriftlich: »Setzen Sie vor jeden 2. Satz das 4. Wort hintereinander, so haben Sie die Nachricht bzw. den Auftrag. D. h., dass vom 2., 4., 6., 8., 10., 12. Satz usw. das jeweils 4. Wort der Reihenfolge nach zusammenzusetzen ist.«

GM »Ursel« – nun war sie »Geheimer Mitarbeiter mit Feindverbindung« – bekam eine zweite Chance. Ab sofort sollte sie bei den Amerikanern in Stuttgart-Vaihingen spionieren. Ihren konkreten Einsatzort entdeckte sie unter den Stellenanzeigen der *Stuttgarter Zeitung*. Die Firma »European Exchange System« suchte Mitarbeiter. Ulla Kirmße wurde genommen und kam in der Snack-Bar der Kurmärkerkaserne unter, zuerst als Küchenhelferin. Dann arbeitete sie sich über das Büffet und die Kasse zur Schichtleiterin hoch.

Zweimal im Monat verfasste sie nun ihre Berichte in Geheimschrift und schickte sie an eine Deckadresse in Karl-Marx-Stadt, an Erika Albrecht, Franz-Mehring-Straße 9. Wenn sie selbst Post aus der Heimat bekam, dann waren die Briefe von einer nicht existierenden Freundin »Antje« unterzeichnet.

In ihrem ersten Report zeigte Ulla Kirmße noch, dass sie in ihre wirkliche Kundschaftertätigkeit erst hineinwachsen musste. Die gelernte Ostfrau erregte sich über die Anweisung ihrer amerikanischen Chefs, »Prozente zu machen«. »Der Kaffee wird nicht mit zweieinhalb Gallonen Wasser gebrüht, sondern mit dreieinhalb. Die Fruchtpaste wird nicht mit zwei Liter Wasser angerührt, sondern mit fünf Liter Wasser. Syrups und

Konservenfrüchte werden laufend mit gold-gelb gekochtem Zuckerwasser gestreckt ... Der amerikanische Soldat wird also fortgesetzt betrogen.«

Im Frühjahr 1959 schien ihre Spionagetätigkeit dann endlich zu klappen. GM »Ursel« lieferte brauchbares Material, Fotos und Beschreibungen der US-Basen, alle erreichbaren Informationen über das Personal und dessen Freizeitgewohnheiten. Nun traute sie sich auch an die rein militärische Aufklärung.

Ulla Kirmße ging an ihre Aufgaben mit natürlicher Raffinesse heran: »Die Abschussrampen waren aufgerichtet, sie ragen wie Finger in die Luft. Es gibt dort Bunker ringsherum, da gehen die Soldaten hinein, wenn sie Raketen zünden, damit ihnen das Trommelfell nicht platzt. Ich habe mich den Rampen genähert, dort lief ein Posten herum. Vorher humpelte ich etwas, da sagte ich zu dem, mein Absatz ist kaputt, kannst du mir den nicht irgendwie bisschen richten, außerdem bin ich müde. Da sagte der zu mir, ich soll mich hinsetzen, er wolle sehen, was er mit dem Absatz machen kann. Ich fragte ihn noch, ob er inzwischen eine Zigarette hat, die gab er mir dann auch.

Da habe ich die Zigarette geraucht und habe gewartet, bis der meinen Absatz gerichtet hat, den hatte ich natürlich vorher etwas ruiniert. Dabei habe ich mir in aller Ruhe diese Abschussrampen angesehen, es sind 5, sie sind gerade aufgerichtet. Wenn sie eingezogen sind, liegen sie flach am Boden. So viel Raketen es waren, so viel Bunker waren auch vorhanden. Etwas weiter weg befand sich der große Radarspiegel. Gegenüber lag diese Wohnsiedlung Pettonvil (Pattonville, d. A.). Nach einer Weile kam der Soldat mit meinem Schuh wieder und meinte, er hätte ihn so gut es ging gerichtet. Dafür habe ich mich bedankt und bin bis zum nächsten Ort weitergehumpelt.«

Langsam erfüllten sich die Erwartungen der Führungsoffiziere. Trotzdem verhehlten sie nicht, dass sie ihre »Ursel« so schnell wie möglich aus Stuttgart abziehen wollten. Sie sollte nach Hof in Bayern ziehen und dort eine ähnliche Stellung in der Kasernengastronomie annehmen, eine eigene Gaststätte oder eine Pension pachten. Die Stasi-Offiziere sahen kein Problem darin, Ulla Kirmße die Beschäftigung von Prostituierten zu empfehlen. Damit käme sie viel leichter an geschwätzige US-Soldaten heran. Sie selbst sah das noch etwas kritischer, rümpfte die Nase über »Amiliebchen«.

Der fränkische Raum interessierte die Stasi-Sachsen schon deshalb, weil sie dort den direkten Feind orteten. Aus Bayern, so steht es in den noch existierenden Akten, würden die Amerikaner die südliche DDR aufklären.

Die Späherin tendierte eher zu Nürnberg. In ihren Aufzeichnungen ist keine Rede von Hof. Sie bat beim Personalbüro ganz bewusst um eine Versetzung nach Nürnberg. Schließlich klappte es. Im Oktober 1959 packte die energische Ulla wieder ihre Koffer. Die neue Arbeitsstelle befand sich in den Pinder Barracks in Zirndorf. Wieder saß sie an der Kasse der Snack-Bar. Als die eigentliche Kassiererin aus dem Schwangerschaftsurlaub zurückkehrte, wurde die Neue in die Nürnberger Merrell Barracks versetzt, als Schichtleiterin in der Gastronomie. Ulla Kirmße peilte weisungsgemäß auch eine Beschäftigung beim US-Geheimdienst CIC in der Fürther Straße 110 an. Das scheiterte jedoch. Ihre Beurteilung aus der Personalakte in Karl-Marx-Stadt hätte sie jederzeit als Arbeitszeugnis verwenden können.

Von Zeit zu Zeit wurde sie von ihrer Führungsstelle umfassend bewertet. Dazu ein Beispiel aus der Kaderakte, in der sie als männlicher Mitarbeiter behandelt wurde, was in der DDR üblich war: »Der GM ist ein vielseitig entwickelter Mensch. Gemäß seiner höheren Schulbildung verfügt er über ein außerordentliches Allgemeinwissen. Er ist sehr redegewandt und kann sich allen Gesellschaftskreisen anpassen, zumal er auch die Manieren der bürgerlichen Welt von früher selbst beherrscht. Er besitzt einen ausgeglichenen Charakter und meistert auch gefährliche Situationen.

Entsprechend seiner kaufmännischen Ausbildung kommt ihm diese bei seiner Tätigkeit zugute, wo er es besonders versteht, Geschäftsleute zu übervorteilen. Bei der Erfüllung der Aufträge bewies er ständig die entsprechende Logig (Originaldokument, d. A.) und kann auch selbst entsprechend der Situation gewisse operative Maßnahmen weiter entwickeln.«

Nur politisch, da schienen die Amateur-Psychologen aus der

Personalabteilung gegenüber ihrer Kundschafterin etwas übervorsichtig zu sein. 1946, so schrieben sie, sei Ulla Kirmße »mehr gefühlsmäßig als vom Standpunkt des Bewusstseins aus« in die Partei eingetreten. Erst in den Jahren danach habe sie »Vertrauen in die Arbeiterklasse« erworben. Zweifellos könne sie aber die positive Entwicklung der DDR richtig einschätzen und den »falschen Weg der Entwicklung in Westdeutschland« erkennen.

Bei einem der regelmäßigen Treffen mit ihren Führungsoffizieren wurden ihr Fotos vorgelegt. Sie erkannte sofort einen der beiden Männer, den mit dem Backenbart. Er sei amerikanischer Militärangehöriger. Sie kenne auch seinen Bruder, der in Stuttgart stationiert sei. Er habe ihr seinen Pass und darin ein sowjetisches Visum gezeigt. Unter dem Deckmantel einer österreichisch-amerikanischen Firma werde er dorthin reisen. Treffer.

Nun merkte die Zentrale, dass sich die Agentin in ihre Tätigkeit eingefunden hatte. Ihre Anweisungen wurden immer konkreter und umfangreicher. Die Führungsstelle verlangte von Ulla Kirmße, »junge, hübsch aussehende, intelligente weibliche Personen« anzuwerben. Aus Sicherheitsgründen musste sie ab sofort ihre DDR-Korrespondenz über Erlangen abwickeln – postlagernd. Langfristig riet man ihr auch zu Brieffreundschaften mit Amerikanern beiderlei Geschlechts. Als Motiv ihrer Leutseligkeit sollte sie eine geplante »spätere Auswanderung nach den USA« angeben.

Im November 1960 bot sich erstmals eine passende Gelegenheit. Ursel Kirmße lernte einen Sergeanten First Class kennen und freundete sich mit ihm an. Die beiden unternahmen ausgedehnte Autofahrten und führten lange Gespräche. »Er wollte mich mit nach Amerika nehmen. Naja, bis zur Verlobung habe ich es kommen lassen. Durch ihn hatte ich sehr viel Gutes und Unterstützung. Zur Verlobung schenkte er mir einen schönen Brillantring. Er hatte ein wunderbares Auto. »Ich habe eine schöne Zeit mit ihm verlebt.«

Gleichzeitig traf sie sich mit einem anderen Angehörigen der US-Armee. In ihren Berichten für die Führungsstelle drückte sie sich ziemlich deutlich aus. Der zweite Kandidat habe bislang »wegen seines hässlichen Aussehens« bei Frauen keine guten

Chancen gehabt. Sie sehe ihn genauso.« Als Mann lehne ich ihn auch ab. Ich kann ihn aber gut gebrauchen und benehme mich dementsprechend. Er hängt an mir wie ein treuer Hund. Ich bewundere sein stundenlanges Warten auf mich. Irgendwie rührt mich das.«

Noch im Jahr 1960 bekam sie von einem ihrer Männer mit, dass es für die USA eine Leichtigkeit sei, Kuba im Falle auswärtiger Militärhilfe sofort zu vernichten. Raketenspezialisten der Merrell-Kaserne seien bereits nach Mittelamerika abkommandiert worden. Solche Meldungen wurden bei den östlichen Diensten sehr ernst genommen.

Im Zusammenhang mit dem Bau der Berliner Mauer erweiterte die Nürnberger US-Einheit ihre Einsatzbereitschaft. Der Kommandeur verhängte eine allgemeine Urlaubssperre. Die Wachen wurden verstärkt, die Sicherheitskontrollen an den Toren verschärft. Diese Meldung von GM »Ursel« ging sofort über Karl-Marx-Stadt an den Leiter der Hauptabteilung II in Berlin. Informationen dieser Art hatten Eilcharakter.

Bei anderer Gelegenheit meldete sie: »Seit Ende Januar werden für griechische Offiziere zur Ausbildung an Atomwaffen Lehrgänge abgehalten. Die Offiziere kommen deswegen direkt aus Griechenland. Ein Lehrgang soll zwei Wochen dauern. – Für alle Soldaten der amerikanischen Armee in Nürnberg und Fürth sind jetzt erneut, sonst nicht üblich, Manöver angesetzt worden. Die 34. Ordonanz-Kompanie ist bereits seit einigen Tagen im Manöver. Alle übrigen Kompanien sollen am 6. 2. 1964 für 6 Wochen in ein Manöver nach Grafenwöhr.«

Ulla Kirmße verfasste aber auch triviale Endlos-Berichte, in denen sie das Privat- und Gefühlsleben von Nachbarn in der Schneppenhorststraße, von Freunden und Bekannten ausbreitete. Die direkte Nachbarin und Freundin Annemarie arbeitete in der amerikanischen »Dienststelle Feldgasse« (Stasi-Code: »Trichter«). Diese Adresse war ein Objekt der Begierde für die Staatssicherheit.

In Sachen Politik fiel ihr latentes Desinteresse auch bei den Treffs mit der Führungsstelle in Karl-Marx-Stadt auf. Im März 1966 hielt ein sichtlich verblüffter Protokollführer fest, dass GM

»Ursel« auch nach beinahe zehn Jahren im »Operationsgebiet« noch nichts von der NPD gehört hatte. Etwas verwundert fragte der Hauptmann, was Ulla Kirmße bei den jüngsten Kommunalwahlen angekreuzt hatte. Das schien sie zu irritieren. Unwirsch kam eine Antwort, die keine war: »Das ist egal, was man wählt.«

Der Offizier unternahm einen letzten Anlauf, das politische Wissen der Kollegin zu testen. Danach gab er frustriert auf.

Ulla Kirmße bekam im Frühjahr 1967 einen Empfänger für Agentenfunk, um die Kommunikation mit der Führungsstelle zeitnäher abwickeln zu können. Das Gerät war sinnvollerweise in einem Musikschrank versteckt. Stolz führte sie ihren Freunden den hochmodernen Zehn-Platten-Wechsler vor und achtete eifersüchtig darauf, dass niemand anderer die Technik in Augenschein nahm: »Lassen Sie nie jemand Fremdes an Ihren Plattenspieler, dann werden Sie eine lange Freude an Ihrem Apparat haben.«

Jeden zweiten Mittwoch, morgens um zehn, musste GM »Ursel« ab sofort alleine lauschen. Dann wurde das Stasi-Programm auf 6452 und 5830 Kilohertz nur für sie ausgestrahlt. Ihre Zuhörerpost ging anschließend an Wolfgang Seifert, Karl-Marx-Stadt, Theodor-Lessing-Straße 20. Sollte der getarnte Musikschrank doch einmal defekt sein, dann war der Agentin vorgeschrieben, eine Ansichtskarte mit dem Nürnberger Dürerhaus zu schicken. Wenn besprochene Tonbänder zum Abholen bereitlagen, teilte sie es durch eine Karte mit dem Foto der Nürnberger Burg mit. Die Karten wurden von einem Max Zwinscher in Karl-Marx-Stadt entgegen genommen.

Nun kam auch »Alfons«, ein Vertrauenstechniker der Zentrale regelmäßig vorbei. Der Schwabe holte den Container mit den fertigen Tonbändern ab und brachte jeweils einen leeren Behälter. Ganz leer war er eigentlich nicht, da der Kurier als Erkennungszeichen eine »Trumpf«-Schokolade hinterlassen musste. Von Ulla Kirmße erhielt er im Austausch eine Tafel »Sarotti«. Der riskante Moment der Übergabe erfolgte in einem Wartehäuschen der Straßenbahnlinie 2, an der Gustav-Adolf-Straße. Solche Spiele mochte sie. Offensive Abwehr hatte ja auch ein bisschen mit Nervenkitzel zu tun.

»Alfons« war handwerklich vielseitig begabt, und deshalb entwickelte er sich für die technisch hilflose GM »Ursel« zum Mädchen für alles. Sogar als die Renovierung ihrer Wohnung fällig war, kümmerte er sich selbst darum. Niemand sollte das versteckte Abhörmikrofon finden. Im Sommer 1968 wurde er noch einmal richtig gefordert. Es galt, die Nachbarwohnung, wo inzwischen ein westlicher »Abhörkollege« (Operativvorgang »Tourist«) die einsamen Stunden der Mieterin verkürzte, noch intensiver zu verkabeln. Die neugierige Ulla konnte nämlich das Appartement nicht flächendeckend abhören. Diesmal musste der Stasi-Techniker mit seinen Leitungen über den Dachboden gehen, und das erwies sich als arbeitsaufwendig. Die Gelegenheit war günstig, und deshalb durchsuchten Ulla und Alfons die Nachbarwohnung gleich zweimal.

Bald stellte sich heraus, dass die Alliierten ihre Kontrollrechte für den Post- und Telefonverkehr an die deutschen Dienste abgeben würden. Das bedeutete das Aus für die Dienststelle Feldgasse. Annemarie war nervlich äußerst angespannt, weil sie das Angebot einer Versetzung nach Berlin nicht annehmen, sondern lieber beim Verfassungsschutz arbeiten und in Nürnberg bleiben wollte.

Die Stasi-Agentin dachte nach und entwickelte auf einem ihrer Tonbänder mehrere Varianten des Vorgehens. Sollte die Nachbarin nach Berlin ziehen, dann müsse man sie dort operativ bearbeiten. »Ich bin der Ansicht, dass die Gelegenheit gekommen ist, um sie für uns anzuwerben. Man müsste ihr zur Kenntnis geben, das man einiges über sie weiß … Man müsste vielleicht ihr ein Band abspielen, worauf sie einiges über ihre Dienststelle geäußert hat. Daraufhin müsste man ihr erklären, wenn du nicht für uns arbeitest, lassen wir dich auffliegen.«

Wenn sie sich selbst stellen wollte, dann könne man ihr drohen, auch den Geliebten auffliegen zu lassen. Sollte das nicht reichen, dann könne man ihren beruflichen Hintergrund auch in Limburg bekannt geben, wo Mutter und Schwester zu Hause seien. »Ulla« in ihren weiteren Ausführungen: »Es gibt dann nur noch einen Ausweg, dass sie sich das Leben nehmen will. Dabei muss man dann wieder die Gelegenheit nutzen, indem man sagt, deshalb sind deine Mutter und dein Geliebter trotzdem dran. Damit könne sie diese dann nicht retten.« Sollte sie sich allerdings für Nürnberg und den Verfassungsschutz entscheiden, dann sei alles in Ordnung, weil man ihre Wohnung akustisch im Griff habe.

GM »Ursel« kam zum Schluss ihrer Überlegungen: »Wenn die ... (Nachbarin Annemarie, d. A.) am Zusammenbrechen ist und gar nicht mehr weiß, was sie machen soll, dann muss man psychologisch so auf sie einwirken, dass sie ja bis jetzt für eine fremde Nation, für den Amerikaner, Spitzeldienste geleistet hat und diesem Amerikaner deutsche Menschen ausgeliefert hat, also Menschen ihres Vaterlandes. Sie soll jetzt nicht verrückt spielen, wenn sie für die andere deutsche Seite arbeitet. Denn es sind ja auch deutsche Menschen. Man muss dies ihr eben klar machen, wo sie für den Amerikaner Spitzeldienste leistete als jetzt, wo sie für das sozialistische Deutschland arbeiten soll.«

Das beschäftigte die Agentin so sehr, dass sie dazu eine weitere Tonbandkassette besprach. Wenn die Nachbarin nach Berlin ziehe, dann sei es doch sinnvoll, sich ihr anzuschließen. Man könne eine gemeinsame Vier-Zimmer-Wohnung nehmen. Am besten sei es, das MfS besorge eine Eigentumswohnung und präpariere sie im Vorfeld mit Abhöranlagen. Inzwischen identifizierte sich Ulla Kirmße vorbehaltlos mit ihren geheimen Aufgaben.

Die Anregungen aus Nürnberg lösten bei der MfS-Bezirksverwaltung in Karl-Marx-Stadt intensive Diskussionen aus. Schriftlich reichten die Sachsen ihre Vorschläge bei der Berliner MfS-Hauptabteilung II, zuständig für Spionageabwehr, ein. Von dort kam der Beschluss, dass GM »Ursel« ihre Freundin Annemarie sanft überreden sollte, nach Berlin zu gehen. Die andere müsse dann folgerichtig auf die Idee kommen, dass »Ursel« sie eigentlich begleiten könne. Das schaffe die sichere Legende für eine Übersiedlung nach Berlin. Major Rudi Seidel, damals Leiter der zuständigen Abteilung II bei der Bezirksverwaltung, übernahm die Aufgabe, alles Nötige zu koordinieren.

Während hinter ihrem Rücken weitreichende Zukunftsvisionen durchgespielt wurden, entschied sich Nachbarin »Lederhaut« in Nürnberg zu bleiben und künftig für die Deutschen zu arbeiten. GM »Ursel« meldete, dass die Dienststelle Feldgasse nicht vom Verfassungsschutz übernommen werde, sondern vom Bundesnachrichtendienst.

Nachdem sich dieses Problem erledigt hatte, konnte GM »Ursel« wieder ihrer Kerntätigkeit nachgehen und Berichte über die aktuelle Entwicklung in den amerikanischen Kasernen liefern. Die Kundschafterin meldete, dass im nahen Feucht ein Munitionsdepot entstehe. Dort würden auch die Atomsprengköpfe gelagert, die sich früher in der Nürnberger Merrell-Kaserne befunden hätten. Die US-Armee habe sie bisher, mit Panzertüren gesichert, in klimatisierten Räumen unter dem IM-Club aufbewahrt.

Ausführlich ging sie auf die Truppenbewegungen in Zusammenhang mit dem Vietnamkrieg ein: »In letzter Zeit habe ich festgestellt, dass Soldaten, die nach Vietnam abkommandiert werden, doch ziemlich deprimiert sind ... An und für sich ist es so, dass der Amerikaner sehr ungern Soldat ist.« Dazu schilderte sie Schicksale osteuropäischer Flüchtlinge, die den Amerikanern vom Durchgangslager Zirndorf als Arbeitskräfte ausgeliehen worden waren.

Ulla Kirmße hatte ohne Zweifel ihre Lebensaufgabe gefunden. Sie war permanent mit mehreren Aufgaben ausgelastet. Ihre Führungsoffiziere in Karl-Marx-Stadt freuten sich über den anschwellenden Nachrichtenfluss aus der fränkischen Metropole. Deshalb beförderten sie ihre Mitarbeiterin vom GM zur »Quelle«, und damit auch von der Bezeichnung her zum IM. Die naive Nachbarin Annemarie merkte gar nichts und versicherte immer wieder, dass sie noch nie eine derart zuverlässige und zuvorkommende Freundin gehabt habe. Auch in der Snack-Bar lief alles wie von selbst. Seit ihrem 60. Geburtstag dachte Ulla Kirmße jedoch immer wieder an ihre Rente. Sie verglich die Leistungen Ost mit den Leistungen West und stellte fest, dass es sich lohnen würde, den Lebensabend im Westen zu verbringen.

Dann passierte der Agenten-GAU. Nachdem Ulla Kirmße in ihren Rollen inzwischen zu selbstsicher geworden war, traf sie sich während eines Heimatbesuchs mehrfach mit einer alten

Bekannten. Dabei konnte sie es sich nicht verkneifen, über ihre erfolgreiche Zusammenarbeit mit der Staatssicherheit zu plaudern. Sie wusste nicht, dass ihre eigene MfS-Bezirksverwaltung Karl-Marx-Stadt gegen die Frau ermittelte. Mit Argwohn beobachtete die Stasi, dass eine nahe Verwandte der Verdächtigen als Verkäuferin in einer amerikanischen Kaserne in Bamberg arbeitete. Die beiden trafen sich, wenn die Westverwandte nach Karl-Marx-Stadt zu Besuch kam.

Die erste Information zu dieser so genannten »Dekonspiration« traf im August 1970 ein. Die Hauptabteilung II in der Berliner Normannenstraße entschied, Quelle »Ursel« unverzüglich zurückzuholen. Schließlich einigten sich die Führungsoffiziere darauf, »Ursel« in einem persönlichen Gespräch im Oktober in Ostberlin ausführlich über den Beschluss zu unterrichten. In einer Aktennotiz wurde der Verdacht geäußert, »Ursel« könnte sich möglicherweise gegen den Rückzug in den Osten wehren. Die Konsequenz: »Sollte die Quelle eine Übersiedlung in die DDR ablehnen, so sind mit ihr diesbezügliche schriftliche Festlegungen zu treffen.«

Abteilung II/1 in Karl-Marx-Stadt entwickelte im September 1970 einen »Plan für den Rückzug der Quelle ›Ursel‹ aus dem Operationsgebiet«. Der Instrukteur »Alfons« war zu diesem Zeitpunkt bereits in Nürnberg gewesen und hatte seine mobilen Gerätschaften aus der Wohnung Kirmße entfernt. Im Oktober, so sah es der Plan vor, sollte er dann eine neue Technik einbauen, um die Nachbarin Annemarie ohne Hilfe von »Ursel« weiter bearbeiten zu können. Sollte die Mitarbeiterin den geforderten Rückzug ablehnen, dann werde man sie nach Berlin einbestellen und ihr den Ernst der Lage erklären müssen. Gegebenenfalls sei »eine Entpflichtung der Quelle durchzuführen«.

Wenn alles planmäßig laufe, dann werde sich IM »Ursel« in Kürze bei der Nachbarin nach Westberlin verabschieden. Bei ihrer Arbeitsstelle in der US-Kaserne werde sie sich krank melden und dann aus Gesundheitsgründen kündigen. Die Abreise dürfe kein Aufsehen erregen.

Die Offiziere der Führungsstelle hatten aber nicht mit der

Sturheit ihrer Kundschafterin gerechnet. Widerstandslos wollte sie den lukrativen Posten an der unsichtbaren Front nicht aufgeben. Darüber musste sie aber erst einmal in Ruhe nachdenken. Also trat sie ihren Jahresurlaub an. Erst danach flog IM »Ursel« nach Berlin und stellte sich den Chefs in einem konspirativen Objekt der Hauptabteilung II mit dem sonnigen Namen »Florida«.

Um die Situation zu entspannen, wies sie sofort darauf hin, dass ihr bisher keine feindlichen Überwachungsmaßnahmen aufgefallen waren. Auch ihre Kritiker ließen sich Zeit. Sie hefteten ihr zunächst die Verdienstmedaille der Nationalen Volksarmee in Silber an. Den Orden erhielt sie bereits zum zweiten Mal, diesmal anlässlich des 20. Jahrestages der Staatssicherheit.

Die Vorwürfe folgten sofort. »Ursel« antwortete mit Argumenten aller Art. Sie habe die Kontakte abgebrochen, durch die alles ausgelöst worden sei. In Nürnberg könne man ihr nichts nachweisen. Außerdem habe sie in ihre Wohnung sehr viel Geld investiert. Zudem stünde ihr bei den Amerikanern im Falle der zeitgerechten Pensionierung eine Abfindung in Höhe von einem Monatslohn pro Jahr der Anstellung zu.

Beide Seiten fanden schließlich einen Kompromiss. Die Staatssicherheit und IM »Ursel« würden den Kontakt zueinander bis auf weiteres einfrieren. Eine Wiederaufnahme der Verbindung dürfe nur von der Führungsstelle kommen.

IM »Ursel« mit der Registriernummer XIV 1407/60 arbeitete erst einmal weiter, als sei nichts geschehen, als habe man sie nicht abgeschaltet. Sie besprach Tonbandkassetten und brachte sie auf den Weg zum gewohnten Empfänger. Ihre Berichte behandelten alle Standardthemen – Neues aus der Feldgasse und von der Marrell-Kaserne. Erstmals vertiefte sie sich auch in die Abgründe der amerikanischen Seele, ging auf Vietnam und das tägliche Leben der fremden Soldaten in Deutschland ein. In einem langen, engagierten Text brach sie eine Lanze für die häufig diskriminierten farbigen GIs.

»Ich hatte die Möglichkeit, mich mit Amerikanern zu befreunden, besonders mit farbigen Amerikanern. Diese habe ich sehr schätzen gelernt.« Das Zitat dürfte in der Machowelt der MfS-

Bezirksverwaltung Karl-Marx-Stadt ein Dauerbrenner geworden sein.

Im April 1971 folgte noch ein Treffen in Ostberlin. Dabei teilten die Vertreter der Führungsstelle ihrer schockierten Quelle »Ursel« mit, dass sie nicht mehr nach Nürnberg zurückkehren dürfe. Sie verwiesen auf den Warntext, den sie ihr schon vorher geschickt hatten. Ulla Kirmße, mit Goldschmuck, blondiertem Haar, schwarzem Hut und Seidenbluse, wurde nach Karl-Marx-Stadt chauffiert und dort in einer Wohnung der Behörde untergebracht. Kurier »Bühlmeier« schickte aus Westberlin Telegramme an Ulla Kirmßes Arbeitsstelle und an die besorgte Nachbarin Annemarie. Er meldete sie beide Male krank. Beim Schreiben an die Freundin ließ er durchblicken, dass die vermeintliche Absenderin einen interessanten Mann kennen gelernt habe.

Bereits eine Woche später räumten Möbelpacker aus Karl-Marx-Stadt die Nürnberger Wohnung in einer Nacht- und Nebelaktion aus, verstauten die Möbel in einem Lastwagen ohne Werbeaufschrift und brachten alles in die DDR. Mehrere Behörden kümmerten sich um die Wiedereingliederung von IM »Ursel«, legten für sie die obligatorische Rückkehrerakte an. Sie selbst schrieb an ihre ehemalige Nachbarin und erklärte ziemlich unglaubwürdig, dass sie sich während ihres Urlaubs kurzfristig entschlossen habe, in die DDR zu ziehen. Die Betreiber der Snack-Bar antworteten umgehend mit einer fristlosen Kündigung.

Oberstleutnant Rudi Seidel, immer noch Abteilungsleiter II, beendete die Zusammenarbeit mit IM »Ursel«. Als Trostpflaster wurde ihr noch ein Orden zugesprochen, die »Medaille für treue Dienste in Gold«. »Die Auszeichnung soll im Rahmen der Wiedereingliederung des IM anlässlich des Jahrestages der Befreiung vom Faschismus erfolgen.« In der Begründung wurde ausgeführt, dass IM »Ursel« »ohne eigenes Verschulden« aus dem Operationsgebiet zurückgezogen worden war.

Die zunehmend verhärmte Ulla Kirmße blieb anderen Bereichen der Stasi-Bezirksverwaltung bis zu ihrer offiziellen Pensionierung zwei weitere Jahre erhalten. In dieser Zeit stand sie für interne Schulungen zur Verfügung, Das »Filmstudio Agitation« drehte mit ihr einen Lehrstreifen, der *Im Dienst des Friedens* getauft wurde. Untertitel: *Skizzen über das Leben der Kundschafterin Ursula Kirmsse.*

Darin erzählte sie von ihrem unermüdlichen Einsatz gegen die »Kriegstreiber bei der NATO und in der Regierung Adenauer«, von ihren Aktionen gegen die »imperialistischen Diversions- und Agentenzentren« in Westdeutschland, den »Zielen und Absichten des Klassenfeindes«. Sie habe die Amerikaner »zutiefst gehasst«, bei ihrer Aufklärungstätigkeit aber »mit den Wölfen heulen müssen«. Sie sei fleißig, freundlich, selbstlos, dienstbereit gewesen und habe dadurch gute Kontakte zu leitenden Offizieren des US-Nachrichtendienstes aufbauen können. Es sei ihr auch gelungen, einen Spion unschädlich zu machen, der die Trinkwasserversorgung in der DDR mit schädlichen Bakterien verseuchen wollte. Gerade von diesem Fall war in allen ihren Berichten nie die Rede gewesen.

Das Lügengebilde wurde noch ein Stück weitergesponnen, als die Staatssicherheit eine »Dokumentation der Presseabteilung« zur Veröffentlichung vorbereitete. Titel: *Kundschafter im Dienst des Friedens.* Auch Ulla Kirmße sollte darin geehrt werden.

Privat empfand Ulla Kirmße Groll gegen die Genossen von der Staatssicherheit: »Nach 14-jährigem Einsatz in Westdeutschland musste ich entgegen meinem Wunsch im April 1971 als Kundschafterin abgezogen werden. Wenn ich sage, gegen meinen Wunsch, dann darum, weil es meine Absicht war, noch zwei Jahre für das MfS in Westdeutschland tätig zu sein. Ich hatte dabei etwas Besonderes in Aussicht genommen. Dieses Vorhaben hätte wahrscheinlich noch manches Interessante für das MfS bringen können.«

Um was es sich handelte, das blieb ihr Geheimnis. Möglicherweise hat sie es dem Sohn Joachim erzählt, der einzigen Vertrauensperson ihres Lebensabends. Als er 22 Jahre alt war, hatten sich ihre Wege getrennt. Im seinem ziemlich pittoresken Berufsleben war er Meister für Maschinenbau, Gießereiarbeiter, Monteur, Dreher, Gütekontrolleur, Brandschutzinspektor, Postangestellter und Rezeptionist gewesen. In seiner Freizeit hatte er an der Dresdner Kunsthochschule studiert und war zu einem regional bekannten Hobbymaler geworden, dessen Bilder in vielen Ausstellungen hingen.

Als die Mutter von ihrer unsichtbaren Front zurückkehrte, traf sie auf einen 36-jährigen Sohn, der schon selbst Familienvater war. In der Folge besuchte er sie häufig in ihrer Villa am Kaasberg, unweit der Stasi-Zentrale. Als Ruheständlerin musste sie noch einmal umziehen und bekam eine Zwei-Zimmer-Wohnung im Neubaugebiet York zur Verfügung gestellt.

Ulla Kirmße wurde ihren Enkelkindern zuerst als »Tante« vorgestellt. Erst nach einem halben Jahr durften sie die Wahrheit erfahren. Nun wussten sie auch, wer sich hinter den großzügigen Geschenkpaketen aus dem Westen verbarg. Dafür gab es dann wieder andere Lügen. Enkel Gerd erinnert sich: »1973 hat man uns gesagt, die Großmutter ist wegen eines Nierenleidens aus ihrer Firma ausgeschieden. Nach einem schweren Verkehrsunfall in Westdeutschland hatte sie eine Niere verloren. Deshalb musste sie bei Nacht und Nebel zurückgebracht werden.«

Ulla Kirmße war gealtert und zur Eigenbrötlerin geworden. Es fiel ihr schwer, in Familiendimensionen zu denken. Im November 1983 starb Ulla Kirmße an Herzversagen. Sie hinterließ ihren letzten Lebensgefährten, einen englischen Mops. Die Staatssicherheit kümmerte sich um die Beerdigung auf dem Ehrenfriedhof von Karl-Marx-Stadt.

13
Martha Hille
Die Kaderleiterin

»Sie hat uns alles gegeben.
Sonne und Wind.
Und sie geizte nie.
Wo sie war, war das Leben.
Was wir sind, sind wir durch sie.
Sie hat uns niemals verlassen.
Fror auch die Welt, uns war warm.
Uns schützte die Mutter der Massen.
Uns trägt ihr mächtiger Arm.
Die Partei.
Die Partei, die hat immer recht!«

Louis Fürnberg, Die Partei

DIE ALTE DAME LEBT HEUTE IN EINER WELT, die sie nie gekannt hat. Sie kommt aus einer Welt, die bald nur noch wenige kennen werden. Das macht es nicht einfach für sie, und auch nicht für die Menschen, mit denen sie lebt. Bald wird sie 84 sein, aber immer noch wissen, was jeden Tag geschieht. Das Augenlicht schwindet. Deshalb wird ihr vorgelesen. Der Rücken schmerzt. Deshalb kann sie nicht mehr lange sitzen. Die Geschmacksorgane lassen nach. Das mindert die Freude am Essen. Die Ohren fangen nicht mehr jeden Ton auf. Deshalb muss man mit ihr lauter sprechen, Sätze wiederholen. Parkinson hat das Gehirn geschädigt. Diese Schlacht scheint verloren.

Martha Hille lebt noch, und sie ist stark genug, ihr Leben zu erzählen. Manches kam ihr lange nicht in den Sinn und manches berichtet sie ein erstes Mal. Früher, in der guten Zeit, hat sie nämlich alles geheim halten müssen. Sie durfte über sich nichts verraten, und nichts über ihre »Firma«. Enthüllungen und Bekenntnisse, gar für die Öffentlichkeit, wären ihr nie in den Sinn gekommen. Da war sie wie ihr 15 Jahre älterer Chef Erich Mielke, der unerschütterlich davon ausging, dass keiner wusste, was sich hinter der Allmacht seines gewaltigen Apparats verbarg (»Alle wissen nichts!«).

Sie ist konsequent geblieben, »weil sich alles über die Jahre so tief eingeprägt hat«. Auf Nachfrage kommen die Stichwörter Karl Marx, Diktatur des Proletariats, das bessere Deutschland in Gestalt der DDR. Wurde vielen Menschen nicht Unrecht zugefügt? »Recht ist das, was der Arbeiterklasse dient!«, wiederholt Martha Hille den Slogan, und es klingt nicht wie einstudiert.

Wie war das mit der Berliner Mauer, mit der Zonengrenze? »Unsere Mauer war ein antiimperialistischer Schutzwall. Die Bonner Ultras rüsteten damals zum Krieg. Die Mauer sollte den Frieden erhalten. Das dachten alle. Und es wussten alle, dass man da nicht rübergeht, weil man sonst bestraft wird.«

Martha Hille kam 1994 in den Westen, weil sie es im Osten nicht mehr ausgehalten hat. Für sie war es die einzige Lösung, aber beileibe nicht die beste. »Ich habe hier zögerlich Fuß gefasst, und lebe vor mich hin ...«

Da passte es ins Bild, dass ihr das neue vereinigte Deutschland mit Ablehnung begegnete und eine tragende Säule ihres lebenslangen Daseins in Frage stellte, den antifaschistischen Widerstand und die daraus resultierende Ehrenrente. Es begann im Sommer 1997 mit einem Schreiben der Berliner »Kommission zum Versorgungsruhens- und Entschädigungsrentengesetz«. Das Gremium hatte ihr Leben durchleuchtet und beschlossen, es anders zu bewerten als der Vorgängerstaat.

Martha Hille war von der DDR als »Kämpfer gegen den Faschismus« anerkannt worden, weil sie de facto vor 1945 gegen die Nazis gekämpft hatte. Dafür stand ihr Kompensation zu. Nachteilig werteten die Kommissionsmitglieder, dass Martha Hille vom 1. April 1950 bis zum 31. März 1980 hauptamtlich dem Ministerium für Staatssicherheit angehört hatte. Das Gremium setzte dies mit einem Verstoß gegen die Menschlichkeit oder Rechtsstaatlichkeit gleich. Also sei Martha Hille die Entschädigungsrente zu streichen.

In ihrer Begründung führte die Sachverständigenrunde aus, dass es unerheblich sei, ob die betreffende Person »die Verletzung dieser Grundsätze eigenhändig bewirkt« habe. Es sei ausreichend, dass es »gewissermaßen zur Amtsausübung gehörte, gegen die Grundsätze der Menschlichkeit oder Rechtsstaatlichkeit zu verstoßen«. Es werde durch den Inhalt der Amtsgeschäfte indiziert. Martha Hille war zuständig für Personal und Schulung. Daraus folgerte die Kommission, dass sie »über viele Jahre durch eine fördernde Tätigkeit die Grundlage für eklatante

Menschenrechtsverletzungen operativer Mitarbeiter des MfS schuf«.
Damit bekam der Fall grundsätzlichen Charakter. Martha Hille wollte es wissen. Ein jahrelanger Rechtsstreit begann. Zuerst wurde ihre Klage gegen den Beschluss der Rentenkommission vom Sozialgericht Schwerin im November 2000 mit den bekannten Argumenten abgewiesen. Ein Jahr später hatte sich das Landessozialgericht Mecklenburg-Vorpommern in Neubrandenburg mit der Berufung zu beschäftigen. Die Richter entschieden zugunsten der Klägerin.
In ihrer Entscheidung bezeichneten sie es als »zweifelhaft«, ob die ehemalige Kaderleiterin der MfS-Bezirksverwaltung Schwerin »gegen die Grundsätze der Menschlichkeit und Rechtsstaatlichkeit« verstoßen habe oder dies nachgewiesen werden könne. Martha Hille habe nämlich nicht dem militärischen Organisationsbereich angehört, beispielsweise dem DDR-Grenzregime, aber auch nicht den Entscheidungsträgern in der obersten Machtelite des Landes. Eine Revision wurde nicht zugelassen.
Das Ministerium für Staatssicherheit der DDR war gerade zehn Wochen alt, als Martha Schneider die obligatorische Erklärung unterschrieb:
»Ich, Schneider Marta, geb. 12. 4. 22 in Pochlowitz,
verpflichte mich zum Dienste in dem Ministerium für Staatssicherheit, in der Erkenntnis, dass dieses Ministerium in der Deutschen Demokratischen Republik geschaffen wurde, um die Interessen der Werktätigen vor faschistischen, reaktionären und anderen feindlichen und verbrecherischen Elementen zu schützen, dass es berufen ist, ein zuverlässiges Bollwerk der demokratischen Entwicklung sowohl in der Deutschen Demokratischen Republik als auch im Kampf um ein einiges demokratisches Deutschland zu sein.
Ich gelobe an Eides statt: der werktätigen Bevölkerung ergeben zu sein, die ehrenvollen Pflichten des Ministeriums ehrlich zu erfüllen, entsprechend der demokratischen Gesetzlichkeit die öffentliche Ordnung, die Rechte der Bürger, ihr persönliches und das Volkseigentum zu schützen.
Ich gelobe, mich diszipliniert zu betragen, alle mir gestellten

Aufgaben gewissenhaft zu erfüllen, über meine Dienstaufgaben, über meine Dienststelle und über meine Tätigkeit zu schweigen, anderen Personen oder Behörden oder sonstigen Stellen weder mündlich noch schriftlich noch in irgendeiner anderen Form oder Art davon Kenntnis zu geben.

Ich bin mir vollkommen bewusst, dass dieses Verbot sich auf meine engsten Familienangehörigen bezieht, und dass sie ebenso wie ich durch einen von mir hervorgerufenen Vertrauensbruch zur Verantwortung gezogen werden. Diese Verpflichtung besteht auch nach meinem evtl. Ausscheiden aus dem Dienste des Ministeriums.

Ich bin mir dessen bewusst, dass meine Aufnahme in das Ministerium für Staatssicherheit eine besondere Ehre ist. Ich konnte für diese Tätigkeit nur vorgeschlagen werden, weil ich bisher das Vertrauen meiner Partei besitze.

Ich verspreche, mich dieses Vertrauens weiterhin würdig zu erweisen und mich politisch, fachlich und moralisch weiter zu entwickeln. Mein Ausscheiden aus dem Dienst des Ministeriums wird nicht von mir, sondern von meiner vorgesetzten Dienststelle bestimmt. Über die Folgerung der Verletzung dieser Verpflichtung gemäß Prgr. 353 STGB bin ich ausdrücklich belehrt worden.

Weimar, den 24. 4. 1950 Marta Schneider«

Zur wichtigsten Aufgabe der neuen Behörde hatte der Innenminister vor der Volkskammer den Schutz der Wirtschaft vor Saboteuren und Spionen verkündet. Wilhelm Zaisser war zum Minister ernannt worden, als sein Stellvertreter Erich Mielke. 1100 Männer und Frauen, zum großen Teil Neulinge im Gewerbe, arbeiteten ihnen zu. Mehrheitlich konzentrierten sie sich auf die Bereiche außerhalb Berlins. Damals gab es noch die Einteilung nach Ländern. Die Bezirke existierten erst später. Mielke kontrollierte jeden und alles. Ihn kontrollierte nur Erich Honecker.

Staatssicherheitschef Zaisser stammte aus dem Ruhrgebiet. Der Altkommunist hatte es zum General der Internationalen Brigaden im Spanischen Bürgerkrieg gebracht und danach in Moskau gelebt. Der Berliner Erich Mielke blickte auf eine ähnliche Karriere zurück. 1931 war er nach der Ermordung zweier Polizisten in die Sowjetunion geflohen. Von dort ging er nach Spanien, Belgien und Frankreich. In den ersten Nachkriegsjahren arbeitete er für die Polizei. Der Wechsel zum »Schild und Schwert der Partei« fiel ihm nicht schwer. Es war die Chance seines Lebens, und er nutzte sie weidlich bis ans Ende seines Staates.

Die neue operative Mitarbeiterin, 28 Jahre alt und von früher Jugend an erfahren in der Konspiration, kam als Oberleutnant mit einem Anfangsgehalt von 580 DM zur Kreisdienststelle Meiningen, an die Grenze zu Bayern. Nach einem Jahr wechselte sie zur Landesverwaltung Weimar. Von 1952 bis 1954 setzte das »Organ« (interner Sprachgebrauch) sie als stellvertretende Leiterin der Abteilung VI (Absicherung) in der Stasi-Bezirksverwaltung Gera ein. Zu ihren damaligen Fällen gehörte der Einzelvorgang »Rumäne«.

Es ging um ein rumänisches Ehepaar. Die Frau war Lehrerin. Ihr Mann arbeitete ab 1942 bei der Reichsbahn, in der DDR auch als Lehrer. Man wusste von ihm, dass er sich in englischer Kriegsgefangenschaft und in einem Londoner Lazarett befunden hatte. Das Ehepaar soll der Nationaldemokratischen Partei Deutschlands (NDPD) nahe gestanden haben. Der Stein kam ins Rollen, als der Rumäne von einem Nachbarn denunziert wurde. Er habe sich in betrunkenem Zustand abfällig über die DDR und die Sowjetunion geäußert, ja, sogar die Amerikaner gelobt. Möglicherweise sei er ein Spion.

Der aufmerksame Nachbar, bis 1945 ein Nazi, danach Kommunist, wurde von der Staatssicherheit angeworben und als Geheimer Informator (GI) »Herbert« eingesetzt. In seinen Berichten reihte er zweideutige Bemerkungen des Rumänen aneinander. Er meldete dessen Reisen nach Westberlin, wo er für einen Verlag rumänische Texte ins Deutsche übersetzte.

Plötzlich war von einer »englischen Loge« und einer »amerikanischen Loge« die Rede. Der Rumäne sei Mitglied der »englischen Loge«. Diese sammle Informationen aus der DDR. Auch Ollenhauer und Adenauer gehörten ihr an. Wer einige Jahre mitgearbeitet habe, dürfe auf eine gute Stelle »in der freien

Welt« vertrauen. GI »Herbert« berichtete, dass der Rumäne versucht habe, ihn für diese ominöse Loge anzuwerben. Vier oder fünf Mann habe er in Gera bereits gewonnen.

Als »Herbert«, im Zivilberuf Angestellter des Staatlichen Komitees für Körperkultur und Sport, merkte, dass seine Erzählungen bei der Staatssicherheit gut ankamen, schob er immer abenteuerlichere Informationen nach.

Das alles passte in den Geist der Zeit, wo beinahe jeder jeden als Spion verdächtigte und sich die instabile DDR von allen Seiten bedroht fühlte. Schon damals gelang es nicht mehr, kleine Spitzel, große Agenten, Zweifler, Nörgler und einfache Angeber auseinander zu halten. Schließlich wurden der Rumäne und seine Frau vor Gericht gestellt. Das Urteil: Sechs Jahre Zuchthaus für ihn, zwei Jahre für sie. Er habe Spionage betrieben, und seine Frau habe es nicht gemeldet. Das Gericht warf dem Rumänen »antidemokratische Hetze« gegen die Sowjetunion vor. Regelmäßig habe er mit anderen die Sendungen des Berliner Senders RIAS gehört. Eine typische Gerichtsentscheidung aus der finstersten stalinistischen Ära.

Bei der organisatorisch neu geschaffenen Bezirksverwaltung Gera wurde Martha Schneider zum Hauptmann befördert. Sie sollte feindliche Saboteure entlarven, vor allem Mitarbeiter des »Komitees gegen Unmenschlichkeit« (KGU) und des Ostbüros der SPD. In einer neuen Beurteilung hieß es, sie sei »vorbildlich in ihrer Arbeit«, habe »jedoch noch nicht die nötige Härte«. 1954 verabschiedete sie sich von der operativen Funktion und wechselte als Leiterin zur Abteilung Kader und Schulung. Genossin Schneider, so stand es nun in der Personalakte, sei »nicht versöhnlerisch« und greife »bei unmoralischen Vorkommnissen hart durch«.

Bald unterschrieb sie mit dem Namen Krüger. Grund dafür war die Hochzeit mit Erich Krüger, ihrem zweiten Ehemann. Die beiden hatten sich 1949 bei einer Kundgebung im thüringischen Ilmenau kennen gelernt. Damals hatte er für die Volkspolizei gearbeitet. Im Klima grenzenlosen Misstrauens während der Geburtswehen der DDR verlor er seine Stellung, weil auch er in englischer Gefangenschaft gewesen war. Krüger kam bei einer Bank unter und wurde auch mal stellvertretender Oberbürgermeister von Gera. 1960 starb er an einem Herzinfarkt.

Martha Krüger kümmerte sich in ihrer Funktion als Kaderleiterin vor allem um die Einstellung und Schulung neuer hauptamtlicher Mitarbeiter, um die Anwerbung und Betreuung des militärischen Nachwuchses, um Aus- und Weiterbildung des gesamten Personals.

In diesen Jahren unterlief ihr ein einziger Fehler, der in der Personalakte unter dem obskuren Begriff »Vernachlässigung der Wachsamkeit« festgehalten wurde. Ein Dolmetscher aus dem Baltikum war unter den Augen von Martha Krüger in den Westen geflüchtet. Das Ministerium erteilte einen »strengen Verweis«. Unterschrift: Erich Mielke.

Der Ablass kam neun Monate später in der Bezirksparteischule Eberswalde. Dann stand ihrer politischen Karriere nichts mehr im Weg. Schon in Gera übernahm Hauptmann Krüger – ab 1958 Major – die Aufgabe des 2. Sekretärs der Zentralen Parteileitung, zeitweise sogar die des 1. Sekretärs. Das war bezeichnend: Obwohl das MfS immer mehr Frauen einstellte, wurde die maskuline Sprache nie abgeschafft. In einem IM-Bericht des Jahres 1987 hieß es wörtlich: »Die Frauengruppe ist zwanzig Mann stark.«

Nach einem einjährigen Lehrgang an der Parteihochschule »Karl Marx« und einem ergänzenden Fernstudium ging es weiter bergauf. Die zielbewusste Martha Krüger wurde in Gera erneut zur Abteilungsleiterin Kader und Schulung ernannt. In dieser Phase erhielt sie einen Orden nach dem anderen. In der Kaderakte häuften sich die lobenden Stellungnahmen.

Dann trat Helmut in ihr Leben. Helmut Hille wurde 1965 ihr dritter Ehemann. Sie hatte den Schiffsbauingenieur auf der Karl-Marx-Hochschule kennen gelernt. »Und da funkte es unsagbar«, kommentiert sie das Geschehen. Hille, Jahrgang 1929, gehörte vorübergehend der Bezirksparteikontrollkommission Gera an.

Während er unter anderem die politische Arbeit seiner künftigen Frau durchleuchtete, wurden Weichen gestellt und die Karten neu gemischt. Helmut Hille, ein geselliger Mann, der

Arbeiter- und Seemannslieder liebte, ging als Leiter Forschung und Entwicklung an die Warnowwerft in Rostock, und Martha Hille bekam die Abteilung Kader und Schulung bei der Bezirksverwaltung Schwerin übertragen. Ihrer Personalaufsicht unterstanden am Ende 2000 Mitarbeiter.

Es gab auch noch Edda, geboren 1941. Die blonde Stasi-Führungsfrau hatte eine hübsche Tochter, die im Alter von 20 Jahren Ärztin werden wollte. Sie sollte in Leningrad studieren. Die Austauschstudentin Edda Schneider wurde, ohne dass sie es wollte, ein Musterbeispiel für abgehobenes Leben in der DDR-Nomenklatura. Und eine Zerreißprobe für die Staatssicherheit.

1961 nahm Edda ihren Studienplatz ein. Bereits am dritten Abend traf sie bei einem Studentenfest auf Juri und verliebte sich Hals über Kopf in ihn. Juri Novikov stammte aus Leningrad und war bereits mit 17 der beste Abiturient seines Jahrgangs gewesen. Er leitete den Studentenbeirat und tauchte auch sonst in vielen Funktionen auf. Schon in der Schule hatte er Deutsch als erste Fremdsprache bevorzugt.

Mit Juri vergingen Eddas Lehrjahre wie im Flug. Fünf Jahre später, als sie ihre Staatsexamen in der Tasche hatten, heirateten die beiden. Die junge Deutsche benötigte dafür eine Sondergenehmigung des Ostberliner Innenministeriums. Die Hochzeitsnacht fand auf einem von Mutter Martha geschickten Armeefeldbett statt. Daran erinnert sich Edda heute noch.

Am nächsten Tag fuhren sie mit der Bahn nach Berlin. Helmut und Martha Hille standen mit einem nagelneuen »Wartburg« am Bahnhof, um die beiden abzuholen.

Die Ehe stand unter mehreren ungünstigen Sternen. Edda dachte insgeheim an einen anderen Mann. Sie hatte in Leningrad den jungen somalischen Kommilitonen Daud Afrah lieben gelernt. Er ging ihr nicht aus dem Kopf und schob sich langsam zwischen das junge Paar. Edda hatte ihre ganz eigenen Ziele und Vorstellungen. Sie wollte alles, nur kein »treuer Helfer bei der Erfüllung der Aufgaben der sozialistischen Schule« sein.

Juri missfiel, »wie Schneiders ihr politisches Ansehen in der Stadt mit einem russischen Schwiegersohn aufpolieren wollten« (Novikov). Er wollte kein »Vorzeig-Russe für Partei und Partys« sein. Dass ihm Schwiegermutter Martha eine Stelle als Assistenzarzt am Städtischen Krankenhaus verschaffte, das linderte seinen Schmerz nicht. Die Arbeit gefiel ihm gut. »Alles war sauber, es gab genügend Medikamente, im Gegensatz zur Leningrader Klinik waren die Ärzte hier bei der Sache.« Als die Kollegen jedoch merkten, aus welcher Familie der Neuling kam, grenzten sie ihn aus. Es dauerte Monate, bis er wieder ihr Vertrauen erworben hatte.

Juri Novikov 1978 in einem Gespräch mit dem Magazin *Stern*: »Recht schnell fiel mir auf, dass auch die Menschen in der DDR genauso ein Doppelleben führen wie die Menschen in der Sowjetunion. Tagsüber redete ich mit meinen Freunden im Krankenhaus über den Lebensstandard der Bundesrepublik und die Fluchtmöglichkeiten in den Westen, abends musste ich mir die Phrasen meiner Schwiegereltern über die ›unzerbrechliche deutsch-sowjetische Freundschaft‹ anhören. Daran ging meine Ehe kaputt. Denn meine Frau bestand darauf, dass wir mindestens jeden zweiten Abend im Familienkreis verbrachten. Wir ließen uns scheiden.«

Das war Ende 1967. Juri kehrte nach Leningrad zurück, um seine Facharzt-Ausbildung als Psychiater abzuschließen. Edda widmete sich Daud. 1968 heirateten die beiden. Ein Jahr später begleitete sie ihn nach Mogadischu. Die nächsten 14 Jahre sollte sie in Somalia verbringen. Der sensible Juri trat den langen Marsch durch die Institutionen der kriminellen KGB-Psychiatrie an.

Er arbeitete vorwiegend am Moskauer Serbskij-Institut, einer besonders berüchtigten Sonderklinik mit Spezialtherapien für Polit-Dissidenten. Der sowjetische Psychiater-Verband berief ihn zu seinem Sekretär. Novikov wurde eine große Zukunft vorausgesagt. Bis ihm die Nerven durchgingen. 1977 setzte er sich bei einem internationalen Ärzte-Kongress in den Westen ab. In 60-stündigen Gesprächen berichtete er dem *Stern* über die kriminellen Machenschaften der KGB-Strategie in den Nervenkliniken seiner Heimat. Er prangerte an, wie »gesunde Menschen durch ärztliche Diagnosen zu Wahnsinnigen« gestempelt werden. Das nannte er »Straf-Medizin«. Das Hamburger Magazin druckte eine sechsteilige Serie mit dem Titel »Kronzeuge gegen den KGB«. Ex-Schwiegermutter Martha Hille, seit 1972 Oberstleutnant, musste ihren Kollegen einiges erklären.

Noch schadete es ihr nicht. Die Juristische Hochschule Potsdam hatte ihr gerade den akademischen Grad des Diplomjuristen verliehen und ein Zeugnis mit der Note Eins überreicht. Das MfS dekorierte seine Vorzeigefrau mit der »Medaille der Waffenbrüderschaft in Gold«.

Zum Internationalen Frauentag 1972 erhielt sie die »Clara-Zetkin-Medaille« und wurde als Vorbild der weiblichen Mitarbeiter des DDR-Geheimdienstes, als »Beispiel für Gleichberechtigung und Leistungsvermögen der Frauen« herausgestellt. In solchen termingerechten Statements steckte eine Extraportion Tarnen und Täuschen. Das Ministerium für Staatssicherheit war von Anfang bis Ende ein Militärorgan, streng hierarchisch strukturiert und den sowjetischen Vorbildern nachempfunden. Nur wenige Frauen gelangten in gehobene und hohe Positionen. Um mehr zu erreichen als einen Verwaltungsjob oder eine Stelle als Sachbearbeiterin auf der Arbeitsebene mussten sie deutlich besser sein als die vergleichbaren männlichen Kollegen.

Im Wendejahr 1989 befanden sich lediglich 48 Frauen unter den ersten 2000 Personen auf den Stasi-Gehaltslisten – ein Anteil von 2,4 Prozent. Die beiden wichtigsten weiblichen Offiziere waren Sigrid Schalck-Golodkowski, die ein Jahr vor dem Ende des MfS zum Oberst befördert worden war, und Oberstleutnant Christa Seifert aus Dresden. Sie leitete eine medizinische Einrichtung für Veteranen. Die Ehefrau von Devisenbeschaffer Alexander Schalck-Golodkowski kümmerte sich hauptsächlich um die Versorgung der DDR-Politprominenz im Funktionärsgetto Wandlitz.

Nach der Definition der Historikerin Angela Schmole, die sich bei der Birthler-Behörde wissenschaftlich um »Frauen im MfS« kümmert, gab es vier soziale Gruppen. Zum einen handelte es sich um Ehefrauen und Freundinnen hauptamtlicher Mitarbeiter, also im offiziellen Sprachgebrauch um das »Hinterland eines jeden Tschekisten«. Viele von ihnen wurden von der Stasi mit beschäftigt, und sei es in der »Hausfrauenbrigade«, die

Liegenschaften des Dienstes putzte. Sie bekamen Aufgaben, die viel Arbeit und wenig Ehre einbrachten.

Die Expertin fand heraus: »Ehefrauen waren nicht Privatsache. Sie hatten dem Mann den Rücken frei zu halten. MfS-intern gab es republikweit Ehe- und Familienberatungsstellen, um im Bedarfsfall Konflikt-Prävention betreiben zu können.« Gerne griff man auf Frauen zurück, die berechenbar waren. Die Assistenzärztin Marion Mielke, zum Beispiel, war die Schwiegertochter des Geheimdienst-Ministers, gleichzeitig Tochter eines hohen Stasi-Offiziers und selbst im Dienstrang Major.

Bei den vergleichsweise gut dotierten Hauptamtlichen waren die Frauen stark unterrepräsentiert. Dennoch sei diese Minderheit, sagt Angela Schmole, »kritischer, sensibler, emotional stärker engagiert gewesen als die Männer«.

Unter den mehr als 173 000 Informellen Mitarbeitern (1988) gehörten 10 bis 16 Prozent zum vermeintlich schwachen, da schwatzhaften Geschlecht. Viele spitzelten aus politischer Überzeugung, auch aus psychologischen Gründen. Der Verbindungsführer war Beichtvater, Freund, Vaterersatz. Eine riskante Konstellation, die häufig der Konspiration schadete. Das weibliche IM-Fußvolk arbeitete nicht selten für die Hauptabteilung VI, zuständig für Passkontrolle, Tourismus und Interhotels. Es beobachtete den Transitverkehr und kümmerte sich um die Datenerfassung.

Eine verhältnismäßig kleine Gruppe war mit Verkehr anderer Art beschäftigt. Ihre Vertreterinnen schafften an der »Angriffsfront Intimleben«, teilten mit Funktionären der Evangelischen Landeskirchen, westlichen Handelsvertretern, Politikern – wie Barschel oder Lummer – und Diplomaten das »Operative Bett«. Ihre sanktionierte Aufgabe war es zumeist, »den Ausländern eine gewisse Geborgenheit zu bieten«.

In der Regel arbeiteten sie bereits als Prostituierte, wenn sie auf den Radarschirm der Stasi gerieten. Dann wurden sie von der staatlichen Doppelmoral erfasst. Zum einen galt ihr juristisch illegales Tun als asozial, zum anderen als nachrichtendienstlich wertvoll. Um die heimliche Existenz zu verbergen, begaben sich die Damen in Scheinarbeitsverhältnisse. Da griff die Staatssicherheit zu und institutionalisierte die Gratwanderung, formte aus ihnen »spezielle Waffen im Kampf gegen den Klassenfeind«.

Regina Karell von der Stasi-Unterlagen-Behörde in Gera untersuchte die Arbeit der weiblichen IMs in ihrem Bezirk. Sie stellte fest, dass sich der konservative Männerverein des Erich Mielke auf Frauen einließ, weil sie meistens kommunikativer waren, disziplinierter und sprachmächtiger. Ihre Motive: Lust auf Abenteuer und Anerkennung, Wiedergutmachung von Verfehlungen, Geld, das Gefühl, gebraucht zu werden, Heldentum und Macht.

Auch bei der Bezirksverwaltung Gera tarnten sich die geheimen Zuträgerinnen mit Decknamen. »Gabi Müller« war eine Vietnamesin und spionierte für die Belohnung einer Daueraufenthaltsgenehmigung. »Anita Holz« leitete den FDJ-Jugendclub. »Bo Derek« wurde mit unschuldigen 16 geworben, »Manuela Richter« erst mit 19 Jahren. »Florence Richter« wollte besonders schlau sein. Die Ärztin durfte für einen chirurgischen Eingriff in den Westen fahren und heuerte beim BND an. Als Doppelagentin kassierte sie beide Seiten ab. Das rächte sich nach der Wende. Sie stand wegen Spionage vor Gericht.

Zu den Aufgaben der Abteilung Kader und Schulung (kurz KuSch) zählte auch, die hauptamtlichen Mitarbeiter für den Umgang mit IMs ausreichend vorzubereiten. Die beiden wichtigsten Richtlinien des MfS betonten, dass das »Kernstück der gesamten politisch-operativen Arbeit des Ministeriums für Staatssicherheit ... die Inoffiziellen Mitarbeiter« seien.

Martha Hille war im Bezirk Schwerin die Hüterin der hausinternen Anweisungen und Vorgaben, so trocken die Materie auch sein mochte. Bis zum 31. März 1980 sollte sich daran nichts ändern. Dann wurde sie, in einer Zeit dramatischer wirtschaftlicher Turbulenzen und damit auch politischer Eruptionen, verspätet pensioniert. MfS-Frauen gingen mit 60 in Rente, Widerstandskämpfer mit 55. Martha Hille war bereits 58 Jahre.

In den Siebzigerjahren hatte sich ihr Privatleben stark verändert. Tochter Edda lebte in Mogadischu, das damals von einem Diktator beherrscht war, aber noch nicht von mörderischer Anarchie. 1972 wurde ihr Sohn geboren, später eine Tochter.

Als 1976 Willi Stoph, damals Vorsitzender des Staatsrats, als Politgast nach Somalia flog, transportierte seine Delegation auch einen Koffer aus Schwerin. Darin befanden sich Wurstwaren »Made in Germany«, eine Rarität am Horn von Afrika.

Eddas Sohn erkrankte in jenen Tagen ernsthaft, und deshalb brachte sie ihn mit Hilfe der Regierungsdelegation nach Berlin. Er wurde in Deutschland behandelt und wuchs schließlich bei einer überaus fürsorglichen Großmutter auf. Auch das war für die Schweriner gewöhnungsbedürftig. Oberstleutnant Hille nutzte ihre Spielräume.

Das ging gut, bis Edda sich vom einflussreichen Familienclan der Afrah verabschiedete und die Ehe mit Daud für beendet erklärte. Sie hatte einen neuen Mann gefunden, diesmal einen westdeutschen Entwicklungshelfer. 1983 kehrte die neu gegründete Patchwork-Familie nach Deutschland zurück – allerdings nach MfS-Definition in das falsche. Sie ließen sich im Rhein-Main-Gebiet nieder, wo sie heute noch leben. Das löste den tiefen Fall der einst hochgeehrten, und in ihrem Apparat mächtigen Martha Hille aus. »Ich war verfemt. Nachdem Edda aus Afrika und nicht zu uns gekommen ist, durfte ich nicht mehr in das ›Haus‹. Ich wurde nur noch zu einer einzigen Veteranenveranstaltung geladen. Da gaben sie mir einen Platz, an dem ich nur das Fenster gesehen habe.«

Martha Hille hatte Glück im Unglück: »Wenn Edda etwas früher in den Westen gegangen wäre, dann hätten sie mich beim MfS entlassen müssen. Bei uns war alles wohlgeordnet, was sein durfte. Und das durfte nicht sein.« Gegen Edda wurden Ermittlungen wegen »staatsfeindlichen Menschenhandels« eröffnet, Martha mit Nichtachtung gestraft. Ihre Freundinnen blieben weg. An Geburtstagen schwieg das Telefon. Die letzten Getreuen näherten sich dem Haus nur noch an der Hintertür. Für Ausgleich sorgte lediglich Ehemann Helmut (»Ich war unsterblich verliebt.«) und der Enkelsohn. So vergingen die Achtzigerjahre.

Am Ende war beinahe alles vorbei. Helmut Hille starb völlig überraschend bei der Kur in Bad Salzungen. Es dauerte fünf Wochen, bis seine Urne infolge bürokratischen Schlendrians

Schwerin erreichte. Seine Witwe war nervlich angegriffen. Sie sah kein Fernsehen, las keine Zeitungen. So ging die Wende an ihr vorbei. Zu alledem war sie jetzt die alleinerziehende Großmutter eines 17-jährigen Mischlings-Jungen.

»Danach bin ich reingewachsen in die neue Zeit, habe mich aber nie richtig etabliert. Ich verfolge die politische Entwicklung, und ich weiß auch, dass in der DDR nicht alles in Ordnung war. Doch es quält mich zu sehen, was passiert ist. Schon damals, 1989/90, sagten die Menschen, wir wollen nicht nur, dass die Grenze offen ist. Wir wollen mehr. Das hat mich erschüttert. Die meisten dachten, sie würden im Schlaraffenland leben, wie im Fernsehen. Und, was haben sie gekriegt?«

Gelegentlich kommt die alte Tschekistin durch, die ihren Beruf als Berufung sah. »Die Leute reden heute immer von einem ›Job‹.

Für mich war es kein Job. Meine Aufgabe war wichtig und ehrenvoll. Ich würde es sofort wieder tun. Das kann im Westen niemand verstehen, weil die dortigen Dienste anders arbeiten und viel zu viel reden. Alles, was wir tun, muss leise geschehen. Dann wird es gut.«

Martha Hille war in allem konsequent, und zu jeder Zeit eine überzeugte Kommunistin. Im Dienst der SED übernahm sie auf allen Gebieten Verantwortung. Ihre Ideale hießen »Klassenauftrag« und »vaterländische Pflicht«. Die Partei war ihr Lebenswerk. Sie hatte immer Recht.

Die Tschechoslowakei der Zwanzigerjahre, nach dem Zerfall des österreichischen Vielvölkerstaats eine autonome Republik, präsentierte sich als Insel der Seligen inmitten der Verwerfungen des Ersten Weltkrieges. Das Herz Mitteleuropas schlug gleich und war weniger anfällig als das der starken Nachbarn. Die meisten Angehörigen der deutschen Minderheit akzeptierten den neuen tschechischen Staat und wollten sich anpassen. Die radikale Wende kam erst mit Konrad Henlein, dessen braune Gefolgsleute in den späten Dreißigerjahren Agitation betrieben und den unfreiwilligen Anschluss an das Nazi-Reich vorbereiteten. Das weckte auch den Widerstand.

Die Bergarbeiterfamilie Tischer aus Pochlowitz bei Eger gehörte zu jenen, bei denen das Aufbegehren mit der Muttermilch eingesogen wurde. Martha kam 1922 als letztes von vier Kindern zur Welt. Ihre früheste Erinnerung hat mit der Aufregung zu tun, wenn in einem der Bergwerke ein Unglück passiert war. Dann stand sie mit ihrer Mutter vor dem Schacht und hoffte, dass alles glimpflich enden würde.
Es kam schlimmer. 1933 griffen die Faschisten nach der Macht. Genossen aus der SPD flüchteten von Sachsen über die Grenze nach Nordböhmen. Auch bei der Familie Tischer fanden sie Unterschlupf. Sie trafen auf einen engagierten, bibelfesten und linken Gewerkschafter. Seine Versammlungen hielt er zum Teil in der eigenen Wohnung, ließ auch bereits die zehnjährige Tochter sprechen. Vielleicht war seine politische Ausrichtung der Grund, dass er bald darauf tot auf einer Toilette gefunden wurde. Der Arzt bescheinigte einen Schlaganfall. Die Leute sprachen von Mord. Martha, damals noch ein kleines Mädchen, erinnert sich an die vielen rosa Nelken bei der Beerdigung.
Der Vater war stolz darauf gewesen, der erste Atheist im Dorf zu sein. Dank seines Einflusses ging auch die Tochter nicht zur Kommunion. Das glich sie durch ihre lebhafte Unterrichtsteilnahme aus. Der Pfarrer war nicht nachtragend und gab ihr beste Noten. Mit 15 wurde sie in einem Internat im mährischen Zlin untergebracht. Jungen und Mädchen waren dort streng getrennt. Die jungen Damen trugen Schuluniform – ein Kostüm mit Hütchen und Schlips. Martha flirtete mit einem jüdischen Mitschüler und verliebte sich dabei ein erstes Mal. Als die Rufe nach dem Führer des deutschen Reiches immer lauter wurden, war die Zeit der Unschuld vorbei.
Martha Tischer ging nach Prag und arbeitete bis 1939 in einer Schuhfabrik. »Um mich herum wurden die Leute von den Deutschen verhaftet. Ich war noch zu jung.« Die nächste Station ihres Arbeitslebens war eine Kaffeerösterei in Königsberg bei Karlsbad, dann die »Wohnungsbau-AG« in Oberleutendorf. Martha lernte Schreibmaschine und Steno. Sie arbeitete im Büro. Rasch gehörte sie zum illegalen politischen Netz der Linken im Kreis Brüx (heute Most). Die nötige Grundeinstellung und das

Basiswissen musste sie nicht mehr lernen. »Wir trafen uns getarnt als Geburtstags- oder Familienfeierlichkeiten oder als Ausflug ins Gebirge.«

Die Baufirma zahlte nur einen Hungerlohn, deshalb wechselte Genossin Martha in die Flugzeugwerke Eger (heute Cheb). Auch dort verbarg sie ihre politische Einstellung nicht, verhalf sogar einem französischen Kriegsgefangenen zur Flucht. Morgens standen die Arbeiter Spalier und riefen »Blonder Engel«. Martha, groß und blond, war gemeint.

Bei Kriegsbeginn hatte sie den gleichaltrigen Edgar Schneider aus Komotau kennen gelernt. Sie sah ihn nur sonntags, und da trug er bald seine HJ-Uniform. Beim ersten Mal ohrfeigte sie ihn dafür. Über die Nazis konnten sie sich nie verständigen. Martha wurde schwanger und dann Schneiders Ehefrau. 1941 kam Tochter Edda zur Welt, kurz nachdem ihr Vater seinen Marschbefehl zur Ostfront bekommen hatte. Edgar sollte Stalingrad nicht überleben, Martha mit 19 Jahren Witwe werden.

Als die Sowjetarmee einrückte, durften die Antifaschisten Armbinden in Rot oder Rot-Weiß-Blau tragen. »Es waren kultivierte Russen. Sie haben uns nicht vergewaltigt. Jetzt war die SS in den Kellern. Um uns herum wurde immer noch geschossen.« Auch Martha und ihre Mitstreiter bewaffneten sich. In ihrem Arbeitszimmer tagte der illegale Nationalausschuss.

Im Juli 1945 führte sie ihre Gruppe geschlossen nach Freiberg in Sachsen. Unverzüglich lieferten sie das Know-how zum Aufbau einer KPD-Parteiorganisation. Martha Schneider arbeitete hauptamtlich in der Abteilung Agitation und Propaganda der KPD-Kreisleitung. Im Spätherbst reiste sie wieder in die Tschechoslowakei und bekam sofort das Heimatrecht zugesprochen. Darüber war sie längst hinausgewachsen.

Also überzeugte sie ihre Familie, 1946 dem Ruf von Sowjet-Marschall Georgi K. Shukow zu folgen und als deutschstämmige Umsiedler das kommunistische System in der Sowjetischen Besatzungszone (SBZ) aufzubauen. Sie durften pro Person mehr als 50 Kilogramm Gepäck mitnehmen. Den Transport erledigten sie mit einem Leiterwagen, vor den ein Pferd gespannt war.

Nichts konnte Martha aufhalten, sofort in die Partei einzutreten und atemlos ein halbes Jahr für sie zu arbeiten. Im April 1946 fand bereits der forcierte Vereinigungsparteitag von KPD und SPD in Gotha statt. Daraus entstand eine neue Partei, die SED. Martha Schneider schloss sich vier Monate lang der Sowjetischen Militäradministration SMAD an, die alles beherrschte. Die SMAD organisierte das neue politische Leben im Osten.

1949 nahm sie am 3. Deutschen Volkskongress in Berlin als Delegierte teil. Am 7. Oktober 1949 wurde die Deutsche Demokratische Republik gegründet.

14
Claudia Schmid
Anruf genügt

»Mitte 2004 wurde eine deutliche personelle und logistische Verstärkung des zuständigen Ermittlungs- und Auswertungsbereiches mit dem Ziel insbesondere der präventiven Aufhellung islamistischer Strukturen vorgenommen, die sich mit Hilfe statistischer Erfassung jedoch nur unzureichend abbilden lassen.«

Aus dem Berliner Verfassungsschutzbericht 2004

Es ist so einfach, Claudia Schmid eine Neuigkeit zu erzählen, und doch trauen sich die meisten Leute das nicht. Dabei müsste sich diese außergewöhnliche Kommunikationsmöglichkeit längst überall rumgesprochen haben. Wer steht schon im Telefonbuch mit einem Anschluss, der ganz schlicht als »Vertrauliches Telefon« firmiert?

Nur damals, nach dem 11. September 2001, da haben ein paar Menschen mehr angerufen. Sie erzählten von bärtigen Orientalen, die irgendwo zusammensaßen. Möglicherweise, so munkelten sie, würden diese Leute irgendetwas Finsteres planen. Man sollte ihnen doch einmal ganz genau auf die Finger schauen. Claudia Schmid findet das gemeinhin enttäuschend, weil es sich am Ende doch als Organisationsgespräch zur Vorbereitung des Opferfestes in der Großfamilie herausstellte.

Einer der Bärtigen sollte anrufen und sein Herz ausschütten, wünscht sie sich. Er sollte dann Dinge erzählen, die er weder mit seinem Gewissen noch mit seinem Glauben vereinbaren kann. Das hat aber bisher keiner gewagt. Die Schwelle ist vielleicht zu hoch. Oder möglicherweise weiß die Zielgruppe noch nicht, dass Claudia Schmid auf ihr Telefonat wartet und dass sie dafür extra einen Anrufbeantworter angeschlossen hat. Möglicherweise spricht sich das noch rum. Die Zeiten werden ja nicht besser.

Claudia Schmid ist die Leiterin des Verfassungsschutzes in Berlin. Alle Bundesländer verfügen über einen eigenen Verfassungsschutz und über ein Landeskriminalamt. Das eine ist ein Geheimdienst, der seine Aufgaben mit nachrichtendienstlichen Mitteln erfüllt, aber in eigener Regie niemanden festnehmen oder Wohnungen durchsuchen darf, das andere eine Zentralstelle der Polizei. Die Arbeit der beiden zu mischen, das ist seit den Zeiten des schrecklichen Reichssicherheitshauptamtes der Nazis verboten.

Die Abgrenzung schwindet mittlerweile, weil die wachsende islamistische Bedrohung immer weniger Spielraum lässt. Unabhängig von den Landesbehörden arbeitet in Köln ein Bundesamt für Verfassungsschutz, und das untersteht dem Bundesinnenminister. Sicherheitsexperten fordern immer wieder, die Landesbehörden der Bundesbehörde zu unterstellen. Es wäre viel vernünftiger, sagen sie. Entscheidungen sind noch keine gefallen, es rumort nur.

Der Verfassungsschutz ist wichtig für Berlin, weil es gerade in der Bundeshauptstadt eine größere Konzentration politischer Extreme gibt als an jeder anderen Stelle der Republik. Alle denkbaren Organisationen sind in Berlin vertreten, denn da werden sie wahrgenommen. Da können sie sich artikulieren, politisch arbeiten – und im Extremfall auch terroristisch zuschlagen.

Er beobachtet »extremistische und sicherheitsgefährdende Bestrebungen«. Dazu zählt der Rechtsextremismus. Neonazis sind vor allem Rassisten, die Ausländer und Juden attackieren, den Holocaust leugnen und Hitlers Diktatur verharmlosen. Nicht jeder Rechtsextremist ist ein Neonazi. Manche kommen gefährlich nahe an die demokratischen Strukturen heran und werden immer wieder in Länderparlamente gewählt. Sie gehören zu Parteien, wie den Republikanern oder der Deutschen Volks-Union. Die meisten V-Leute des Verfassungsschutzes befinden sich in der rechten Szene, und deshalb hat er sie ziemlich gut im Griff.

Die Linksextremisten bekämpfen einen Staat, den sie als »imperialistisches, rassistisches und faschistisches System« zu erkennen glauben. Sie treten als so genannte Autonome auf, mischen sich mit Sturmhauben unter die ansonsten friedlichen Demonstranten bei den Castor-Transporten (»Mit Hakenkral-

len und Schienensägen der Atomlobby das Handwerk legen«) oder an Flughafen-Baustellen. Regelmäßig zum 1. Mai stellen sie den Berliner Stadtteil Kreuzberg auf den Kopf. Manchmal prügeln sie sich mit den militanten Rechten. Die linksextremen Parteien sind derzeit unbedeutend, da es ihnen an attraktiver Ideologie, Mitgliedern, Wählern und Finanzen mangelt.
Wesentlich gefährlicher für die Sicherheit des Staates sind die extremistischen Ausländer. Viele nutzen Deutschland als Ruhe- und Rückzugsraum, um der Verfolgung in ihren Heimatländern zu entkommen und den bewaffneten Widerstand gegen die dortigen Despoten ungestört organisieren zu können. Andere beobachten ihre Landsleute in Deutschland, erpressen Wohlhabende und drangsalieren politisch anders Denkende. Aus Ländern wie der Türkei kommt das ganze Spektrum – linksextremistische, nationalistische sowie islamistische Organisationen, und darüber hinaus militante Kurden.
Seit den US-Terroranschlägen vom 11. September 2001 konzentriert sich auch der Berliner Verfassungsschutz mit großer Energie auf die Islamisten der Stadt. In Berlin leben etwa 4000 drei Viertel davon als Mitglieder der türkischen »Milli Görüs«. Die Gefährlichsten kümmern sich um keine Hierarchie und sind häufig nur über die eine oder andere Moschee zu bestimmen. Auch die Berliner Verfassungsschützer nehmen von weltumspannenden Organisationen wie al-Qaida keine lokale Struktur wahr, weil es sich dabei um keine vereinsartige Formation handelt, sondern um eine Service-Plattform für unabhängige Kämpfer des Dschihad. Im Gegensatz zu den Rechten, lässt sich bei den Gotteskriegern nur selten ein V-Mann unterbringen, ein verdeckter Ermittler schon gar nicht.
Bei einem aktuellen Symposium zum »Phänomen Islamismus« lieferte Claudia Schmid in ihren Eröffnungsworten eine Gefährdungsanalyse: »Bereits im November 2002 war Deutschland in einer Audiobotschaft Osama bin Ladens als ein potentielles Anschlagsziel genannt worden. Auch die 2003 und 2004 von al-Qaida und ihren regionalen Untergruppen verlautbarten Anschlagsdrohungen sind nicht allein gegen jene Länder gerichtet, die die USA im Irak-Krieg unterstützt hatten oder dort

Truppenkontingente unterhalten. Auch für Deutschland besteht eine nicht nur abstrakte Gefährdung seiner staatlichen Institutionen und Wirtschaftsunternehmen sowie eine unverändert hohe besondere Gefährdung der hier ansässigen US-amerikanischen, britischen, israelischen und jüdischen Einrichtungen.«

Mit 1,2 Millionen Mark Extra-Budget stellte der Berliner Verfassungsschutz nach dem 11. September unter anderem Turkologen und Islamwissenschaftler ein. Er kümmert sich mehr denn je um den immer deutlicher erkennbaren Krieg der Kulturen und der religiösen Werte. Auf deutscher Seite werden Spielregeln formuliert. Claudia Schmid lehnt die systematische Überwachung der Gebetshäuser und ihres freitäglichen Hauptgebets ab. Der Verfassungsschutz sei schließlich keine Gedankenpolizei. Er werde erst dann tätig, wenn Verdachtsmomente vorlägen.

Zu den traditionellen Aufgaben der Verfassungsschutzämter zählt nach wie vor, fremde Spione abzuwehren. Berlin war gerade während des Kalten Krieges ein Magnet für Agenten aller Herren Länder. Hier trafen Ost und West unmittelbar aufeinander und spielten die Hauptrollen auf den bevorzugten Geschäftsfeldern der Geheimdienste. Die Auflösung der DDR-Staatssicherheit bedeutet in der heutigen Situation nur, dass es einen »Player« weniger gibt. Alle anderen sind immer noch da, »Schlapphüte« aus dem Orient sind in großer Zahl dazu gekommen. Viele von ihnen zogen mit ihren diplomatischen Vertretungen vom Rhein an die Spree.

Auch die Interessen der Nachrichtendienste haben sich gewandelt. Ihr bevorzugtes Arbeitsgebiet ist heute die Wirtschaftsspionage. Da interessiert der Stand der Pharmaforschung, ein neues Waffensystem und die politische Großwetterlage. Der Verfassungsschutz leistet auch Geheimschutz, das heißt er berät gefährdete Firmen und empfiehlt Abwehrmaßnahmen. Experten der Behörde überprüfen von Zeit zu Zeit die Mitarbeiter von bestimmten Unternehmen. Das nennt sich personeller Geheimschutz.

Die in sich gekehrte und doch resolute Claudia Schmid hat viel Erfahrung mit dem Schutz von Geheimnissen, weil sie als Seiteneinsteigerin beim Berliner Nachrichtendienst vorher Stellvertreterin des Beauftragten für Datenschutz und Akteneinsicht war. Vielleicht verschaffte ihr das Qualifikationen, die wegen der turbulenten Vergangenheit des Verfassungsschutzes dringend gesucht waren.

Die bald 50-jährige Abteilungsleiterin wurde geboren, als der Ost-West-Konflikt so richtig in Fahrt kam. Noch gab es keine Mauer, und die Menschen konnten sich frei bewegen. Unübersehbar wuchsen jedoch die beiden Blöcke heran, kapselte sich der Osten zunehmend ab. Immer mehr Bürger des zweiten deutschen Staates flüchteten in den Westen, die meisten aus politischen und wirtschaftlichen Gründen. In Westberlin existierten damals 56 Auffanglager. 3000 Lager wurden in der Bundesrepublik gezählt. Anfang 1957 hatten sie bereits 400 000 Ostflüchtlinge betreut.

»Ich bin mit der Mauer groß geworden und den über Berlin kreisenden Düsenjägern, die uns in Angst und Schrecken versetzten, wenn sie die Schallmauer durchbrachen und bei uns die Scheiben klirren ließen. Diese direkte Konfrontation mit einem Unrechtsregime wie der DDR gehörte zu unserem täglichen Leben. Das merkten wir besonders stark, wenn wir raus wollten aus dieser Stadt oder gar drüben einreisten. Dabei wurde einem immer wieder vor Augen geführt, wie wichtig Demokratie und Freiheit sind. Wir Westberliner haben dazu ein ganz besonderes Verhältnis. Deshalb reagieren wir auch ausgesprochen allergisch darauf, wenn versucht wird, die DDR im Nachhinein schönzureden oder so etwas wie die Stasi zu verharmlosen.«

Das Nachkriegskind Schmid studierte ab 1975 an der Freien Universität Jura. Besonders interessierte sich die 19-Jährige für internationales Privatrecht und das anglo-amerikanischen Rechtssystem. Anfang der Achtzigerjahre legte die angehende Rechtsanwältin ihre beiden Staatsprüfungen ab. Zwischendurch blieb aber noch Zeit für ein Referendariat am anderen Ende der Welt, im neuseeländischen Auckland. Dort untersuchte sie mit Engagement den so genannten »Accident Compensation Act«. Das ist ein staatlicher Fonds, aus dem Schäden, die durch Unfälle oder anderes Fehlverhalten entstehen, bezahlt werden. Das sollte Claudia Schmids Dissertationsthema werden. Doch dann kam, wie so oft, alles Mögliche dazwischen, auch die Heirat mit einem Betriebswirt. Die angefangene Arbeit blieb in der Schublade.

Die nächsten Stationen folgten rasch hintereinander. Der ehrgeizigen Juristin gefiel es nicht lange in der Anwaltskanzlei. Sie strebte zum Senat. Im Schulwesen stieg sie ein, wurde Referentin beim Präsidenten des Abgeordnetenhauses, dann bei der Finanzverwaltung, landete schließlich im Sachgebiet Datenschutz. Als Vize des Berliner Beauftragten war sie für die Öffentlichkeitsarbeit zuständig, leitete den Kontaktbereich zum Bürger, kontrollierte den Verfassungsschutz, formulierte mit an seiner gesetzlichen Grundlage.

Gerade das war eine besonders wichtige Aufgabe, weil bei den Verfassungsschützern in jener Zeit heftige Turbulenzen herrschten. Auf dem Höhepunkt der Auseinandersetzungen griff der damalige Innensenator Eckart Werthebach zur Reißleine. Er löste das Landesamt kurzerhand auf. So etwas hatte es noch nie gegeben.

Was war passiert?

Bereits zu alten DDR-Zeiten konzentrierte sich Berlins Landesamt nicht nur auf feindliche Spione und Terroristen, sondern mit ausgesprochener Liebe am Detail um politische Kräfte, die links von der CDU standen. Schon 1987 war in der *taz* zu lesen, »dass die CDU/FDP-Regierung in den letzten sechs Jahren den Geheimdienst gezielt zur Überwachung der Opposition eingesetzt hat«.

Im Mittelpunkt der Beobachtung stand die »Alternative Liste«, deren führende Köpfe aus einer Ecke kamen, die von der Abteilung 4 des Verfassungsschutzes mit dem Etikett »Linksextremismus« versehen wurde. Ehemalige Revoluzzer wie Dieter Kunzelmann versuchten sich innerparlamentarisch. Das löste Abwehrmaßnahmen der Rechten aus, beschäftigte über 60 V-Leute und wirbelte die politische Szene auf. Dabei wäre beinahe übersehen worden, dass der Verfassungsschutz jener Zeit auch gerne linke Juristen und unbequeme Journalisten bespitzelte, wenn sie in extremen Gruppierungen aktiv waren.

Auch in den Neunzigerjahren lag der Verfassungsschutz häufig daneben. Nachdem der iranische Geheimdienst 1992 im griechischen Restaurant »Mykonos« vier Oppositionelle ermordet hatte, hieß es, der Nachrichtendienst habe die Sicherheitslage falsch taxiert. Ähnlich beim Sturm aufgebrachter Kurden gegen das israelische Generalkonsulat, nach der Festnahme des PKK-Chefs Abdullah Öcalan in Kenia. Die Gerüchteküche hatte gemeldet, die Israelis wären an der Aktion des türkischen Geheimdienstes beteiligt gewesen. Alle wussten, wo sich der Zorn der Kurden entladen würde, nur nicht der Verfassungsschutz.

Eine unrühmliche Rolle spielte das Landesamt auch bei der öffentlichen »Hinrichtung« des kritischen Polizeidirektors Otto Dreksler. Der Polizeiführer aus dem Präsidentenstab wurde als vermeintliches Scientology-Mitglied denunziert. Innensenator Jörg Schönbohm ließ die Falschmeldung auch noch verbreiten. Die ursprüngliche Information stammte von einem V-Mann, der den direkten Übergang von der Stasi zum Verfassungsschutz geschafft hatte. Da war er allerdings nicht der Einzige. Die freiberufliche Stasi-Seilschaft beim ohnehin schon gebeutelten Landesamt sorgte für den nächsten Skandal.

Ein »Dauerbrenner« war die Verwicklung des Verfassungsschutzes in den Fememord an dem 22-jährigen Studenten Ulrich Schmücker. Ihn hatten US-Soldaten im Juni 1974 sterbend im Grunewald gefunden. Schmücker war dem Verfassungsschutz als Anhänger der linksextremen »Bewegung 2. Juni« bekannt gewesen. Im Gefängnis wurde er von V-Mann-Führer Michael Grünhagen als Lockvogel angeworben. Das sollte sein Todesurteil sein.

Kurz nach dem Mord übergab ein Unbekannter die Tatwaffe an einen anderen von Grünhagens V-Leuten. So landete die Pistole für die nächsten zehn Jahre in einem Tresor des Verfassungsschutzes. Später stellte sich zu alledem heraus, dass insgesamt fünf V-Leute des Verfassungsschutzes an dem bis heute nicht aufgeklärten Fall beteiligt waren. 15 Jahre dauernde Prozesse, die mit der Einstellung des Verfahrens endeten, und ein Untersuchungsausschuss des Abgeordnetenhauses bewiesen lediglich, dass der Berliner Verfassungsschutz selbst Teil des Sumpfes war, den er trocken legen sollte.

Der letzte Verfassungsschutz-Chef nach dem alten System hieß Eduard Vermander. Als er im Sommer 2000 in den vorzeitigen Ruhestand versetzt wurde, soll er sein Amt zum Abschied als »besseres Detektivbüro« eingestuft haben.

Da blieb nur noch Totaloperation. Eckart Werthebach, selbst ein früherer Präsident des Bundesamtes für Verfassungsschutz, löste die ihm unterstellte Behörde auf und stufte sie als Abteilung des Innensenators neu ein. Eine ehemalige Mitarbeiterin aus der Kölner Behörde, Mathilde Koller, hatte nach der Wende den Verfassungsschutz in Dresden aufgebaut und geleitet. Nun war sie Innen-Staatssekretärin in Berlin. Es lag nahe, sie mit dem Umbau zu beauftragen.

Zeitgleich übernahm Claudia Schmid den Schleudersessel, der ihren Vorgängern so viele Turbulenzen beschert hatte. Werthebach präsentierte die neu positionierte Führungskraft fünf Tage vor Weihnachten 2000.

Mathilde Koller erläuterte ihre eigene Arbeit in einem Rundfunk-Interview des Jahres 2001: »Man kann es auch mit dem Stichwort Transparenz nach innen beschreiben. Die zweite Säule ist vollständige Renovierung des Innenlebens der Behörde im Austausch von Personal. Ein Neuaufbau von oben nach unten und unten nach oben ... Die Motive von uns waren, es ist nicht gut, wenn die Leute ihr Leben lang nur Verfassungsschutz machen, es muss mal eine Veränderung kommen.«

So mancher wehrte sich dagegen. Auch deshalb dauerte der Umbau – sämtliche 200 Stellen waren neu ausgeschrieben worden, rund 3000 Bewerber hatten sich gemeldet – mehr als ein ganzes Jahr. Claudia Schmid sollte bis auf weiteres die einzige Frau an der Spitze einer deutschen Verfassungsschutzbehörde sein. Die schlanke Intellektuelle mit der grauen Kurzhaarfrisur und der randlosen Brille nahm die Herausforderung an – und der Erfolg gab ihr seither Recht.

Sie krempelte eine Behörde um, die seit Jahrzehnten als Männerdomäne bekannt war. Schmids Philosophie zum Geschlechterkampf: »Mittelmäßige Männer können immer noch gute Positionen erreichen. Mittelmäßige Frauen schaffen es nicht, es sei denn sie befinden sich im Parteienbereich oder dienen als Quotenfrau. Frauen verzeiht man ihre Fehler sicherlich schwerer als Männern. Man traut ihnen nicht genug Durchsetzungsvermögen zu, hält sie nicht für so hart. Das hat aber auch Vorteile, weil man aus der Position, wo man unterschätzt wird, Erfolge ziehen und Überraschungs-Coups landen kann.«

In welchen Bereichen sind Frauen beim Berliner Verfassungsschutz und anderen Geheimdiensten besser als Männer? »Ich glaube, dass Frauen viel sensibler sind, weil wir einfach so erzogen wurden, zuzuhören und auf andere Menschen einzugehen, weniger auf Selbstdarstellung getrimmt zu sein. Frauen können sich auch mal zurücknehmen. Sie haben eine hohe soziale Kompetenz, bekommen die Gefühlslage besser mit – das, was hinter den Dingen steht.«

Von Anfang an warb die ehemalige Datenschützerin in der Öffentlichkeit um Verständnis. Sie sollte anerkennen, dass der Verfassungsschutz als »effizientes Frühwarnsystem« unersetzlich ist, und dass er nicht nur das Gesetz, sondern auch die Bürgerrechte schützt. Deshalb beteiligt sich die Dienstleistungsbehörde Berliner Verfassungsschutz so oft es geht an schulischen Projekttagen, veranstaltet Symposien, veröffentlicht ausführliche Broschüren über seine Arbeitsbereiche sowie einen gut aufbereiteten Jahresbericht, pflegt größtmögliche Transparenz gegenüber den Medien, steht den Politikern aller kommunalen Gremien Rede und Antwort.

Der neue Berliner Verfassungsschutz genießt Akzeptanz, auch im Osten, wo man ihm – von der Stasi-Vergangenheit geschädigt – gleich nach der Wende mit großem Misstrauen begegnete. Eine Untersuchung über den Ruf des Hauses gibt es noch nicht. Immerhin klicken sich aber die meisten Besucher der Webseite der Berliner Innenverwaltung beim Verfassungsschutz rein.

Im Koalitionsvertrag zwischen SPD und PDS in der Berliner Regierung hieß es, der Verfassungsschutz müsse »sich fortentwickeln von einem klassischen Geheimdienst hin zu einem Instrument moderner, wissenschaftlich fundierter Beratung für Politik und Öffentlichkeit«. Der Auftrag wurde zum Programm.

Und die Chefin zur positiven Institution, die das Amt »bei knappen Haushaltskassen, ohne Skandale und Ungereimtheiten« (Schmid) hinkriegen will. Sie pflegt einen kooperativen Führungsstil, kann zuhören, verträgt Widerspruch. Claudia Schmid erwartet die Einwände ihrer Mitarbeiter im Vorfeld einer wichtigen Entscheidung. Einmal im Jahr wird die Managerin auch persönlich. Dann sitzt sie mit ihrem Team zusammen und lässt das Tagesgeschäft weit hinter sich. »Da kann man sich mal persönliche Dinge vornehmen, die einem auf dem Herzen liegen, wo man Ruhe braucht.«

Das hat ihr wohl bei Innensenator Ehrhart Körting den Spitznamen »Mutter der Kompanie« beschert. Claudia Schmid weiß noch nicht, ob sie das »gut finden soll«.

Journalistische Gespräche mit ihr können schwierig sein, weil sie jeden Satz auf die Goldwaage legt und Ungenauigkeiten auf der Stelle ahndet. Wenn operative Zusammenhänge und die Details ganz konkreter Fälle angesprochen werden, dann wittert sie Ungemach. Da kommt die Ursprungsmischung von Datenschützerin und Bürgerrechtlerin durch. Ganz selten lässt sie eine parteipolitische Ausrichtung erkennen. Das Liberale in ihr meldet sich mit einem Sinn für Gerechtigkeit zu Wort, nicht jedoch als Ausdruck des entsprechenden Parteiprogramms. Außerdem, sagt sie, übe sie ja kein politisches Amt aus.

Die Frage nach den neuesten Taktiken der Terrorismusbekämpfung und den politischen Machbarkeiten löst eine kurze Denkpause aus. Sie verweist auf die »Hausmeinung« der Innenverwaltung, an die auch sie sich zu halten habe. Glücklicherweise gebe es aber nur minimale Abweichungen zwischen ihrer Position und der des Innensenators. Das erleichtere die Arbeit.

Stichwort Videoüberwachung: Es sei generell sinnvoll, für die Aufklärung von schweren Straftaten, auch politisch motivierten, Videokameras anzubringen. Das habe man bei den Londoner Anschlägen gesehen. Man solle jedoch keine flächendeckende Überwachung betreiben. Außerdem müsse man sich im Klaren sein, dass auch die beste Videokontrolle keine Anschläge verhindern könne.

Stichwort Telefonnutzungsdaten: Die vom Bundestag beschlossene, sechsmonatige, moderate Verlängerung der Speicherfristen käme den Behörden entgegen. Nun hätten sie einen größeren Spielraum bei ihren Ermittlungen.

Stichwort Anti-Terror-Dateien: Gemeinsame Dateien von Polizei und Verfassungsschutz seien ein Instrument der Zukunft. Ohne die Trennung aufzugeben, sollten sich beide Behörden zur Bekämpfung terroristischer Anschläge ständig austauschen.

Stichwort Großer Lauschangriff: Schon als Datenschützerin warnte Claudia Schmid vor »diesem Eindringen in die Intimsphäre des Menschen«. Es gebe genug andere Möglichkeiten der Strafverfolgung, so dass der Große Lauschangriff die Ausnahme sein müsse – zum Beispiel um eine Gefahr für Leib und Leben abzuwehren.

Wo bleibt zwischen G-10-Entscheidungen zum Abhören Verdächtiger, der Anwerbung von V-Leuten in der extremistischen Szene, der freitäglichen Berichterstattung beim Innensenator und einer Fachtagung mit Kennern des militanten Islam noch ein Stückchen Lebensraum für die ganz private Claudia Schmid?

Eigentlich nur an wenigen Wochenenden und im Urlaub, wie sie etwas nachdenklich einräumt. Die meiste Zeit verbringt sie in dem hässlichen Büroklotz Potsdamer Straße 186, in Schöneberg. Die angenehmere Niederlassung im grünen Dahlem gibt es längst nicht mehr. Nun plagen sich die Berliner Verfassungsschützer mit dem 75 Jahre alten Gebäude einer ehemaligen Kaffeeersatzfirma, wo sich selbst der Besucher vor der klemmenden Sicherheitstür der Eingangsschleuse in Acht nehmen muss. Auf dem Weg zur Chefin passiert er im dritten Stock eine große Uhr, die seit Monaten unerschütterlich auf neun steht, obwohl auch an diesem Tag bereits der Feierabend eingetreten ist.

Seit Jahren heißt es im bankrotten Berlin, der Verfassungsschutz sei nur vorübergehend am Kleistpark untergebracht worden. Irgendwann, angeblich bereits 2008, soll er in das alte Stadthaus an der Klosterstraße in Berlin-Mitte ziehen, und dort mit dem Innenressort vereinigt werden. Der Termin kann sich aber wieder ändern.

Claudia Schmid möchte die Auskünfte über ihre private Welt, einer Bekanntschaftsanzeige ähnelnd, gerne in einen Satz fassen: »Verheiratet, keine Kinder, Hund und Katze.« Auf fragende Blicke gibt es noch einen Bonus. Der Hund ist ein Golden Retriever, die Katze zugelaufen. Wie war das mit den Kindern? In Deutschland sei es nicht so einfach, als Frau Karriere zu machen und gleichzeitig eine Familie zu managen. Den Müttern würde ja grundsätzlich ein schlechtes Gewissen verpasst. Eine Frau, die das schaffe, habe ihre volle Bewunderung.

Die Freizeit gehört einem alten Haus außerhalb von Berlin, das die Schmids gleich nach der Wende gekauft haben. Seither besuchen sie Baumärkte, hämmern, schrauben, reparieren ohne Unterlass. Sie graben den Garten um, düngen ihn mit dem Mist der Pferde des Nachbarn. Zwei Städter, die sich als absolutes Kontrastprogramm eine Wochenend-»Landwirtschaft« leisten.

In diesem Umfeld bekommt auch Kulturelles seinen festen Stellenwert. Claudia Schmid liest beispielsweise Mario Vargas Llosa. Im *Fest des Ziegenbocks* setzt er sich damit auseinander, wie Diktaturen Menschen korrumpieren können. Das traurige Los Lateinamerikas, lebendig beschrieben, psychologisch gedeutet. Zu ihren Lieblingsautoren zählt der Thrillerschreiber Ken Follett. *Selam Berlin* hat bei ihr einen starken Eindruck hinterlassen, das Buch einer Türkin über die Befindlichkeiten ihrer Landsleute nach dem Fall der Mauer. Witzig, berlinerisch, und doch nicht ohne den ethischen Touch der Immigranten.

Ähnlich die musikalische Bandbreite. Beatles seit Kindheit, Stones mit steigender Tendenz, Queen seit einem Konzert »vor Urzeiten« in der Deutschlandhalle, aber auch Beethoven und Bach. Je nach Stimmung, je nach Situation.

Eingebettet in das totale Kontrastprogramm, rückt der ziemlich ernste Alltag in weite Ferne, und mit ihm die Anspannung bei der Aufklärung rechtsextremer Aktionen und Militanz sowie die Suche nach den terroristischen Strukturen des islamischen Fundamentalismus, wie auch die Beobachtung von Spionen. Dazu kommt das trockene Aktenstudium der Regelanfragen, beispielsweise einbürgerungswilliger Ausländer, und der Umgang mit den parlamentarischen Kontrollgremien.

Literatur

Allgemeines:

Waagenaar, Sam: *Sie nannte sich Mata Hari. Bild eines Leben – Dokument einer Zeit*, Gütersloh 1965.
Keeler, Christine; Thompson, Douglas: *The Thruth at Last. My Story.* London 2001.
Keeler, Christine; Meadley, Robert: *Sex Scandals*, London 1985.
Singer, Kurt: *Die größten Spioninnen der Welt*, Bern 1954.
Hutton, J. Bernard: *Women Spies. Who They Are and How They Operate Today*, London und New York 1971.
Tschechowa, Olga: *Meine Uhren gehen anders*, München 1973.
Beevor, Antony: *Die Akte Olga Tschechowa. Das Geheimnis von Hitlers Lieblingsschauspielerin*, München 2004.
Schad, Martha: *Hitlers Spionin. Das Leben der Stephanie von Hohenlohe*, München 2002.
Bancroft, Mary: *Autobiography of a Spy. Debutante, Writer, Confidante, Secret Agent. The True Story of Her Extraordinary Life*, New York 1983.
Werner, Ruth: *Sonjas Rapport*, Berlin 1977.
Werner, Ruth: *Auskünfte über Ruth Werner*, Berlin 1982.
Panitz, Eberhard: *Treffpunkt Banbury oder Wie die Atombombe zu den Russen kam. Klaus Fuchs, Ruth Werner und der größte Spionagefall der Geschichte*, Berlin 2003.
Proctor, Tammy M.: *Female Intelligence. Women and Espionage in the First World War*, New York und London 2003.

Hoehling, A. A.: *Women Who Spied. True Stories of Feminine Espionage,* New York 1967.
Knoll, Reinhold; Haidinger, Martin: *Spione, Spitzel und Agenten. Analyse einer Schattenwelt,* St. Pölten 2001.
Lewis, David: *Sexpionage. The Exploitation of Sex by Soviet Intelligence,* New York 1976.
Reile, Oscar: *Frauen im Geheimdienst,* Illertissen 1978.
Stern, Carola: *Doppelleben. Eine Autobiographie,* Köln 2001.
Hounam, Peter: *The Woman from Mossad. The Torment of Mordechai Vanunu,* London 1999.
Zamar, Nima: *Ich musste auch töten. Agentin für Israel,* Berlin 2004.
Spiegel-Spezial »Die Welt der Agenten«, 1/1996.
Gifford, Clive: *Spies,* Boston 2004.
McIntosh, Elizabeth P.: *Sisterhood of Spies. The Women of the OSS,* New York 1998.
Platt, Richard: *Spione,* Hildesheim 1997.
P. M. Perspektive: Die Welt der Geheimdienste. o. O., o. J.
Henkel, Rüdiger: *Was treibt den Spion? Spektakuläre Fälle von der »Schönen Sphinx« bis zum »Bonner Dreigestirn«,* Berlin 2001.
Behling, Klaus: *Der Nachrichtendienst der NVA. Geschichte, Aktionen und Personen,* Berlin 2005.
Wegmann, Bodo: *Die Militäraufklärung der NVA. Die zentrale Organisation der militärischen Aufklärung der Streitkräfte der Deutschen Demokratischen Republik,* Berlin 2005.
Ruland, Bernd: *Spionin für Deutschland. Zwischen den Fronten des Zweiten Weltkriegs,* Bayreuth 1974.
Mahoney, M. H.: *Women in Espionage. A Biographical Dictionary,* Santa Barbara 1993.

Zu Dominique Prieur:

Prieur, Dominique; Pontaut, Jean-Marie: *Agent secrète,* Paris 1995.
Mafart, Alain: *Carnets secrets d'un nageur de combat,* Paris 1999.
King, Michael: *Death of the Rainbow Warrior,* Auckland 1986.
Derogy, Jacques; Pontaut, Jean-Marie: *Attentat auf Greenpeace,* Rastatt 1987.

McTaggart, David: *Rainbow Warrior*, München 2001.
Das Greenpeace Buch, München 1996.
Porch, Douglas: *The French Secret Services*, New York 1995.
Deacon, Richard: *The French Secret Service*, London 1990.

Zu Christel Guillaume:

Schöllgen, Gregor: *Willy Brandt. Die Biographie*, Berlin/München 2001.
Merseburger, Peter: *Willy Brandt 1913–1992. Visionär und Realist*, Stuttgart/München 2002.
Seebacher, Brigitte: *Willy Brandt*, München 2004.
Brandt, Rut: *Freundesland. Erinnerungen*, Hamburg 1992.
Guillaume, Günter: *Die Aussage. Wie es wirklich war*, Berlin und Frankfurt am Main 1993.
Boom, Pierre; Haase-Hindenberg, Gerhard: *Der fremde Vater. Der Sohn des Kanzlerspions Günter Guillaume erinnert sich*, Berlin 2004.
Bohnsack, Günter: *Die Legende stirbt*, Berlin 1997.
Baring, Arnulf: *Machtwechsel. Die Ära Brandt-Scheel*, Stuttgart 1982.
Brandt, Willy: *Erinnerungen*, Berlin/Frankfurt am Main 1994.
Wagner, Klaus: *Spionageprozesse*, Brühl bei Köln 2000.
Schreiber, Hermann: *Kanzlersturz. Warum Willy Brandt zurücktrat*, München 2003.
Guillaume, der Spion, Landshut 1974 (ohne Autorenangabe).
Ramge, Thomas: *Die großen Politskandale. Eine andere Geschichte der Bundesrepublik*, Frankfurt am Main 2003.
Henkel, Rüdiger: *Was treibt den Spion?*, Berlin 2001.
Wolf, Markus: *Spionagechef im geheimen Krieg*, München 1997.
Knopp, Guido: *Top-Spione. Verräter im Geheimen Krieg*, München 1994.

Zu Stella Rimington:

Rimington, Stella: *Open Secret. The Autobiography of the Former Director-General of MI5*, London 2000.
Rimington, Stella: *Stille Gefahr*, München 2005.
Wright, Peter; Greengrass, Paul: *Spycatcher. Enthüllungen aus dem Secret Service*, Frankfurt am Main/Berlin 1988.
Dorril, Stephen: *MI6. Fifty Years of Special Operations*, London 2000.

Zu Melissa Boyle Mahle:

Mahle, Melissa Boyle: *Denial and Deception. An Insider's View of the CIA from Iran-Contra to 9/11,* New York 2004.
Trento, Joseph J.: *The Secret History of the CIA*, New York 2001.
Smith, Thomas W., jr.: *Encyclopedia of the Central Intelligence Agency*, New York 2003.
Moran, Lindsay: *Blowing my Cover. My Life as a CIA Spy*, New York 2005.

Zu Marita Lorenz:

Lorenz, Marita: *Lieber Fidel. Mein Leben, meine Liebe, mein Verrat*, München 2001.
Lorenz, Marita; Schwarz, Ted: *Marita. One Women's Extraordinary Tale of Love and Espionage from Castro to Kennedy,* New York 1993.
CIA targets Fidel. The Secret Assassination Report, Melbourne 1996.
Hersh, Seymour: *Kennedy. Das Ende einer Legende*, Hamburg 1998.
Skierka, Volker: *Fidel Castro. Eine Biographie*, Berlin 2001.
Lane, Mark: *Warum musste John F. Kennedy sterben? Das CIA-Komplott*, Düsseldorf 1992.

Zu Violetta Seina:

Kessler, Ronald: *Moscow Station. How the KGB Penetrated the American Embassy,* New York 1989.
Andrew, Christopher; Mitrochin, Wassili: *Das Schwarzbuch des KGB,* Berlin 1999.

Zu Alisa Magen:

Raviv, Dan; Melman, Yossi: *Die Geschichte des Mossad. Aufstieg und Fall des israelischen Geheimdienstes,* München 1992.
Black, Ian; Morris, Benny: *Mossad – Shin Bet – Aman. Die Geschichte der israelischen Geheimdienste,* Heidelberg 1994.
Segev, Tom: *Die siebte Million. Der Holocaust und Israels Politik der Erinnerung,* Reinbek bei Hamburg 1995.

Zu Erika Chambers:

Dietl, Wilhelm: *Die Agentin des Mossad,* Düsseldorf 1992.
Kapeliuk, Amon: *Yassir Arafat, Die Biographie,* Heidelberg 2005.
Bar-Zohar, Michael; Haber, *Eitan: The Quest for the Red Prince,* New York 1983.

Zu Gabriele Gast:

Gast, Gabriele: *Kundschafterin des Friedens. 17 Jahre Topspionin der DDR beim BND,* Frankfurt/Main 1999.

Zu Margret Höke:

Pfister, Elisabeth: *Unternehmen Romeo. Die Liebeskommandos der Stasi,* Berlin 1999.

Quoirin, Marianne: *Agentinnen aus Liebe. Warum Frauen für den Osten spionierten,* Frankfurt am Main 1999.
Wagner, Klaus: *Spionageprozesse,* Brühl bei Köln 2000.
Scholz, Günther: *Die Bundespräsidenten. Biographien eines Amtes,* Bonn 1997.

Zu Ulla Kirmße:

Eichner, Klaus; Schramm, Gotthold: *Kundschafter im Westen. Spitzenquellen der DDR-Aufklärung erinnern sich,* Berlin 2003.
Behling, Klaus: *Kundschafter a. D. Das Ende der DDR-Spionage,* Stuttgart 2003.
Maennel, Annette: *Auf sie war Verlass. Frauen und Stasi,* Berlin 1995.
Weber, Hermann: *Geschichte der DDR,* Erftstadt 2004.

Zu Martha Hille:

Hertle, Hans-Hermann; Wolle, Stefan: *Damals in der DDR. Der Alltag im Arbeiter- und Bauernstaat,* München 2004.
Gieseke, Jens: *Die DDR-Staatssicherheit. Schild und Schwert der Partei,* Bonn 2000.
Wanitschke, Matthias: *»Anwerben« oder »Zersetzen«. Über das kollektivistische Menschenbild des Ministeriums für Staatssicherheit der DDR,* Erfurt 2004.

Zu Claudia Schmid:

Publikationen des Verfassungsschutzes Berlin unter:
Tel. 030/90 129–853
Fax 030/90 129–876
http://www.verfassungsschutz-berlin.de

»Wie ein Thriller«
Frankfurter Rundschau

Mit schonungsloser Offenheit berichtet Norbert Juretzko über seine Tätigkeit bei der wichtigsten deutschen Spionagebehörde. Er enthüllt nicht nur skandalöse politische Verflechtungen des BND in den 90er Jahren sowie atemberaubende Pannen, sondern schildert auch, wie er mit seinem Partner Informanten angeworben hat – und wie ihnen ihre ehrenhafte Dienstauffassung letztlich zum Verhängnis wurde.

»Haarsträubende Intrigen, Eitelkeiten, Pleiten, Pech und Pannen – der BND wird seziert.«
n-tv

Bedingt dienstbereit
ISBN-13: 978-3-548-36795-8
ISBN-10: 3-548-36795-X